一个聪明的傻子的故事

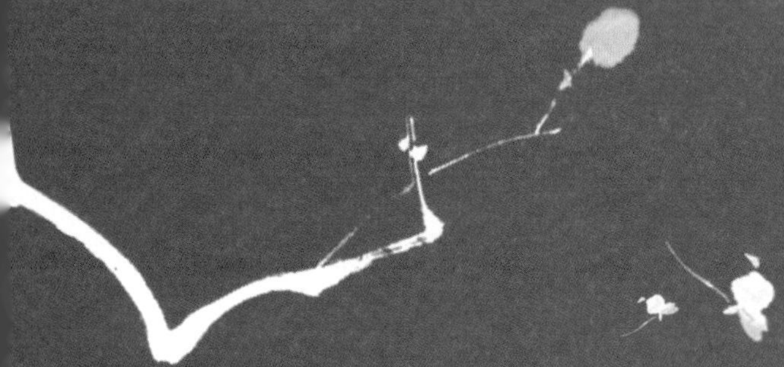

编著

瞬间人生

一个聪明的傻子的故事

北京大学医学出版社

图书在版编目（CIP）数据

瞬间人生/徐光炜编著.—北京：北京大学医学出版社，2008
ISBN 978-7-81116-602-6

I.瞬... II.徐... III.徐光炜-回忆录 IV.K826.2

中国版本图书馆CIP数据核字（2008）第100957号

书　　名：**瞬间人生**

编　　著：徐光炜
出版发行：北京大学医学出版社（电话：010-82802230）
地　　址：(100191) 北京市海淀区学院路38号　北京大学医学部院内
网　　址：http://www.pumpress.com.cn
E－mail：booksale@bjmu.edu.cn
印　　刷：北京圣彩虹制版印刷有限公司
经　　销：新华书店
责任编辑：王丽华　　责任校对：金彤文　　责任印制：张京生
开　　本：787mm×1092mm　　印　　张：17.25印张　　字　　数：241千字
版　　次：2008年8月第1版 2008年8月第1次印刷　　印　　数：1－2000册
书　　号：ISBN 978－7－81116－602－6
定　　价：126.00元

作者介绍

徐光炜教授，1934年10月生于上海。1956年毕业于上海第二医学院医疗系，同年加入中国共产党。毕业后分配至北京医学院第一附属医院（北大一院）外科从事医疗及临床教学工作，曾先后担任病房医师组长、外科副主任、肿瘤科主任等职。1973年，为响应周总理攻克癌症的号召，作为主要负责人开始筹建北京市肿瘤防治研究所；1976年研究所正式建立，历任副所长、所长；于1988年被评为国家级突出贡献专家；1990年被聘为博士研究生导师；1992年，北京市肿瘤防治研究所正式成为北京医科大学临床肿瘤学院，担任院（所）长；1993年，经过十多年的不懈努力，终于迎来了北京肿瘤医院破土动工；1995年，北京肿瘤医院建成，翻开了肿瘤所历史的新篇章。2001年，终于获准退位，并被授予名誉院长。

在多年担任医院管理者的同时，积极投身学会工作，与多位有识之士于1984年共同创建了中国抗癌协会，历任中国抗癌协会第一、

二、三届副理事长，第四、五届理事长；1985年至2004年期间，曾担任中华医学会肿瘤学分会第三、四、六届主任委员及第五届副主任委员；1980年至1999年，一直担任全国胃癌协作组及中国抗癌协会胃癌专业委员会组长及主任委员。与此同时，他还担任亚太地区肿瘤学会、国际胃癌学会、WHO胃癌协作中心理事、常务理事等职，也是美国临床肿瘤学会（ASCO）国际事务部委员。积极参与社会活动，曾为北京市第六至十一届市人大代表。

从医50余年，从事肿瘤专业工作30余年，致力于胃癌及乳腺癌的防治研究，主要负责的胃癌及乳腺癌研究课题曾分别获得国家科技进步二等及三等奖。多年来，主编学术专著7部，在国内外学术杂志发表论文200余篇，获得省、市级以上各级科技成果奖15项。曾先后被评为全国科技大会先进个人（1978年）及全国优秀科技工作者（2001年）。重视大众科普宣传教育工作，主编肿瘤科普读物4本，组织编写肿瘤科普系列丛书一套（10册）。2003年，被卫生部“相约健康社区行”活动聘为首席专家，走进大众社区进行肿瘤预防科普知识宣讲。主编的科普读物《肿瘤可防可治》作为《相约健康社区行巡讲精粹》系列丛书之一，于2005年获得国家科技进步二等奖。2005年，经卫生部批准，在中国抗癌协会的领导下，组织实施了“中国百万妇女乳腺普查工程”，在全国建立了40余个定点筛查单位，旨在通过普查提高乳腺癌早诊率，降低我国妇女乳腺癌死亡率，同时探索一条适合中国妇女的乳腺癌筛查的最佳方案。经过两年多的实践，已获得初步结果。

时光荏苒，73个春夏秋冬转瞬而逝，坎坷不平的人生道路上，有一步步创业的艰辛，有一个个成功的喜悦。

2008年，是不平凡的一年。这一年，迎来夫人宋琳琳癌症康复20周年；这一年，迎来与夫人携手五十周年金婚纪念。五十年同形共影、同甘共苦，五十年主内相依、互励互勉。而今，已过古稀之年，可以与夫人一起安度晚年，可以与儿孙一起享受天伦之乐，也愿意将自己的余生奉献给所热爱的肿瘤防治事业。

序

我与光炜相识于1951年考入上海圣约翰大学医学系时，该校颇为洋气，与美国费城大学是姊妹学校，因此很多学生都来自教会学校，而他则来自上海市立育才中学。该校是男中，除注重学生的综合素质教育外，数理化尤为突出，故毕业生大多能考入清华、北大等名校，很多人成为国家各领域的骨干。他就因入学考试时数理成绩优秀，免修高等数学、微积分等而引起同学注意，并被选为班长。他父亲是一名开业建筑师，生平为人正派、谨慎、勤恳，做事认真，但不苟言笑。其母为一典型的贤妻良母，育三儿三女，治家有方，勤劳慈祥。光炜为长兄长子，他继承了父母的优良品德，又毕业于育才中学，具备了优秀的综合素质背景。这不但使他在大学毕业后的工作中受益无穷，也使我产生了好感，成为同学期间的挚友。

光炜1956年大学毕业前入党，为鼓励其父赴京工作（其父在七机部），放弃了留校机会

（上海瑞金医院，因他是三好毕业生）。光炜到北医工作至今已五十余年，一直是“双肩挑”干部。自进入北医后，工作兢兢业业、吃苦耐劳，为人正派。在筹建肿瘤医院、中国抗癌协会等过程中全身心投入，很少顾及家庭。他没有什么政治背景，只凭个人努力，超负荷的工作，还常会遭人误解，如不是有宽阔的胸襟、执著的追求、乐观的精神，我想难以坚持。“文革”中北京市白介夫副市长组建了近二十个研究单位，其中创办成功并得以发展至今的仅光炜所领导的肿瘤所及太阳能研究所，所以白介夫副市长常以他为荣。“文革”中，他受到冲击，但能正确对待。在北医，他是首批被解放的干部，并任命为外科连连长。“文革”后他活跃于肿瘤领域，因多年来的封闭政策，使我国与世界各先进国家的科技发展存在很大差距，他力排众议，很快组织医务人员突击学习外语，并多方开拓途径输送了不少人员出国深造，及早培养了一批骨干回国工作。他们支撑起医院的各个科室，使之能走在国内各领域的前沿。以后他努力筹建抗癌协会，负责中华肿瘤学会等，以改革开放、锲而不舍的精神推动着我国肿瘤事业的发展。在五十余年的坎坷历程中，其甜酸苦辣的滋味自有深刻体会。

作为一名20世纪50年代毕业的知识分子，光炜经历了时代变迁的每个阶段，现已从青春年少的小伙子进入古稀之年。回顾人生历程，我想光炜应是无怨无悔的。作为一名共产党员，他能公而忘私，在分房或提薪中多次谦让；作为院长的三十年中，对同事的工作、生活等问题大多亲力亲为，多次半夜骑车外出为同事排忧解难。

的确，他很少有时间顾及家庭，我想如政府各工作部门多一些像他这样的干部，有些忧国忧民的意识，何愁不把国家的进步能大大推进呢？他的经历也可谓丰富多彩，但不一定都为同事、尤其是年轻的医师们所知，为此有不少同志鼓励光炜写一些感悟以使大家能了解一名老知识分子的从医历程，创建肿瘤医院的历史。为满足大家的要求，他写了这本书。有些篇章我也不清楚，看后自觉也长了些见识，感同身受。“前事不忘，后事之师”，望读者读后会有不同的感悟。

宋珠珠

2008年5月

前言

人生苦短，忆六十余年前祖父60寿辰，孙辈们一起跪拜祝寿，我仅是十余岁的稚子，抬头仰望，见祖父长袍马褂，正襟危坐在太师椅上。那时的祖父在我心目中是一高不可攀的庞然大物，一位令人望之生畏的老者。年华易逝，往事虽仍历历在目，但岁月却不饶人，不知不觉中，吾已步入古稀之年。

我出生于上海一知识分子家庭，是第三代宁波移民，在家庭的呵护下一帆风顺地完成了学业，21岁自上海第二医学院毕业被分配至北医，从事医、教、研业务工作，迄今已逾半个世纪。在此期间，曾历任科主任及院、所长等职，较长时间担任中华医学会肿瘤学会及中国抗癌协会的领导工作，与此同时主要做了三件对社会有影响之事：创建了北京市肿瘤防治研究所及北京肿瘤医院，参与发起并发展了中国抗癌协会，推动了我国乳腺癌的普查工作。当然，为此本人付出颇多。由于我长期在基层工作，又常处于领导地位，所谓双肩挑的知识分子，所以已习惯于在压力下生活。又因我生性较执著，宽以待人，也疏于防人，故时有因逞匹夫之勇而食事与愿违之果，也不乏为他人作嫁衣之事。虽然如此，但本人仍不知悔改且乐此不疲，正所谓有“聪明的傻子”之称，其因也在于此。

回顾一生风雨，颇多回味之处。老同事们嘱我写些创业时的故事，以育后人；年轻的同道也对“文革”时的状况颇感兴趣，均建议我留下些文字。虽已退为名誉院长，但仍苦于协会诸事缠身，身在江湖，不得空闲而作罢。现我退为抗癌协会名誉理事长，颇有如释重负之感，且2008年我国将举办举世瞩目的奥运会，老伴也已在癌症术后康复达20年，更适值我们金婚之年，遂决定以故事的形式将一生主要经历摘要编写此集，作为金盆洗手之作。遗憾的是经历“文化大革命”后，我已将过去的工作日记等销毁，更养成了不再写日记的习惯，因此所叙述的故事尽管均是曾发生过的真情实事，但只能凭记忆，而由于本人已达古稀之年，记忆力已大不如前，以致难免有遗漏或不确之处，尚希谅鉴。有幸作为一名经历颇丰的50年代的知识分子，盼读者诸君阅后能说“这傻子还真奋斗过、奉献过，未虚度此生”则余愿已足。

2008年1月　于北京

目录

死生契阔，与子成说

云横秦岭家何在？雪拥兰关马不前

不为良相，愿为良医

目录

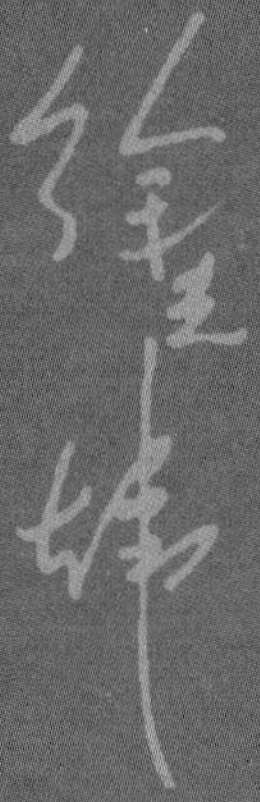

死生契阔，与子成说

1

我的青少年时代

我出生于一知识分子家庭，祖父年轻时自宁波移居上海，曾是某洋行的高级职员。抗战胜利后，在上海当时的美国善后救济总署任职。父亲毕业于雷士德工学院，是一名土木建筑工程师，自由职业者，年轻时曾服务于英租界的工部局，外祖父经商，家道颇殷实，母亲未念大学，也未在社会上工作，是一位相夫教子的贤妻良母，家教颇严。尤其外祖母事佛，中年丧夫后，即与小姨随我们共同生活，她遵循旧礼教之规，无疑是家中的老祖宗，一切礼仪规矩皆按她意志行事。所以我从小生活的家庭是一中西合璧，既有西方文化影响，又颇有浓厚封建意识的小康之家。

父亲学习颇优，16岁即高中毕业，曾考取香港大学，后因故未能成行，早年

1935年2月徐光炜4个半月

1935年端午节徐光炜与母亲在上海

1936年5月5日徐光炜与父亲（摄于上海虹口花园）

1939年5月6日徐光炜4岁半

即完婚。我出世时父亲还未完成其大学学业，父亲常以丧失了赴海外留学的机会为憾，而寄厚望于我等儿辈，盼能完成他的未遂之愿，这也是我4岁即上学，后来又报考圣约翰医学院之因。父亲自尊心颇强，成家后即自行谋生，是在半工半读的情况下完成学业的。由于工作勤奋，颇得上级赏识，连年受到褒奖提职，家庭生活也随之提高。父亲对我们的教育是好好学习，“学会数理化，走遍天下也不怕”。他常以自身自我奋斗获成功的实例，加以身教，让我们自幼即认识到书中自有黄金屋的道理，学而不怠。母亲及小姨督导又勤，放学归来不准外出，并经常教育我们“诚信为本”、“不负于人”等为人之道。

我在家中居长，弟妹共六人，因循长者为尊的惯例，事事每以我为先，养成了我以老大自居的习惯，对今后的学习及工作颇有影响。值得一提的是由于我大姨嫁给我大伯，小姨与三姨又先后共事一夫，家母与姨母们之间情谊又甚笃，各家子女又较多，因此自然形成一大家族，过往甚密。自幼常与堂表兄弟姊妹一起学习，在嬉闹中成长。我的童年就在这样无忧无虑的环境下，幸福地度过。唯一令人难以忘怀的是二次世界大战日军占领上海的那些时日，在日寇的蹂躏下，百业俱废，物资奇缺，物价飞涨，靠挤买户口米、救济粮度日。尤其每当去住在虹口（日租界）的

1947年解放前夕兄弟姊妹六人在上海

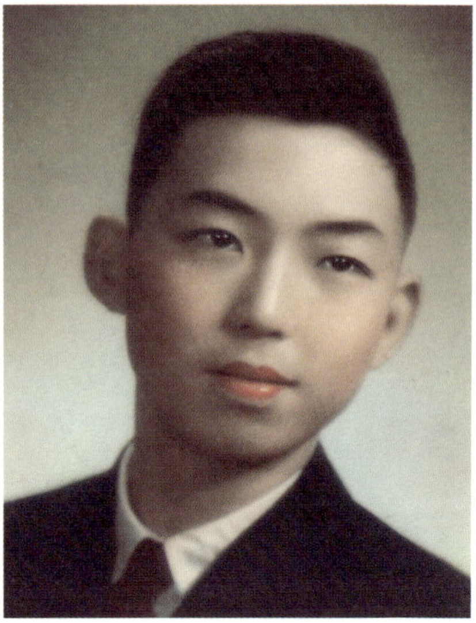

1951年2月8日徐光炜18岁，即将高中毕业

大伯家，途经外白渡桥时，所有中国人均须下车向日本人鞠躬行礼后才能放行。日租界的日侨孩子耀武扬威，欺凌中国小孩的情景，均使我幼小的心灵中充满了对日寇的仇恨，爱国之心也油然而生。所以当一听到日本投降的消息，即刻与众多弟兄赶赴虹口，用弹弓追打昔日欺侮我们的小东洋鬼子的大腿（因日孩惯穿短裤），深感出了一口积郁已久的恶气而无比痛快。

抗战胜利，适值我小学毕业，报考了当时颇负盛名的育才中学，该校战前由英租界的工部局主管，素有治学严谨，数理见长的美誉，战后该校由政府接管，成为市立中学，后与省立上海中学及私立南洋模范中学被誉为上海三所中学名校。我侥幸被录取，在该校度过了初一到高三毕业的六年中学生涯，也经历了自抗战胜利，到国民党政府垮台及新中国成立的社会的巨大变革。育才中学是当时上海市中学中的民主堡垒，师生中不乏参加各种学潮的进步人士，中共地下组织在此学校力量颇强。我当时虽未积极参与各学生运动，但眼见国民党的腐败，物价飞涨，民情思变。当时缴学费要用面口袋装了金圆券，背着到学校付款，由此可见一斑。作为一名血气方刚的青少年，我也不能置身于事外，在不放弃学习的同时，以同情及支持的态度加入了学潮之中。高二时上海解放，那时才知原来我的一位姑母及两位叔

1948年11月祖父（中排中间）60寿辰（后排左起第二个为徐光炜）

叔均是地下党员，全家都在欢庆的气氛中迎来了政权的更替。解放初期新政权的廉洁作风、打击黑社会、改造娼妓等一系列的亲民措施使社会气象焕然一新，得到了民众的普遍拥护。当时同届同学中有近1／3未再继续学业而纷纷参加南下工作队、市政建设工作组或华东军政大学等组织，直接投身社会主义革命和建议，我因自幼喜爱生物，家父又因家中弟妹众多，长子宜学医，以尽日后对弟妹等的照顾之责相要求，所以我虽然就读于以数理化见长的育才中学，但学医之志早坚。更由于当时圣约翰医学院与美国费城大学医学院是姊妹学院，学历相互认可，易于日后赴美留学，故我在中学毕业后就报考了该校，开始了学医生涯。

初入该校，颇有不能适应之感，缘因该校原是一贵族化的教会学校，教师几乎均自海外归来，用英语授课，西装革履，穿着颇为讲究。就读的学生也多半来自教会中学，家境颇为富裕，穿着入时，生活习俗也较西化，与我原来就读的市立育才中学截然不同，后者不但是一平民化的男子中学，且是一思想进步的民主堡垒，不但学风纯朴，且生活节俭，同学间的关系也较真诚、单纯。我长期来已习于这种无拘束气氛中的学生生活，一旦置身于这种崇洋气氛颇浓的环境中，颇有被人轻视之感。所幸我就读的中学终究是一名牌中学，因我入学考试时的数理考分颇高，得以入大学后免读高等数学、微积分等课程，引来不少颇为敬佩的眼光，也使我能聊以自慰，以致在选举班干部时一举使我赢得学习班长的称号，并且非常荣幸地一直维持此位置，直至离校实习，即使在实习期间也保持外科专业大班长的称号。

1952年继抗美援朝之后，老师思想改造运动在各校普遍展开。共产党自1949年执政以来，祖国大地虽已经历了土改、镇反及三反、五反等政治运动，但革命的对象是地主，反革命及不法资本家，因此对社会尤其是知识界的震动并不很大。但这次则不然，是第一次矛头直接针对知识分子，尤其是高等院校知识分子的政治运动。圣约翰大学作为美帝国主义文化侵华的桥头堡理所当然地被作为以反“三美”（亲美、崇美、恐美）为思想改造主要内容的重点单位。各系均派驻了以军代表为主的工作组，医学院的全体教师均被指定留住于“白宫”（校园中的一幢白色洋房）集中学习，周末始能返家。为了加强工作组的力量，另在每年级的学生中抽调一名学生代表作为工作组成员，参加教师思想改造。可能因为学生中像我这样的非剥削阶级家庭出身的并不多，又是班长，所以又意外地被相中。其实我当时是一年仅17岁的一年级学生，既不是团员更不是党员，是一名政治上颇幼稚，尚不谙世事的稚子，要我与教授们共同集体生活，对他们的思想改造进行帮助，实在强我之所难，使我非常惶恐，而不知所措。我本着多学习少开口的原则行事，好在与我一起的有多位学长，其中之一便是著名的肿瘤免疫专家孙宗棠教授，他当时已是六年级高材生，后来成为了我的入团介绍人。这是我平生第一次以工作组成员的身份参加政治运动，使我受到了一次难得的锻炼机会。终于在此过程中加入了中国新民主主义青年团，成为当时班级中的少数团员之一，也逐渐明确了要走“又红又专” 的道路方向。这对我日后成为一个双肩挑的知识分子有甚为

1954年2月兄弟姊妹六人于上海

1952年就读于上海圣约翰大学医疗系一年级，与同学在校园合影

深远的影响。当然对何谓又红又专的理解是极为肤浅的，只是认为要好好学习，掌握业务技术知识，又要关心政治，积极参加各种社会活动而已。待思想改造运动结束，各国教会或私立的高等院校被解散，圣约翰大学也通过院系调整而被取消，相关的专业均与其他院校的相同专业合并，医学院则与震旦大学医学院及同德医学院合并，在震旦大学的原址成立了一个新的由中国共产党领导的上海第二医学院。学校领导体系、课程设置及授课内容等都有了很大改变，学生重新混合编班，只有我所在的年级由于原授课内容与讲法语的震旦及讲德语的同德医学院均不相同，而只能维持原班级编制未被打乱，这也可能是我能连任班长的缘由。三个学校在一起，又各有不同的背景，矛盾便在所难免。尤其是有天主教背景的震旦大学，教师及学生中有众多天主教徒，经常去与学校一篱之隔的教堂参加各种活动。该教堂受控于

罗马梵蒂冈教会，是被定为反革命组织的圣母军的大本营。于是合校之初学校党团组织就领导并组织了与圣母军夺取青年之争。我自幼受家庭影响笃信佛教，但并不虔诚，对其他教派既不信仰，也不反对，即使在圣约翰就读一年，也从未光顾过校园中的基督教堂。但对搬迁至震旦原址的上海第二医学院后，见每幢建筑甚至宿舍每一房间的门窗上均挂有耶稣或圣母像时，心中颇为反感。尤其是每逢周五，为尊重天主教徒日不食荤的习惯，食堂不供应肉食，更引起广大非天主教徒同学的不满。因此在这场斗争中，像我辈这样一般学生就很自然地站在校方一面被卷入这场运动，学生也就分成了敌对的两大派，形势颇为紧张，甚至有纠察设暗岗、夜间值勤等。天主教徒的同学中也分化出不少拥护共产党的爱国教徒，原卫生部陈敏章部长就是其中的一员。所幸我届共有三个班级，其他两个班级均由震旦及同德两校同学混合组成，唯有我班是纯的圣约翰学校的原班级，因此天主教徒不多，未在同学之间造成太大的隔阂。

最后当然是圣母军被定为反革命组织而垮台，其首领龚品梅主教也被定罪，众多的爱国天主教徒也另行组织了独立的三自革新爱国天主教会，与梵蒂冈脱离了关系，这就是至今中国天主教仍独立于梵蒂冈教会之外的历史背景。

大学时期

至此，共产党完成了对高校的组织上及思想意识上的完全领导，由于时处新政权建立之初，百废待兴，各地医务人员甚缺，为了加速培养人才，政府着手进行教学体制的改革，原八年制的医疗系改成五年，另招收了三年制的内、外科专科班，而高年级的同学均转入高级师资班，充实到各医学院任教。原附属在各综合性大学的医疗系也纷纷脱离出来，组成独立的医学院。

应该说医学院独立后医学教学还是得到了很大的发展，遗憾的是由于思想改造及反“三美”思想的影响，矫枉过正地在教材及

大学实习毕业

讲授过程中一概废用英文，这无疑带来消极的负面影响，就在这样的环境下，1955年我完成了4年的课堂教育，在赴医院实习前学校根据个人志趣及需要分为内、外、妇、儿4个大班，进行有重点的临床实习。我生性好动，选择了“手到病除”的外科，被分配至广慈医院（瑞金）外科班实习，并任班长。由于意识到这一年实习对今后的外科生涯至关重要，以及第一次穿上白大褂的兴奋感及责任感，所以学习颇为努力，整天泡在病房及手术室，争取上台拉钩的机会，与手术室护士、麻醉师及外科老师关系甚佳，至今仍与林言箴教授保持良好师生关系，以至最后我获得各专业考试全5分，劳卫制考核优秀的三好优秀毕业生称号，次年（1956年）3月陈毅元帅在广州主持了颇为重要的广州会议，该会议明确提出“我国面临落后的生产力与先进的生产关系的矛盾”，“社会主义革命的主要任务将转为人与自然的斗争”……所以会议决定要发展一批包括大学生在内的知识分子党员，就在这样的背景下，我于1956年7月毕业的前夕被吸收加入中国共产党，成为其中的一员，更明确了又红又专的方向，满腔热情地投入了社会主义建议。

2

举家北上

1956年，共产党执政已7年，在此期间由于政府贯彻了新民主主义期间所制订的一系列正确的政策，政府廉洁，社会安定，物价平稳，生活改善，一派欣欣向荣的景象。尤其在处理了天津市委领导刘青山、张子善的贪污事件及取得抗美援朝的伟大胜利后，大大地提高了国威，争取了民心，当时社会上确实呈现了路不拾遗、夜不闭户等多年未见的和平盛世。国家工作人员连年以较大幅度提薪。作为一个刚涉世的年轻知识分子，确有为祖国的建设作毕生贡献之愿，当时人们都感到赶英超美并非可望而不可及之事。

适值此时，家父接到上海市政府的通知，盼他能赴京支援国家国防建设。当

1956年3月10日父亲离沪，携家人北上赴京工作

时他由于不满国民党政府的腐败，早已离开上海市公务局（前身为英租界的工部局），作为自由职业者，已成为一名业绩不错的开业建筑师。一旦要离开生于斯、长于斯的上海，放弃习惯的生活、熟悉的环境，远离诸多亲友，他当然有不少顾虑。尤其是五十余年前的北京，远非今日的首都可比，各方面均较东方明珠的上海落后多多。为了消除其顾虑，做通其思想工作，除了几位幼小的弟妹尚在中、小学就学外，我与二弟及大妹均向父表态，随他北上。前已述及，我在广慈医院实习期间表现尚可，是外科仅有的两名全5分毕业生，所以已被内定留校，我二弟徐正忠在同济土木建筑系学习，表现也不俗，留校可能也甚大。当时大学毕业生虽多半志在四方，并非像“文革”后的大学生“宁可要浦西一张床”坚持留守上海不赴外地那样，但终究愿留在上海的居多，所以当你主动提出赴外地工作时，一般均会得到校方的支持。而我大妹次年高中毕业，她是我家念书最佳的女状元，每考必名列前茅，她表态将报考当时全国录取分最高的北大物理系，政府也为了鼓励家父北上，采取有违于当时实行社会主义改造取消私有制的特殊政策，同意将我家的自宅，一幢独立的小楼出售给某纺织厂作职工宿舍，当时售价为人民币2500元（现时恐将数千倍于此）。原拟赴京后再另购置住房的，后因私房的政策界线始终不明，北京工作单位又能提供宿舍，而暂作罢。数年后的困难时期，全家均患水肿，小弟更得了结核，

这笔有限的存款就变成高价的取自农村的农副产品而消化入肚了。我记得当时我与大弟在北风凛冽的清晨赶乘赴远郊区的长途车，去人口较稀的穷乡僻壤挨家询购，一只大冬瓜40～50元，一只鸡需70～80元，远较现今的价贵，这均是后话。

父亲终于决定偕家母及四位弟妹北上支持国家国防建设，在与数位专家离沪前，政府专门组织盛大的欢送会，“解放日报”头版刊登了大幅的车站欢送镜头，我与大弟暂留沪，等待毕业后赴京。

在等待赴京期间，有件事值得一提，颇能反映当时政府的办事机构与现今的异同。某日在高校首轮录取通知公布后数日，突接获我大妹的高校录取通知书，遗憾的是并非她报考的物理系而是北大的气象系，颇感意外。电询已在京的大妹，据告她从未报考过气象系，对该系既不了解也不喜爱，如第一志愿北大物理系不录取，理应转至第二志愿南开大学物理系，可是她有把握她的考分绝对超过北大物理系的录取分数线，让我去北大驻沪招生办交涉。岂知待我赶到该招生办时，被告知昨日刚撤离，但从上海高教局了解到北大确实从物理系的录取学生中拨了少数学生给新成立的气象系，欲解决此问题得到北京高教部。深感时间紧迫，次日即购火车票与二弟一起赴京，这是我首次赴京，见到还留有牌楼的西四和西单，名字怪异的小胡同，与连片破旧平房的四合院，商铺的店员连连打千作揖地迎送宾客，均与十里洋场的上海有很大差异，似乎倒退了数十年，充满了新鲜感。次日即奔赴西单附近的高教部所在地，径直找到主管部门申述了详情，要求能按照高教部的规定及考生的志愿，仍收录在物理系就读，并要求查阅她的考分。当该干部聆听完我们的诉状后，即与北京大学有关部门联系。随后并让我们次日去北大商议，次日即在西直门乘坐32路公共汽车到达北京大学。进校门后见气势宏伟的校园，有曾来过似的熟悉之感，原来其琉璃瓦飞檐大屋顶灰砖墙的建筑与同样是教会办的圣约翰大学校舍颇为神似。那位负责接待我们的干部已知我们的来意，初时尚积极地向我们介绍气象系的专业特色及学科水平，后知我们欲返物理系的意志坚决，就承认了他们的过错。原来他们优先将第一志愿报考北大的高分生全录取了，各地汇总后发现物理系已超额，而该年新成立的气象系由于社会并不了解，报名者不多，考分要求又较高，就擅自作主将部分高分超录的考生转至该系了。这样做法固然是为了爱才心切，不思释手，但有违考生的本愿，是不妥的。最后他们同意将我大妹转回物理系

1956年一家人初到北京

徐光炜初到北京（北海公园）

就读，至此圆满解决。此事当时给我印象颇深，至今未能忘怀，因为这从一个侧面提供了政府为人民办事的实例。上海市高教局并未因事不关已推诿不理，而是积极的提供线索，并指出具体解决问题的途径。到达北京后我既无介绍信，也未呈书面报告，更未找门路，仅凭考生录取通知单及我的口述，高教部及北大能实事求是地在短短的两天时间内即加以解决，不论办事作风及效率均堪称一流，使我也深受教育，无疑也增强了我为这个可爱的社会添砖加瓦的动力。

未几，我也终于毕业，因作为班干部需参加该年的肃反运动，所以较之同届同学晚离校两月。学校同意我赴京工作，并有三处供我选择：协和、301及北医。我因不愿穿军装，而协和当年军管也须穿军装，就选择了北医，由此踏上了在北医工作一辈子的征途。

应该说初到北医并不顺利。第一天去城外医学院的人事处报到，很荣幸地被某处长接待，我当时并不知她有高官夫人的背景，只感到她官气实足，傲气逼人，与数月前我见到的高教部及北大的干部截然不同。她嘴上衔着烟，也不正眼视人，见了我的分配函后，就淡淡地说了一句，去局部解剖教研组报到吧。当时无异晴天霹雳，冷水浇身，我是立志做一名外科医师的，当年拒绝了学校做前期研究生的安排，就是为了做一名能操刀的在病人身上施术的外科医师，而并非是做一名仅能在尸体上作解剖的教员，在这一即将决定我终身命运的时刻，我当然据理力争，但得到的只是该处长冷冷地回答，“你来晚了，外科名额已满，本校毕业的学生还争不到呢，轮不上你了。”我估计再谈无望，何况我估计她还未看过我的档案，同时我还知道我的同学郁宝铭医师两月前已被分配至北医外科，而他正因爱人在上海广慈医院手术室工作而要求调回上海，而我因未接受留在广慈医院，所以该院正好有一空额可以与他对换。于是我就对她说，请您仔细看一下我的档案，我明天早上再来，说完掉头就走了。

次日，当我再见她时，估计她已看过我的档案，并且该材料对我的评语应该是很不错的，全5分加三好优秀毕业生嘛；又是外科专业的大班长。所以她较为客气，首先还是动员我去局部解剖外科手术教研组，说是学习苏联的新建教研组，急需师资，我的学兄陈如法大夫已先我在该教研组工作。当我还是坚持去外科并提出可顶替郁宝铭大夫后，她终于同意我去北大一院报到了，总算松了一口气。但岂知到一院人事科报到后又遇到了挫折，人事科的沈侠琦科长接待了我，表示欢迎后，让我到麻醉科去报到，说该科主任谢荣教授刚从美国归来，是一很有发展前途的科室，真是好事多磨。好在沈科长为人和气，好说话，经我软磨硬泡，终于同意我到外科支部报到，分配在总论外科教研组。当时北大医院外科学习苏联的经验，按不同的教学内容分为临床、系统及总论三个教研组。总论外科主要讲创伤、感染、麻醉、水电平衡等外科的基本问题，所以病床最少。外科的专业力量也较临床及系统教研组为弱，仅一个60张病床的病区，有普外、骨科、泌尿及整形4个专业，因教研组主任朱洪荫教授是著名的整形外科教授，因此4个专业中以整形最强，普外最弱，有20余张床位。我作为第一年住院医只管4张病床，其中2张是住院已数月的膀胱阴道瘘病人，因作转移皮瓣须等待较长时日，所以工作量不大，与在广慈医院实习时管10张床，天天做手术时不能相比。尤其是当时全院学习苏联，护士不能作静脉注射，因此住院大夫的日常工作就是打静脉针，晚上值班的主要任务也是维持静脉输液的通畅。擦小桌、搞卫生就成为护士的主要工作。每周难得有一次手术，整天在病房无所事事，使我实在不耐。几天后终于有一次手术的机会，是一名我所管床位的腹内肿物病人作剖腹探查术。上有主治医及住院总，我当然仅是一名拉拉钩的第二助手，但即使这样也机不多得。打开腹腔见是一胰体部的囊肿，这种手术在我做实习医师时见过不止一次，作一简单的Roux-Y内引流手术完事，不必作费力不讨好的囊肿切除术，可是主刀大夫不听我等的建议，力争将肿物切除，作为一名小住院医

1957年徐光炜尚为年轻住院医，与总论外科教研组全体医护人员及部分病人合影

当时我只能小心翼翼地拉钩将切口暴露而已，岂敢多言。肿瘤终于被切下，但随之而见的是横结肠变黑，原来将结肠中动脉随同肿瘤一并切除了，不得已情况下只能将横结肠也一并加以切除。历时数小时患者总算返回病床，但其后发生了肺不张、心力衰竭、胰瘘、横结肠瘘等一系列严重的并发症，这是我到北医外科上班后参加的第一例手术，给我留下很深的不良影响。后来才知道该位主治大夫以胆大著称。以后又偶然发现有大夫在给胃切除患者开术后医嘱时居然写有脸盆一个，令我甚为不解，经问他人才知是为了虑及患者术后吻合口通过不好发生呕吐而预置的，使我这个外来户对北医普外科手术实在不敢恭维，深悔自己选错了单位而不能自拔。因而在1956年冬开展整风运动向党提意见时，就按捺不住欲提意见。尤其我作为学生干部曾参与上海广慈医院的肃反运动，对当时肃反运动的某些作法颇为反感，认为思想意识上的一些问题不能作为反革命的政治问题来对待，所以对北医同仁在发言中所提对肃反的意见也颇有同感。所幸我当时到北医不久，人地生疏，又羞于以上

海腔的普通话发言，所以在会上发言不多。数周后我被分配至昌平县沙河镇参加农村社会主义大辩论，历时三个月有余。这不但使我经历了生平第一次的北方农村生活，与纯朴的农民一起三同，吃窝头、啃大葱，甚至在闲时与农民一起下河摸鱼、抓蟹，用土枪打兔子、大鹰，生活虽较清苦，精神颇为轻松，增长了阅历及见识。更幸运的是使我逃过一劫，免去了一场可能遭遇的杀身之祸。因为我们自农村归来，已是1957年2月6日人民日报发表的“工人阶级说话了”的社论之后，整个向党提意见的整风运动已全部转向成为引蛇出洞的反右斗争。北大医院的右派分子主要在外科，而外科的右派又全部集中在总论外科教研组，好几位平时多语善道、某些观点我也颇有同感的党内外年轻医师均被戴上右派帽子，科室内的气氛与我下乡前也大相迥异。我等老九避之唯恐不及，还是以少说为妙了。

3

天赐良缘

我相信人是有缘的，所谓有缘千里来相会，作为结伴终身的夫妻，当然更是有缘。有人说我们有夫妻相，也有人说我写的字是仿“宋”体。其实，我知道是我高攀了，但终究还是离不开“缘”字，不信从我俩的名字就知此说不假。

初时，我也并不知情，老伴乃大家闺秀，受教于名校，知书达理，轻易不访他家。及至我俩相交有年，虽还未达谈婚论嫁之境，但已终于首肯受邀来我家做客。我抱着欣喜之情忐忑不安的向我父母引见，因属初次亮相，相互寒暄问安后，仅作短暂访问，我即陪同她离去。当我送她回家后返回时，母亲即笑着夸我，说我选择的女友不错，气质佳、知礼数，且将来有帮夫运。前者我当然知之甚详，要不然我岂能引以为傲地向两老引见，只是对帮夫运一说，有如丈二和尚摸不到头脑。原来我名字中的“炜”字是按出生时的时辰算出我命中缺“火”，所以不以常用的“伟”作名，而取“炜”，有补我缺“火”之意。而我老伴宋琳琳，她的名字中有五“木”，按五行生克之说，木能生火，是相生之象，所以如与她结伴则命中注定她帮我助我。使我终身受益。现我俩已相厮半世纪，往事历历在目，证实此言不虚，岂非是我俩有缘的明证。

我俩中学分别毕业于沪市名校，我就读于市育才中学，其前身是隶属于上海市英租界工部局的 Ellis Kadoorie School。琳琳则寄读于裨文女中，原是美国在中国设立的第一所教会学校 Bridgeman School，是一只收女生的住宿学校，校规甚严。两校均建校已逾百年，在沪地颇具盛名。育才中学以数、理、化见长，每年高考的命中率甚高，是一男中。而裨文中学由于是女中，所以文科、音乐等显优，尤其校中有多名美籍教员传授英语，故英文水平较高。由于两校均系单一性别的中学，因此六年中学生活彼此均甚少有与异性接触的机会，甫入大学仍羞与异性交谈。我俩相熟是在院系调整迁入上海第二医学院后，她被选为学生会的文体部长，我则为班长，虽有“中央”与“地方”之别，但学生的主要活动是学习，还是以班级为主，何况在院系调整的合校之初，为了联络各校学生间的感情，争取学生少参加天主教会组织的活动，每逢周末文体部经常组织音乐欣赏会、舞会、球赛等活动，须班级予以配合及支持。我喜好体育及棋牌类活动，但缺乏文艺细胞，对歌咏、舞蹈等文娱活动一概不感兴趣，由于她要求我带头并动员班级同学参加她所组织的一系列活动，因此我们在课余接触机会就较多。尤其我俩又均是排球校队的成员，经常课后一起组织练球。我俩均家住市区，相距仅三个街区，与同样位于市区的上二医学校并不远，

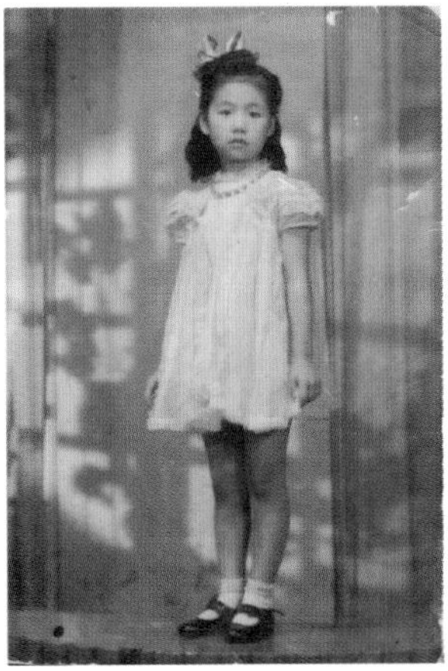
宋琳琳小时候

大家闺秀

我们又均不住校。因此经常在课余活动结束后共同相伴步行回家，途经幽静的复兴公园道旁，漫步在法国梧桐树下，或是在繁华的淮海路上浏览各大商店琳琅满目的橱窗，彼此无话不谈，从学习的内容、校园生活，到家庭状况、今后理想……，总是有说不尽的话题，道不完的话语。在不断的交谈中，彼此加深了认识。初时，只是在共同的课余活动结束后，相伴步行回家，后逐渐发展成惯例，只要无特殊情况，即使不同时结束活动，也相约在图书馆会合后共同相伴离校，当然先送她回家，然后我再离去，不知有多少次因谈兴正浓，多次过她家门而不入，继续喃喃细语地迎着周围投来的羡慕眼光来回漫步在附近的街道上，内心颇为有这样的女伴而感自傲。每逢周末或假日，则更是共同度过，经常在图书馆、电影院或咖啡屋、餐厅留下我俩的踪影，偶尔也去郊外踏青。

大学时期的宋琳琳

其实，我是在大学一年级时就对秀外慧中的琳琳留下了好印象的。首先她写有一手好字，其次看似文静的她居然体育运动又是多面手，跳高、标枪等在校运动会均榜上有名，还是棒球队的投手，而且她学习成绩甚佳，且为人热情、乐于助人，我这个羞于与女生交往又略显土气的小伙子，只是滋生了爱慕之情而已，不敢轻举妄动。直至院系调整后，俩人均被选为干部，客观上增加了接触的机会，我也已有了当一年班长的经验，建立了初步的威信，且已敢于与女生交谈而不脸红了，才逐步展开追求攻势的。随着时日的推移，我对她的认识也与日俱增。

首先，我虽然是主管学习的业务班长，但发现她的学习成绩较我为优，除了数理化等一般基础课不如我外，其他业务课的成绩均极佳。她具有极强的记忆力，虽不能说过目而不忘，但强记死背的能力确实惊人，而且极为细致及认真，与我这种

宋琳琳大学时期为排球校队成员（二排左起第三位）

徐光炜大学时期为排球校队成员（后排右起第二位）

大大咧咧、马马虎虎的作风迥然不同，因而各种考试每每能得高分。例如1956年毕业前夕参加全国儿科医师赴苏留学考试，考试科目包括从未学过的联共党史、马斯洛夫儿科学等，业余备考时间仅两个月，全国仅录取两名，在众多的考生中，她居然以高分被录取，其中儿科居然考了100分。1979年卫生部全国统考WHO赴美儿科留学生时，她又以第一名的高分被录取。我则自叹不如，所以我不仅慕其貌，更爱其才，有人夸她是才女，的确此语不假。

她又擅长文体，在校期间连任四年的学生会文体部长，考取留学苏联后又被推选为留苏预备部的文体部长，可说是众望所归。前已述及在体育活动方面，她是一名优秀的选手，与她颀长秀丽的外表颇不相称，不但能跑善跳，在投掷方面居然也有所长，这与她的不畏艰苦、坚韧不拔、争强好胜的性格有关。在她患病后我对她这一性格特点有了更深的认识。而她的组织才能及善于交际更在作文体部长期间得到了充分的体现。她自幼学钢琴，10年有余，当然弹奏钢琴颇为娴熟，幼时曾学习踢踏舞，因此音乐、舞蹈均有一定功底，担任文体部长确是游刃有余。当时的沪地电影明星赵丹、黄宗英、韩非、白杨等都与她相熟，其他音乐、舞蹈界的名人也有交往，因此经常能邀请这些名人周末来校举办各种与学生互动的音乐欣赏会、文艺演出会，甚至与明星队赛篮球等，她居然还能将校党委书记、学生科长等一宗土八路出身的老干部也动员来参加交谊舞会，增强校领导与学生的沟通。这些活动大大地丰富了学生的周末生活，颇获好评，以致连选连任，成为常任部长。当然我知道在这些活动背后的艰辛以及她的付出，为组织一场活动，从构思到组织，尤其涉及邀请名人，均需花去不少精力及时间，而这些又都是在课余时进行，还得保持学业优秀，实属不易。所幸当时任学生会福利部长的陈敏章（后任卫生部长）任劳任怨，将后勤全部承担，配合默契，受益不小。当然，我更体会到的是她这种热情洋溢、助人为乐的天性，每每见到同学们欢乐地沉浸在她所组织的各种活动中时，她也由衷地感到高兴。当活动结束，我常规地陪送她回家的途中，她虽然略显疲乏，但仍会兴高采烈地回顾这次活动，她真是个为他人带来欢乐的人。在她患癌症康复后，不但组织创办了癌症康复会，而且每年春节举办癌症患者贺岁联欢文娱会，也均由她负责组织及邀请文娱界人士义演，为癌症患者送关怀及欢乐。

时日就这样无声无息地溜走，每每当我忆及此段历程时，总是甜丝丝的，心头充满幸福之感，虽时不再来，但深印在脑海中的宝贵记忆将永不磨灭，因为这不仅是我俩的初恋，也是终身之恋，因我俩是一见钟情，感情与日俱增，终于喜结良缘的。

1956年4月，是毕业前夕的最后一次春假，我俩偕同舍弟正忠及其女友同游富春江。回沪后上班的途中，得知学校通知她准备报考赴苏儿科副博士研究生，颇有

大学三年级两人首次同游，在苏州留影

徐光炜、宋琳琳大学时期

受宠若惊之感，因为这种机会在当时都是照顾工农出身的革干子弟的，这是得益于是年3月陈毅元帅主持的广州会议所赐，该会议强调了知识分子在社会主义建设中的作用，要广纳知识分子中的精英，因此将以往留苏学生一律由组织保送的规定改为由组织推荐，全国统考的做法，这显然是在民主改革的道路上前进了一大步，而且引进了竞争机制，当然有利于研究生质量的提高，但遗憾的是这种选派办法仅施行了一年，次年因反右运动而夭折了。琳琳有幸参与了这唯一一次的留苏研究生选拔赛，这在锁国的年代，也是出洋留学的唯一途径，在这次凭实力的公平竞选中，琳琳居然以专业100满分的成绩脱颖而出，成为南方考区榜首而入选，另一位是北医的左启华医师，是年她已是高年讲师。录取消息公布后，大家为她在这次空前绝后的留苏副博士研究生招考中高中而欣喜，奔走相告，我则既喜亦忧。忧的是研究生按规定须在苏学习三年，完成论文毕业后始归，那时的交通、通讯均甚为不便，只有火车及信件，火车赴莫斯科需时8天，信件往来也需1周以上。如再加上留苏预备部学习俄文的准备期，共需4～5年时间，这对已习惯于朝夕相处的我俩情何以堪，甚难接受。何况在这一漫长岁月，她将孤身一人居于异国他乡，在这男生占绝大多数的留苏学生群体中，她又那么出类拔萃，肯定不乏仰慕者，所谓近水楼台先得月，

1956年宋琳琳留苏前夕两人在上海中山公园留影

宋琳琳赴苏前两人在上海外滩

1957年5月徐光炜、宋琳琳于北京

变数太大，我这已唾手可得的“月”岂能流失。于是作了两个于我一生命运有重大关联的决定，一是禀告双方父母，我俩决定在她赴苏前完婚，宁可忍受新婚燕尔时刻骨铭心的分离，而决不允许有横刀夺爱之事发生；二是放弃留在广慈医院（现瑞金医院）外科工作的机会，乘举家北上及她赴留苏预备部之机，一举两得，也随她赴北京工作。至少在她住校突击学习俄文期间，仍可每周相聚一次。在她一年后俄语学习毕业，正待出国之机，因适值反右进入高潮，留苏学习需再次政审，凡有右派言论者，一概取消出国资格。琳琳平时就对政治不甚感兴趣，又时值突击学俄文期间，根本无暇顾及其他，因此未受影响，但因她是临床学科儿科的研究生，须有两年以上的临床经验，她虽系儿科专业生，但仅有一年实习的临床经验，因须补临床而又回母校上海广慈医院儿科上班了。后经吴阶平教授相助，让她师从其兄吴瑞萍教授，吴教授系北京儿童医院副院长，小儿传染专业，故琳琳又名正言顺地从上海返京至儿童医院进修，诸福棠院长也为她定了“小儿病毒性上呼吸道感染的早期诊断”研究课题，乘此良机，我们于1958年6月14日在京完婚。

新婚次日在新房合影

1958年6月14日结婚照

1958年外祖母80寿辰时留影（宋琳琳留苏前夕）

在此大跃进年代，一切从简，婚姻也不例外，认为这是个人私事，不但不应影响工作，也不宜大肆张扬，只是悄悄地进行，在完成婚姻登记的一系列有关手续后，择周末在科内作了宣布，散发了喜糖，无任何仪式，只是下班后回家与家人及少数至亲共聚森隆餐厅欢宴，以示祝贺。次日乃是周日，上午去王府井中国照相馆照相留念，虽是婚照，但并未披纱，真正的婚纱照是在1999年我俩被评上卫生部恩爱夫妻后补照的。是日下午去广安门电影院看了一场电影，整个婚事就告结束，周一又分别奔赴各自的工作岗位。我与琳琳长达5年的恋情终于取得圆满的结果，虽然婚姻仪式与现时或过去的年代相比有过于简单之嫌，但在此革命年代，我俩也并不在意，仅有的结婚戒指也在“文革”期间因虑抄家而被处理掉了。在此漫长的岁月，甚至在琳琳的病前，聚少离多的年代，我俩恩爱如初，以致我儿徐锋与我儿媳李洋谈婚论嫁之时，我曾开玩笑地说：“徐家有家庭和睦的遗传基因，锋锋的爷爷、奶奶以及我俩均婚后从不脸红吵架，因此相信你们也能继承这一良好传统，如有不和，除非是锋锋的基因发生变异，不然问题可能在您李洋身上。”令人欣慰的是他俩已婚后十余年，我也孙儿、孙女绕膝，均相亲相爱，和好如初，看来此优良传统后继有人了。

4

患难与共

琳琳在国内完成俄语培训及进修儿科临床后，于1959年春离家赴苏，在莫斯科医科院的儿研所研读副博士学位，我俩按事先的约定每周由鸿雁传情修书一封。遗憾的是那时在近半世纪前，既无录音带，更无摄像机，更不敢存打越洋电话之奢想，因此既不能聆听到熟悉的嗓音，更见不到日夜思念的倩影，只能反复多次地阅读已编号的来信，翻阅已积累成册的新、旧相片，时间就在这种等待的煎熬中悄悄逝去。在她离家已两年余，某日突传来耗音，她因夜以继日的学习、工作，盼能早日学成归来，竟然在苏得了结核病，这真是晴天霹雳、飞来横祸。我每月62元的收入，既无法也无力前往探亲，只是干着急，慰问信日修一封，也无法缓解思念之

1960年留苏期间与同宿舍的朋友一起过元旦

情，想到她孤立无援地病倒在异国他乡，真是焦急万分，恨不能插翅飞去。决定让她回国休假养病，虽然那时国内正处于大饥荒的困难时期，但有亲人照顾总比她孤身在外强太多了。

当时由于消息封锁，禁止将国内食不果腹闹饥荒的情况向外透露，因此她毫不知情，每周来信还常谈及国内出口的对虾、肉、蛋等罐头食品，由于那时中苏关系已恶化，遭苏联刁难而积压在莫斯科车站，于是中国大使馆号召留学生购买爱国罐头代粮食充饥，她本不喜肉食，所以经常以对虾充午餐。天性好吃的我正处于半饥饿状态，体重自原来的80公斤降至56公斤，见此来函岂不食欲大动，暗中盼她回国时能多带些罐头，只是限于纪律，不敢向她透露丝毫，因此当她自莫斯科赴京的列车上走下，见到在月台上相迎的父母及我时不禁大吃一惊，因我父母原均较我更胖，因此体重下降也更多。她返国时值秋冬之交，见我们都穿着显然已过于宽大的衣服，露着一脸的菜色，颇显狼狈地笑迎她归来。她见此情景，脸上的笑容突然一下给凝固了，非常尴尬地拉着我们的手，着急地问家中发生什么了。相反她倒是白白胖胖，体重较出国时增加了10余斤，哪里像是病人，倒像是她回国来探望我们了。

遗憾的是回家打开行李箱，大家颇为失望，因为内中并无各种食品罐头，仅有几盒苏联的那种质量并不高的糖果而已，因她并不知国内情况，且原本还准备病愈

宋琳琳在莫斯科河畔
（就读的儿科研究所就在后面高房子旁边）

1960年宋琳琳在柴柯夫斯基故居前

返苏联参加答辩后再返国的，后因我们一再催促就决定先返国休假，因此将存款均存入银行，轻装归来了。岂知，由于中苏关系急速恶化，留在苏联的留学生也大批遣散返国，她当然不能再回去了，存款也因已结束学习任务而交公了，这是后话。所以弟妹们盼着大嫂回家可打牙祭的想法落空了。

由于上海周围农村较富，因此上海市场供应优于北京，岳父母也思女心切，故琳琳返国后不久就赴上海休养了。数月后接通知决定不再返回苏联，反正学习任务已结束，论文也已写完，她导师也同意将其发表。当时对学位不如现今重视，所以对是否参加答辩也无所谓了。接下来就到卫生部报到等待分配，我俩又陷入两难的境地。

卫生部根据有关规定，将她派遣回原单位上二医工作，上二医附属新华医院是儿科的教学医院，已为她成立了病毒研究室，等待她回去结合所学专业开展工作，可是我此时已在中医研究院学习中医，是北医外科唯一的西学中医师，北医知情后就告知我在没有找到替代者之前，不同意我离北医返沪，同时也向卫生部反映了我俩的实情。所以卫生部有关部门领导召见了我们，告知可有两个选择，一是琳琳回上海，但我俩得分开一段时间，历时多久则不得而知。另一选择是琳琳留京，由北医负责安排工作。因事关我俩今后的命运，所以不敢轻易做出抉择，决定回家仔细考虑后再定。

我倾向回上海，这对琳琳有利，不但有助于尚未痊愈的病体得以很好地休养，而且母校已为她成立了病毒研究室，医院对她的归来颇为重视，系主任郭迪教授也前来卫生部争取，儿科系又是上二医的重点，今后有较大的发展前景，而且工作环境、人际关系均较熟悉，她留上二医如鱼得水，定能得心应手地开展工作，何况家中老父体弱多病，颇盼学医的爱女能侍候在侧。唯一遗憾的是望眼欲穿的等待归来，岂料一回家又要分离，不知何日才能相聚。留京除能解决两地分居外，琳琳也考虑我在京奋斗五年，颇不容易地打下了工作基础，为今后发展创造了较好的条件，而她反正要白手起家，到哪里都一样要重头干起。当我们尚在商议未做出决定时，琳琳悄悄地一人前往卫生部拿了到北医报到的卫生部介绍函，而北医居然将她分配到仅有30张儿科病床的口腔系所属平安医院。

待我知悉这一切后非常痛恨自己，为何我不能先她而去卫生部，替她拿去上海报到的介绍信呢，琳琳显然是为了顾及我而自我牺牲地决定留在北京的。两相对比，更突出地显示她一贯地先虑他人再顾自己的品质。后虽经北医党委彭瑞聪书记干预，将她调整至北大一院儿科工作，但因贯彻该时的中央八字方针，北医儿科系属被调整为下马之列，不设儿科传染病专业，更谈不上病毒了。使我深感后悔，这将是我终生遗恨的憾事。尤其两年后，老岳父相继患门脉高压、上消化道出血及肝癌去逝，当时琳琳因有身孕而未能前往，使我更感内疚，愧对爱妻。这种内疚自责之心久久不能忘怀，每逢工作或生活不顺利时，常会自责为何当时不选择回沪。

决定留京后，由于北医撤销儿科系成为医疗系的一个儿科教研组，编制要紧缩，仅保留了肾病、心血管、神经、血液病等原有工作基础较好的专业。琳琳无所归属，因此成为无“专业”的流民，被安排在门诊，每当有下乡任务，诸如医疗队、抗震救灾、教学连队等均榜上有名，即使在结核尚活动有低烧时也不例外，而她从无怨言，适应性极强，总能出色地完成任务。由于她工作效率高，成为门诊护士最受欢迎的医师，高峰时每天看门诊120人次，而且总是将当班病人看完，不留给下一班。也由于她知识面广，善于结合实际引经据典地给学生讲解，颇受学生好评，她的教学查房经常有外院的医师前来观摩。逢有抢救任务时，她更是通宵达旦地玩命工作。记得有一次她回家告诉我，说医院来了一位专管妇儿医院的汪平副院长，在食堂就餐时坐在她身旁，以自带的菜肴招待她，使她很感意外。经了解，她原是宣武区卫生局局长，刚调来医院工作，她的儿子曾患痢疾、中毒性休克，已作气管插管，是琳琳整夜地守在病儿旁，捏人口呼吸的皮球，硬是把他抢救活了，所以她非常感谢。琳琳就是这样，默默无闻地奉献、努力地工作着。

因为我们深知作为一名临床医师，毕业后的10年内是非常关键的时期，由于与父母同住，吃住都不用操心，因此这10年内一如学生时代的生活，只是全力以赴地学习工作。我家是一大家庭，弟妹众多，是四代同堂，周末大都返家。随着父母年老体衰，先后得了胃癌及脑瘤，胃癌须作化疗，脑瘤术后常犯颅内高压，也须输液脱水，以降颅压，有时俩老同时输液，偶尔便秘还须掏粪便。不但这些护理老人的重担均落在琳琳身上，而且作为大嫂，主持家务的重担也逐渐转移到长媳代母的琳琳身上。尤其每逢周末，大家都已习于回家团聚，需安排二十余人的饮食。在这经济并不富裕的年代，她经常是在下班回家途中，骑着自行车沿途采购，挑选既可口又价廉的食物，颇费心思。后来，五个弟妹们先后成婚，也均育有子女，每每有病，就送回家中找大嫂。日久后，不但家人如此，街坊四邻也是如此，小孩有病找琳琳，大人有病就找我。又因我家在七机部大院，右邻海军总医院，宿舍又与部汽车队

1962年宋琳琳留苏归来，两人于北京

1982年宋琳琳首次访美

宋琳琳首次访美时ICN刊登的相关介绍

相近，接送均较方便，甚至周日或平日夜晚也常有721医院或海军总院外科需即时应诊的急会诊。因此，我俩在七机部大院博得“老黄牛”的美称，也几乎成为该部医务室的二线值班医师。所幸那时均年轻体健，虽然医院业务工作较繁忙，下班后的活动内容也甚丰富，但我俩每日骑车同行20里，日出而作，日落而归，不论刮风下雨，甚或落雪，从不间断。途中往返的1小时，除采购外，是我俩难得的交流时间。记得有次购物后，囊中颇羞涩，深感维持如此一大家庭之不易。琳琳突然问我，不知今生我们的月薪能否增至100元，因为那时每月69元的薪水已保持10余年了。我苦笑着答应可能吧！因为在此年代确实对个人前途一片迷茫，只是埋头工作而已。同时我也再次为将她留在北京与我共负家庭重担而感不安。

终于“四人帮”被打倒，生活又露出了曙光，被破坏的工作秩序也逐渐在恢复，经过10余年的努力，琳琳的才能终于逐渐被人们认识。某日，北大医院的才文彦院长见我后说，他发现了个人才，原来就是琳琳。我笑着说太晚了，我20年前就发现了。原来在1978年教育部公开招考赴英、美的留学生时，琳琳不但外语较好，且年龄合格，但医院未予推荐。琳琳并未争取，仍然与产科一起创办围产病房，建立新生儿专业，又应学生要求，开始外语查房。而在次年卫生部招考WHO的留学生时，她以最高分被录取，且在科内群众民主推选科领导时，又被高选票推举为副主任（正主任暂缺）。至此，她有如一颗冉冉升起的新星，逐渐发出了光芒。

1986年宋琳琳二次访苏

1982年从美国学成归来，自主开发了小儿加压呼吸器、治黄疸的蓝光暖箱等新技术，首次对心跳达300次/分的新生儿用电复苏成功，继而成功抢救了北医一院首例新生儿膈疝，又首次在国内提出小儿溺爱综合征等。在科内的管理改革方面也取得一系列的成绩，她的这些成就，逐渐也受到社会上及学术界的注意，每周的新生儿围产专业的大查房总是宾客盈门，成为同道们聚会、交流的场所。

某日，在回家途中，我被告知有人访她，动员她参加农工民主党，但被医院党委拒绝了，并批评她为何不要求进步，申请加入中国共产党，途中对是否加入农工民主党或共产党展开了一番争议。她颇为犹豫，我告诉她你不用犹豫，我估计不出一周，院党委会同意你去参加的。果然，3天后党委书记找她谈话，表示歉意，不该劝阻她加入，并表示同意她加入农工民主党。原来她是农工中央物色的培养对象。未几，即正式加入该党，入党不久即被任命为北京市委妇女部副部长，优秀农工民主党党员（因她是北医优秀教师）、政协委员。1986年苏联解体后，她作为高教部选派的教授再次赴俄罗斯考察医学教学半年，归来后作为北医教代会的副主席、儿科副主任、围产学会的副主任委员，全身心地投入了新生儿专业及教改工作，力争夺回被“四人帮”耽误的时日。我那时因肿瘤所刚建成，也是忙得不可开交，俩人各忙各的，下班回家也很少交谈，因彼此都有干不完的活，只有上、下班共同骑车过程才是宝贵的交流时间。我坚持不坐班车仍骑自行车上下班的原因即在于此。无怪在1988年琳琳病后，儿子从美国来信称，自他懂事以后从未见我俩一起外出进餐或出门旅游过。经他提醒，仔细一算，不仅如此，我俩婚后即使除外彼此医院值班的时日及短期出差，也确实离多聚少，而且每次分离均至少一月以上，多至年余。的确，婚后的俩人世界似已告结束，全身心的投入工作及照顾大家庭了。

1986年宋琳琳赴俄罗斯考察医学教育半年，与同事合影

1988年春的某日，她回家告我，林佳媚请她去中国儿童发展中心做报告，而且林大夫很认真地听，还做笔记，使她很受感动。当时我并不在意，数日后她又告我因该中心的原领导已超龄，林大夫打算调她去该中心做主任，医院很支持，因为北医的妇儿医院已盖成，但乏经费购置设备，本拟让琳琳任该院的副院长的，现支持她去中心任主任，因为该中心直属联合国，资金充足，外汇丰富，盼琳琳去任职后能拨款支持妇儿医院，并答应她日后年过60退休时仍回北医当教授。其时，我也正为北医选我做校长候选人而发愁。我俩商议的结果认为北医校长干不得，而她的“中心”主任之职还是可以考虑的，因为直属联合国，资金较充沛，且下属有搞具体业务工作的四个研究室，可以不脱离业务，还是可以有所作为的。正当万事俱备，拟送审档案，择吉日上任之时，突然晴天霹雳，琳琳患了癌症，且病期不早，于是白忙一场，一切均成泡影。

5

我的独子

（宋琳琳）

我有幸于1956年毕业前夕考取留苏研究生，该年是全国唯一的一次评考分录取，儿科仅两个名额，由北医左启华大夫（讲师）与上二医的我（大学刚毕业）分别获得，颇珍惜这得来不易的机会，促使我须全力以赴地学习俄语及其他与专业相关的科目。在我赴苏联学习前，光炜又被北医选送参加卫生部主办历时达3年的第二届全国西学中培训班，以落实毛主席指示，创造新医学派，俩人同时肩负国家给予的难得机会，“士为知己者死”，必须发奋努力以报答国家的培养。20世纪50年代我国尚未推行计划生育，人工流产须由组织批准后方可实施，生儿育女自属“私事”，必须“公”字当头，以国家利益为重。所以我们很早就自觉执行计划生育，以集中精

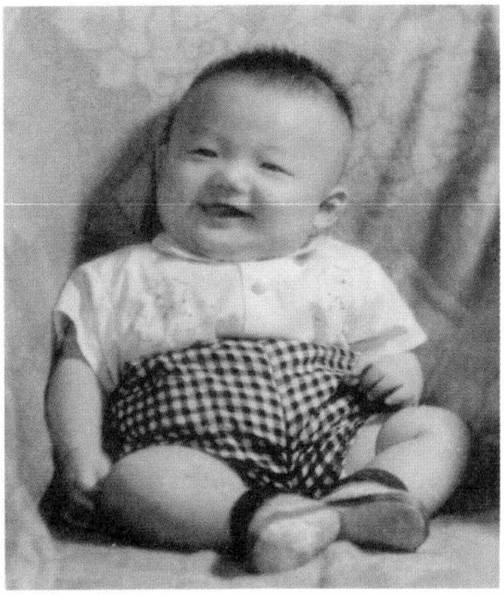

儿子徐锋一百天

一家三口

力完成国家给予的学习任务。我儿子诞生于1965年，在我“大学毕业后第10年，结婚后7年，其时我已达33岁，属高龄初产。但这10年努力地忘我学习和工作，也为我们打下了较扎实的专业基础，在“文革”中即使不读书，也还有点业务老本。

儿子出生后两月（产假56天），光炜即响应毛主席“6.26”指示，去密云医疗队一年余。当时的医疗队管理很严，每隔两月才能休假回京一次，且其时交通不便，他工作地点在冯家峪山区，途中须两天才能抵京。直至1966年“文革”开始被揪回医院批斗，所以他在自顾不暇情况下，很少与孩子相处，我则因是留苏回来，当然地成为“修正主义苗子”、“苏修特务”而遭批判，也被视为另类，为摆脱此令人窒息的困境，于1966年儿子刚满周岁时，我就自觉要求去医疗队为贫下中农服务，改造思想。以后“文革”十年中，我有三年多在农村，由于我是一“需重点加强改造”的知识分子，所以先后三次被下放去云南、武清、密云等远离北京的农村，每次都历时一年以上。即使在京期间，也不乏参加唐山地震救灾等短期下乡锻炼任务。所幸当时婆婆尚健，帮我们照顾孩子。儿子虽然长得白白胖胖，惹人喜爱，但囿于形势，只能怀着他的相片，与他离别，每当儿子哭着不要妈妈离去时，确让人心酸。所以，在儿子出生后到学龄前期，很少有机会与孩子共处，未能使儿子沐浴在母亲的爱河中，也是我这个儿科医师终身为憾的。

我刚从苏联回国后即进入一“四世同堂”的大家庭中生活，除公婆与光炜两个弟弟三个妹妹外，还有年迈的外婆（姥姥），人丁颇旺。由婆婆持家，另有一女保姆相助，此时我尚能安心工作。“文革”期间弟妹们相继结婚离家，大妹夫妇迁至陕西宝鸡，其他虽均在北京，但分居在外。“文革”后期公公得了胃癌，婆婆相继得了脑瘤，术后成了植物人，生活不能自理。外婆于93岁时去世，大弟妹因援外多年不在国内，二妹夫属外交人员，也常驻外，小妹夫远在郊区，家中除我儿子外，大侄子及两个小外甥均留家中上学（他们的父母照料有困难），所以家中还有四个小男孩（均上小学），虽仍有一女保姆，但长嫂代母，繁重的持家重任只能由我来操持。其时每当我上班听到家中来电立即心惊肉跳，生怕又有意外发生。我除主动担任医护工作（如打点滴、脱水降颅压、化疗、鼻饲、通便……）外，还须关注四位正值淘气年龄的男孩的生活与学习。当时经济并不富裕，物质供应也颇匮乏，粮食、肉、蛋、粮、油等均须凭票证，病者要营养，孩子在成长，尤其因周末弟妹们均要回来探望父母与他们的孩子，家中常需准备两桌人员的饭菜，一共300元左右的收入要支撑偌大的一个家庭，真是自感捉襟见肘、“巧妇难为无米之炊”，令我

1973年全家三代人合影（兄妹共六对）

1978年母亲手术后，一家四口于家中

一家三口

愁之又愁，难上加难，平时只能每个小孩上学时每天各发两角钱去排队买不凭票的肉，聊以补贴。我的独子从小就在这样的年代、这样的环境中成长，因此在他身上很少有一般独子的娇生惯养习气，而却具有大院中小孩的一股豪气。在七机部大院及院后的玉渊潭公园野玩、捞鱼抓鸟、上树下河，这些倒是当前独生子女所享受不到的。他顽皮、善玩，体格强健，讲究义气，自然地成为大院中同龄人的“孩子王”。有次他问我说为什么他小表弟（我小妹之子）每年过生日必买蛋糕庆祝，而我从不给他过生日，我只能为难地告诉他“妈妈现在经济有限，若你要过生日，我则须给哥哥、弟弟们也同样都过”，他从此就再也不提此事。他也理解对我这代母的大嫂来说，必须做到“一碗水端平”，不能有私心。直到两年前他从美国回来探亲时我才首次为他补过了四十岁生日。不过，这样也使他少有私心，而乐于助人，关心集体，不但在求学年代同学乐于与他交友，即使赴美后也是如此，有时一天可帮两位友人搬家、卖苦力，搞得皮破衣裂而归；他又好客，喜烹调，因此其家常成为海外学子的聚会场所。

在此期间，除自己家中琐事缠身，光炜则按周总理要求着手筹建北京市肿瘤防治研究所。平时回家时，七机部的街坊邻居、军代表或医务室也常介绍病号来让我俩诊治（医疗室主任是我带过的70届毕业生），所以我俩在七机部的美名为“老黄牛”。在这动乱的岁月，天天下班回家已筋疲力尽，自顾不暇，何来精力与孩子进行交流辅导，但我想也许我俩的勤奋、大公无私、热心助人的“老黄牛”精神多少会给孩子一些身教影响吧！

普天下的父母无不为子女的成长呕心沥血，无不怀着望子成龙、望女成凤的美好心愿，但同样的愿望、努力却有不同的结果，有的家庭培养出令人倾慕的英才，但更多的孩子是一生平凡。父母塑造着孩子，家庭教育又是孩子的重要场所，但大环境必然会影响小环境，如“文革”中黄帅、张铁生等“读书无用论”交白卷等报道无不影响着一代孩子对学习的看法。我儿子小学时学习成绩颇佳，但其后一是受社会影响，二因公、婆均患病在家须加以照顾，实在无精力再顾及孩子的学习，以致学习成绩有所下降。直至1979年，我婆婆病逝，光炜的小弟返京与父同住，随着“文革”结束，我们终于得以结束三人蜗居12平方米小屋的年代，迁到肿瘤研究所的宿舍，但其后的1981年、1984年我和光炜又相继作为交换学者去美国进修学习，1986年我又代表北医去苏联作为访问学者考察半年。在此期间，家庭始终处于不稳定状态，也影响了他的学习，虽然他在激烈的竞争中，于1983年考上了大学，但对专业并不满意，也想往有更好的学习机会，因此主动提出欲赴美念书。当时我们颇为犹豫，因当时的积蓄供他购买来回机票后，所剩无几。经不住他的再三要求，表示身强力壮，是学校五项全能运动的冠军，可打工挣钱，养活自己，我们也认为吃些苦对他有好处。于是我儿子于1986年去美国半工半读，当光炜于是年去美访问，在波士顿见到他时，着实吓了一跳，短短数月时间，体重降了30磅，且满手均是厚

1972年春节儿子徐锋与三个小兄弟摄于七机部

1978年一家三口蜗居12平米小屋

1988年徐锋硕士毕业

1995年徐锋博士毕业

1996年徐锋、李洋共结连理

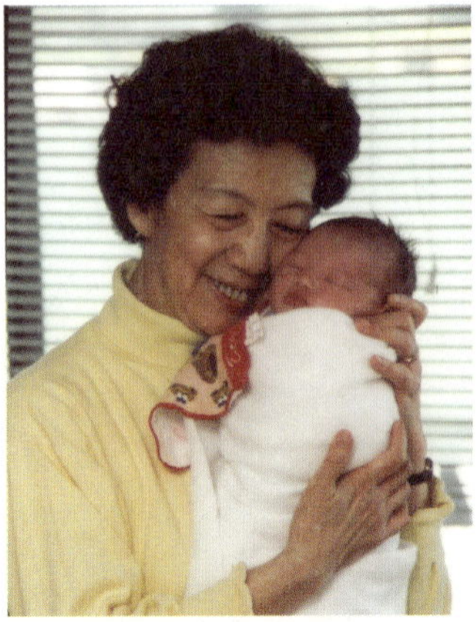

宋琳琳当奶奶了

苴。光炜回来也不敢告我，儿子也不敢寄相片回来，因晚上在加油站打工，不得休息，白天上学，经常无时间吃饭，休息又少，周末还去餐馆打工，亏他身体较好，尚能坚持。后在加油站遭抢劫，其后他又申请到奖学金，生活才稍安定，但仍坚持周末去餐馆打工，以补不足。终于他以勤奋、刻苦、自立、努力的精神念完了硕士、博士，最后又师从诺贝尔奖的获得者、有机化学的大师，哈佛大学的 Dr. Corey 完成博士后学业。经近10年的不懈努力，补上了他在“文革”中所缺失的受良好教育的机会，而更养成了他治学严谨、艰苦奋斗、独立自主、坚韧不拔的精神，这些使他在工作上有施展才能的智慧与力量。知识乃是智慧的种子，也是成功的土壤，他在工作后，每年均获好评，现已成为一名有才华的高级科研人员。如今，他有一个美满的家庭，一位支持他事业、在异国他乡与他共甘苦的爱妻，拥有一双可爱的儿女。而我在与癌症顽强拼搏康复后20年的今天，也有幸目睹了他们事业上的成功，享受到儿孙绕膝的美满和谐的家庭生活。

6

晴天霹雳

1988年春的一个周末，我俩一如往常地在各自的岗位上忙碌着，我在长城饭店二楼会议厅参加肿瘤会议，她则在一楼参加围产医学会成立会议，我俩均为主持者，且皆为国际性学术会议。与会者颇众，多名昔日上二医的同学也均前来参加，并在周一两个会议同时结束后，均来我家欢聚，多年未见，谈笑甚欢，至深夜始返。

数日后的周五，琳琳去学校，参加教改会议。我则有外事活动，晚九时许才返家，接待一位已在家等候的从印尼来访的癌症病人，见琳琳抱着热水袋坐在一旁，当时不便动问，待客人离去后始知她感腹部有些隐痛，自忖是蛔虫闹的。她还逼着我与她一起服了驱蛔虫药。因已是深夜，我也未介意。

次晨，她仍感右下腹痛，疑为阑尾炎，待我检查其腹部后，感到情况不妙。因她体瘦，腹壁较薄，在右下腹膜到一胀气的盲肠，何故？势必其远端有梗阻，仔细检查右上腹虽未能扪及包块，但深压下总感局部有增厚的异常感觉。当时强作镇静，让她随我去医院做腹部超声检查，同时安排她住院，病房的医护人员均不信，还以为我开玩笑。但超声检查发现在横结肠近肝曲部有肠壁增厚、管腔狭窄。至此，我已心知肚明，噩运降临了！该日是她专家门诊，她还坚持要去出诊，被我劝阻了，因那天是4月29日周六，一般下午就休息了，她还得争取在上午作钡灌肠检查确诊呢。我赶紧作了安排后，即去中华医学会出席我主持的肿瘤学会工作会议，11时自学会返回医院放射科，随后的检查证实横结肠的近肝曲处有一环状狭窄。是年，她已54岁，结核的可能不大，结肠癌已肯定无疑，该晚本与友人有约，聚会庆祝五一的，现一切作罢，回家休养作术前准备了。

这场病来得实在突然，毫无预兆，悄悄地袭来，简直措手不及，没想到与癌症打了半辈子交道，竟然朝夕相处的老伴也得了癌症，而且已并发了梗阻，深感自己的无能与无助，术前的3天时间就在这种自责、焦虑的煎熬中度过。

手术日清晨我去办公室，见主刀黄信孚主任正在凝神地看她的X线片，原来他与我有同虑，因病变位置在近肝曲的十二指肠前方，颇担心癌症会侵及十二指肠，但愿上苍保佑。

腹腔被打开了，首先关心的是病变的扩散程度，见肝脏、腹腔均无转移，且结肠局部病变能被提起，总算松了一口气，刚在庆幸病变还不算太晚之际，突然发现她的十二指肠也随着病变一起被提起来了，天哪！最担心的情况终于发生了，癌症已侵入十二指肠，怎么办？！大家都以询问的眼光凝视着我，因为谁都知道，放弃意味着死亡，如加以切除，那就不是原先设想的较为简单的右半结肠切除术，而是几乎要将右半腹腔脏器全部切除的胰十二指肠切除＋右半结肠切除术，手术涉及的器官有胃、十二指肠、胆道、胰腺、小肠及右半结肠，术后恢复各管道的沟通，须作胃肠、胰肠、胆肠及大小肠四个吻合手术，哪一个吻合口发生瘘都是致命的，手术风险甚大，以往遇到这种情况多半就作一姑息性的手术，放弃根治了。一时真是五雷轰顶！心想怎么会这样，患癌症已是够不幸的了，居然病情还如此晚。大家静静地在等待我的决定，瞬间时间像是突然凝固了，那时没有旁的选择，唯有置之于

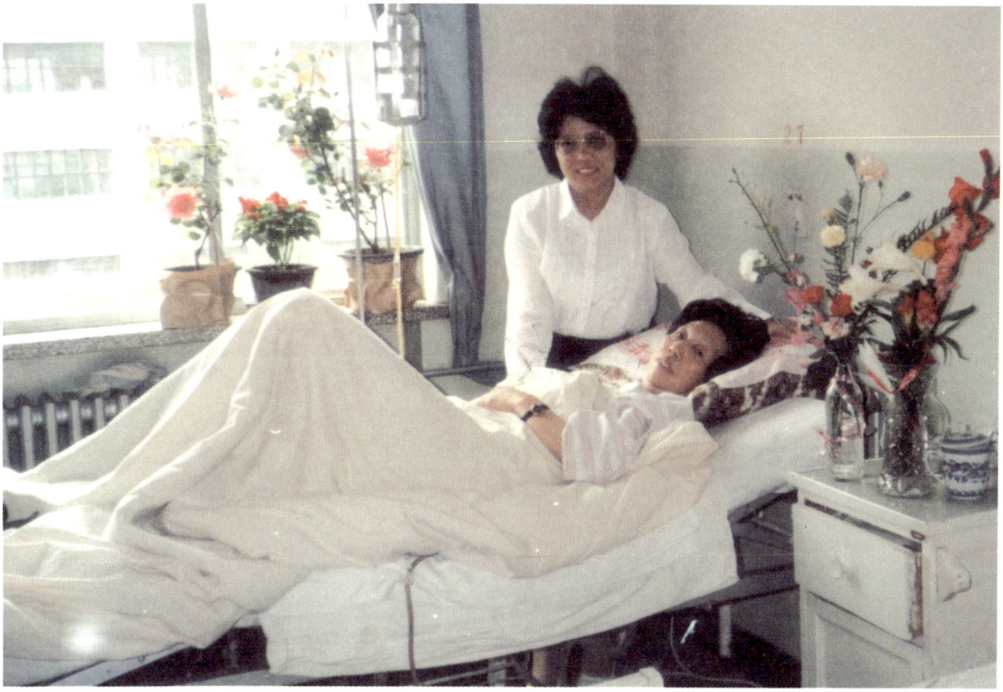

1988年5月宋琳琳术后与弟妹在病房

死地而后生，只有进行彻底的大手术，才有一丝生机，把她从死亡线上拉回来，但她身体本来就单薄、瘦弱，能受得住吗？

历时6个小时，手术终于成功了，琳琳的1/3的胃、胰头、胆囊、十二指肠、右半结肠、部分小肠连同相应的系膜及三十几个淋巴结均被切除了，她被推出手术室时脸色苍白，全身插了6根各种管子，围在手术室门口的亲友们见此情景，想起数日前还活蹦鲜跳、精力充沛的她，都不禁掉下了眼泪。我始终依她术前所嘱陪在身边，紧紧攥着她的手，心中充满震惊、内疚、自责和伤痛。自己搞肿瘤这么多年，怎么连老伴身体出了问题都没能及早发现，很多朋友也责怪我，对妻子太不关心了，我只有低头认罪。妻子肩负着长嫂的重任，在出色地完成医院本职工作之余，还要照顾一大家子，大小事均不用我操心。她在医院是好医师、好教师，在家又是好儿媳、好妻子、好嫂子、好母亲、好邻居，她太累了，给累垮了。在此后的相当长的一段时期我陷于深深的自责中。

1999年在泰姬陵

手术获得成功，可这只是琳琳痛苦抗癌经历的开始。术后恢复是第一关，由于她的手术过大，根治较彻底，剥离面又广，因此术后发生了胃瘫，那时还无较软的现今使用的硅胶管，用橡胶胃管作胃肠减压，插了整整28天，嗓子都破溃了，咽口水都痛，琳琳还是笑脸相迎地感谢来访者，在不得已的情况下，只能在病房门口挂上禁止探视的免战牌，以保证她的休息。由于只能靠输液维持生命，那时即无留置输液装置也无配制好的静脉高营养液，而她静脉细，又较脆，初时尚可，数天后，两只手臂满布密密麻麻的针眼，手背常因输液外溢，肿胀有如馒头。每天输液扎针就成为护士们的艰巨任务。琳琳总是笑着帮护士找静脉，鼓励年轻的护士在她手臂上扎针，无怪护士们总说“看宋大夫的样子娇滴滴的，其实一点不娇气”。另一颇让人不安的是她腹壁的胰肠吻合处的引流口久久无肉芽生长，生怕发生吻合口瘘。终于在历时一月的提心吊胆观察下胃开始恢复蠕动，伤口也痊愈，只是腹壁上多了一个深凹的疤痕，无怪日后小孙女说奶奶有两个肚脐了。

由于在床上躺得太久，刚下床连走路都不会了，又开始三步、五步地学走路。短短卧床一月的时间，体重居然下降了15斤。恢复得稍有起色，又要过化疗这一关，贫血、肝功能异常、呕吐、腹泻、脱发等化疗的副反应她都经受了，白细胞最低时仅一千多，肝功能GPT600以上。她强忍着化疗副作用的痛苦，每次化疗时脸色青灰，指甲发暗，还勉强地笑脸相迎，使我感受到什么是撕心裂肺之痛了，苦于无法以身相替，尤其几乎每个从事肿瘤专业的友人来访后对她的病情一致表示很不乐观，其实我岂有不知之理。人们往往这样，所谓身在福中不知福，当你感到日夜与你共处的伴侣有可能将要离你而去之时，以往一切的善与美都会一下涌现在你眼前，越发感到绝不能失去她，开始珍惜跟她在一起的每一天。除了每天仔细观察她的病情，及时调整药物，我的中医知识也派上用场，她原来食量就不大，手术切去了部分胃，再加上化疗反应，更不思饮食，我就每天熬些健脾益胃的薏米、芡实、红枣、莲子、桂圆以及滋补的白木耳等，以食疗代替难入口的中药，以略尽我这个不谙家事的丈夫之责。

术后相当长的一段时期内，我常在晚间被琳琳离我而去的噩梦惊醒，醒后陷入沉思，久不能成眠，深虑一旦如成事实，真不知何以自处。术后半年左右，琳琳病情稍见稳定，我随卫生部医学代表团访泰。由科技司秦新华司长带队，一行共6人，以考察肿瘤及心血管专业为主，由于系政府代表团的身份，所以颇受礼遇。某日，被安排至大皇宫参观，而且破例以贵宾身份进谒皇宫中的佛堂。据告平时并不对外开放，须除履礼拜而入。其室四壁均由白色大理石砌成，甚为肃穆，有一位高僧接待，垂问有无愿求签者，唯我一人举手应之，令同往者颇感意外。该僧人随即拿来一雕工精美的象牙签筒，既大且沉，据告有签500个，是我生平所仅见，令我跪拜在地，问我所求为何，我答之求健康，随即摇跌一签，该僧拾起观之，并双掌合十向我表示祝贺，并谓多年来无一施主求得该签，原来我竟然求得1号签，该签文有泰、英、日三种文字写成，其内容是求财得财，求子得子，求健康则长命百岁，我见后大喜，携带回家，将其视为护身符，至今琳琳仍珍藏着。

另有一次，我受台湾中华医学会之邀，在赴美返国途中，偕琳琳同访台湾，出席其年会，并作报告。事后由琳琳之甥陪同去名胜地日月潭，他们俩均去庙堂拜佛求签，我则在外游览照相，在琳琳怂恿下，也令我求签。我在不忍拗其兴的情况下，也求得一签，但遍看签身未见编号，也无从去取签文，问询主事者，他见此签后，随即从抽屉中拿出一化缘本，在我面前打开，我不解其故，琳琳之甥在旁告我，定是求得好签，因此要向你化缘。我就随乡入俗，当即献了善钱化缘。才知我居然求得了一个签王，仔细一看才发现，该签虽无编号，但在其下端确刻有一“王”字。

我生平从不求签，也不信鬼神，仅在琳琳病后求过这两次，第一次是在她病后不久赴泰访问时，非常自觉地有此内在要求，因此不顾政府代表团团员的身份，也不惜遭他人冷眼相视，作为一名无神论者的共产党员，居然冒天下之大不韪，在众目睽睽之下，跪拜在佛堂上求签，并为求得1号签而欢欣鼓舞。第二次虽由琳琳提议，但我也并无反感，同样为求得签王而高兴。何故？自思盼琳琳能长命百岁，这固然是我之所愿、所盼，另一方面也使我感到人的一生除有其基本的衣、食、住、行等的“物性”要求，及追求学业、事业等成功的“理性”要求之外，冥冥之中似还有一种“灵性”的要求。每每想到此，就为自己有开托之词而自慰，也为琳琳有神助而得以再生而庆幸。

由于她手术太大，涉及消化器官太多，以致她又多了手术后的其他远期并发症，如胃手术后的餐后倾倒综合征，以致她早餐时就不能再进牛奶、喝咖啡了，不然会立即出冷汗、头晕，接着就腹泻。胰腺手术后由于消化酶的缺乏，影响脂肪的吸收，以致出现严重的骨质疏松，在康复期间出现了右肘粉碎骨折，右足蹠骨骨折等4次骨折，牙齿齐根部横断性断裂，有时晚上睡着牙齿就掉在嘴里了，以致满口牙先后都脱落，只能换满口义齿。更为严重的是由于胆管与肠道吻合后易发生上行性肝内胆道感染，在术后5年内经常突发寒战高烧达40度以上，对体能消耗甚大。以前我在医疗工作中经常考虑的是病人的诊断及手术，病人出院后的情况就较少关心。这次在护理琳琳的过程中，使我观察到了很多过去很少考虑到的并发症，不但使我感到医生的职责不仅是在住院期间的诊疗工作，还应包括患者在回归社会前的康复，而且治疗的成功与否，不仅需要医师优良的服务，还要充分调动病人的积极性，这样才能获得最好的治疗效果。更为重要的是，使我再次深刻地认识到癌症的预防及早期发现工作比临床手术治疗更为重要。癌症如能早期发现，其治疗的效果会好很多，对患者身体的损伤、亲人心理压力和家庭的经济负担也会小很多。

记得有一次她代表中国出席在日本福岗召开的亚太地区围产会议，受邀作大会发言，岂料前日下午又突发高烧，竟然因神志不清而自床上摔下，膝部皮肤破损。原定次日下午赴日，我力劝她不要再去参加了，说实在她一人前往我也甚不放心，但她坚持要去，不然有损中国形象，会议主席也来电力邀。后我与她约定中午我去长富宫饭店取票，届时如发烧就把机票取消了，如不发烧我就把机票取回，结果我在中午十一时给她打电话，居然不烧了，所以她还是履约前往。她就是这么顽强地与癌症作斗争，坚强地面对这一切，不但要活下去，还要回归社会，做一个对社会有贡献的人。

另一次，她也受邀去日本东京介绍她与癌症作斗争的经验，她把发言稿事先寄去了，但遗憾的是由于签证耽误了她的行期，原定下午的大会发言赶不上了。结果大会的组织者请来了NHK的播音员朗读她的发言，在主席台上放了她的比人还高的相片，下面听众听了她的事迹不停地流泪，最后知她抗癌成功，为她热烈地鼓掌，她以自己的事迹鼓舞着人们的抗癌意志。

宋琳琳术后半年，坚持每日晨练

1989年4月16日徐光炜在玉渊潭公园给癌友们做现场咨询

1989年春宋琳琳术后一年，在化疗期后参加国务院组织的专家休假团游黄山

她的座右铭是“不怕死，争取活，不在乎，不马虎”。的确，在整个的术后康复期，她是以这12个字富有哲理的箴言来指导她的实践的。

在整个患病及治疗与康复过程中，她从未流露过丝毫怕死的情绪，认为自己没有亏欠过谁，即使离去也心安理得。在术后半年内的化疗期间她不但坚持对博士生的论文辅导工作，还完成了围产医学专著她负责的数万字的写作。记得在她术后一周我曾与她商量是否通知在国外学习的儿子让他请假回来一次，不料遭到她的坚决反对，认为他回来不但于事无补，反而影响他的学习，她不愿因病而影响儿子学习，相反要我瞒住他，我们仅此一独子，我知她是多么地思念他，但她就是希望病愈后去探望儿子，而不愿在病中给儿子以负担。

术后半年余，化疗已结束，在友人的建议下，琳琳去玉渊潭公园参加了癌症患者自发组织的晨练活动。时值冬季，每天清晨，冒着寒风，独自一人骑自行车前往。由于她病后又经化疗，元气大伤，手术又将幽门及回盲瓣均切除，每日腹泻多次已是常例，骑车遇冷更易腹泻，因此往往到公园后就急奔厕所。开始时只能在公园中活动半小时，以后活动量逐渐增加，在清晨新鲜的空气中与一群在生死线上搏斗的病友共同活动，互吐衷肠，交流抗癌的体会，对康复大有助益，也看到不少病友在病中乱投医，不乏上当受骗的事例。每当周末我陪她前往玉渊潭公园之际，总是有一群病友围上前来咨询各种问题。后在琳琳的创意下，组织了几次集体咨询活动，每周六先将病友们的提问写在小纸条上，琳琳汇总后交我，周日上午就由我将已归类整理好的问题逐一予以解答，颇受欢迎。在冬日的阳光下，百余人席地坐在已枯萎的草坪上，我也自带小马扎及饮水，由于提问较多，每次咨询活动约2～3小时，最后才在大家热烈的鼓掌声中结束。几次活动后使琳琳萌发了组织起来，科学抗癌的想法。拟在中国抗癌协会的领导下，成立癌症康复会。初时这提议未被当时抗癌协会的领导所接受，后经多次努力争取，才同意先在北京试点，于是就在我们家召开了几次筹备组会议，最后成立了北京市癌症康复会。由于该工作迎合了广大癌症患者的需要，因此组织不断发展扩大，不少外地省市也有类似的自发组织的，也纷纷加盟到癌症康复会，于是正式成立了中国抗癌协会癌症康复会，举办了在国内颇具影响的京、津、沪三大城市的抗癌明星评选活动，琳琳被评上全国首批百名抗癌明星之一。自1990年成立癌症康复会以来，她作为志愿者一直是北京市癌症康复会的会长及中国癌症康复会的副主任委员，直至2007年始退休任顾问委员会主任委员。

宋琳琳术后10年与全体手术及护理班子人员合影

1999年卫生部彭玉副部长为二人授予"卫生系统恩爱夫妻奖"

2001年9月被评为全国五好家庭

自患癌症以来，琳琳将5月4日她的手术日作为第二个生日，在术后的第二年的该日她曾拟请当年手术的医护人员一起欢度她的再生之日，但遭大家婉拒，其实大家拒绝的原因是怕她预后不佳。以后在术后3年、5年、10年曾分别聚会庆祝过，我也曾为此写过一篇短文，题目是“盼新年，忧辞岁”，主要是描述我当时的心情，盼她能快快地度过5年，术后5年无癌生存，就意味着她战胜癌症而治愈。但随着年复一年的度过，也就逐渐向老年迈进，而将更快地走向生命的终端。她癌症康复后，我仍一如既往地忙于工作，奔走于国内外，与以往不同的是每到一地一定打电话回家问平安及带回有当地特色的小礼品，琳琳喜欢这些小摆件等，为此专买了一个玻璃柜，将其陈列在内，现已几乎全摆满。

琳琳患癌迄今已历时20年，回忆过去，犹历历在目，真像一场噩梦，我非常庆幸自己有此好运，也盼众多癌症患者的亲人们也能有我这样的好运，只有曾有过此种经历者，才能体会到个中的滋味。我也得感谢琳琳的“帮夫运”，不但使我从她的患病过程中感悟到从医多年来未能认识到的问题，而且使我终于从她患病之初低头认罪、到处挨骂，又能高昂地抬起头来，因为大家又异口同声地说：“亏得琳琳有个好丈夫，终于帮她成功地战胜了癌症。”

金婚

全家福

风雨同舟四十载，
喜克顽疾逾九春。
愧蒙亲友垂锦注，
寄意岁朝报佳音。

—— 作于1998年1月

回忆良缘缔京城，转瞬五十年。
阴晴圆缺，同形共影，主内相依。
千丝万缕，生生世世，无限缠绵，
如琴如瑟，人间伴侣，天国神仙。

—— 作于2008年3月

大半生同甘共苦，互励互勉，家庭欢乐。
得有今日，多由琳琳牺牲自我，成全他人，有以致之。

云横秦岭家何在？

雪拥兰关马不前

7

小三家村

“文化大革命”开始时，我正在密云的深山老林冯家峪工委地区贯彻毛主席的“6.26”指示，把医疗卫生工作的重点放到农村去，每天挎着药箱爬山越岭，行走于各村寨。冯家峪工委地区当时管辖面较大，包括番字牌、下营、白马关、西庄子及冯家峪五个公社，且各公社间无公路交通，全靠行走，或骑自行车，即使骑车也不能全程，有时是车骑人越山或是涉水。密云县西北部的山区是全县最贫困之处，每周除1～2天有手术留卫生院外，其余时间均是巡回医疗，每天来回80里山路，两餐饭，晨起出发，日落始归，很是辛苦，但精神上很愉快、轻松。尤其当春暖花开之际，满山谷成片的山楂花、桃花、李花，行走在高山峻岭间，有时白云在你足下

北大一院外科部分同仁

飘过，颇具诗情画意，大有世外桃源之感，精神为之一畅，无忧无虑地别有一番情趣。正当我下乡一年将期满，颇有些恋恋不舍之际，接医院通知回院参加“文化大革命”。

因离院将近一年，平时虽每隔两月回京休假一次，但那时的交通与现今真是有天壤之别，回京一次路途须两天，先坐每日一班的公交车从冯家峪抵密云县，次日再坐火车或公交车回京。返程也是如此，所以虽说休息一周，但实际仅3天，这3天在家休息洗澡，理发等清洁整理工作，一般不去医院，所以对院内开展运动情况并不知情。及至回院发现情况大变，昔日医院的各层领导已均被出身较好的红五类所组成的革命委员会或革命领导小组所代替，有一批名不见经传的造反派已在各级领导岗位上任职，气氛令人不快，大有山雨欲来风满楼之感。由于“文革”前全国学大庆，医院在各科室增设了辅导员之职，颇似现今的行政副主任，我被任为外科辅导员兼支部书记，其实上任不久我即下乡，但也当然是基层干部，也是革命对象。

所以有些平时相熟之人，此时也视作陌生人，甚至为了划清界限而横目相对。正当我还陷入迷茫，不知所措之际，发生了在北大一院历史上有名的“八四”事件，大批附近中学的学生造反派参与了院内批判修正主义党委的大会，八位过去党委的领导都被弯腰、挂牌站在椅子上受到批判。更惨的是当时某儿科主任因为曾为一狼疮肾的患儿作肾穿刺，取材时发生意外，因而被广大革命小将一并揪斗，洒墨汁、抹浆糊等各种有损人格尊严的手段也均用到被斗者的身上，这是第一次发生此种前所未闻的事件，也开创了北医一院“文革”不文明揪斗的先河。是晚又发生革命小将冲进医院造反，要抓走资派去揪斗等事件，一时气氛紧张。我茫茫然走出医院去马路对面的国务院接待站，本拟去反映情况，待至进门里面见也是混乱不堪，如商场一般，无人主事，顿时使我有天塌之感。

其后，院内各群众组织林立，大字报铺天盖地，矛头所指也较混乱，有对走资派的，也有针对反动学术权威的，更有批牛鬼蛇神的，反正有怨报怨，有仇报仇，一场混乱。当时的革委会为了把握斗争的大方向，在“八四”事件两周后的8月17日，在一院的菜园千人大礼堂召开了批修党委的大会，通知各科支部书记以上的干部均须出席。开会前一天，我也已从小道得到消息，医院的18位基层支书均将被揪上台，我老伴赶紧忐忑不安地与他人掉换去急诊值班，逃避大会，以免在台下看我在台上被人揪斗，不好受。大会由革委会主任主持，以各科的造反派揭发各科贯彻执行修正主义的罪行为主，轮流发言，而各科的支书也就依次随点名批判而被揪出跪在台上，由于有的支书事先已听到信息，有所准备，戴着护膝上台，一被发现便被革命小将一顿皮鞭抽打。未几，主席台上已黑压压地跪了一大片，我则提心吊胆地等待被揪上台作外科发言，前面的发言哪里还听得进去。万幸的是外科发言被安排在倒数第二个，所以待我上台时，只能挤在后排，稍跪一会儿就被轰下台了。数年后，我才知道由于群众对我积怨不深，大会主席有意将外科的发言安排在后面的，可是就我而言，跪在千人前挨批判平生还是头一遭。从会场出来的回家途中，虽然沿途均是熟人，可是大家都视而不见，无一人与我打招呼，我也心知肚明经过此一亮相，就将彻底被孤立了。想想实在好笑，平生从不做亏心事，居然遭此对待，当时既不恐惧、紧张，也不委屈、抱怨，只是非常不解，为何堂堂的文明古国，无缘由地如此黑白颠倒，大批由特殊材料造就的无产阶级先进分子居然跪在台上，遭受人生尊严的污辱，觉得这一天值得纪念。于是独自一人进入报子胡同口的一小酒肆，点了两个炒菜，一瓶啤酒，一人独酌回味，这是我生平独有的一次去酒肆。这下可急坏了我老伴，她从急诊下班急急赶回家，等待我归来的消息，岂知8时已过，我还未归，当时我与父母生活在一起，全家为我不安，怕我去寻短见，正在忙于要去派出所报案时，我开门进屋，见状不禁失声大笑，并郑重向大家宣告，我这辈子绝不会自杀，也不会做亏心事，如今后发生非正常死亡，肯定是被人谋害所致，大家应对自己有信心，目前这种反常情况很快就会过去的。

事情的演变，否定了我“为期不久”的估计。“8.17”大会以后，运动就向纵深发展，转向揭各科室阶级斗争的盖子，外科是全院最大的科室，员工几达三百人，是当时全医学院的先进科室、先进支部，有才干的能人不少，在这黑白颠倒的年代，外科无疑是应被重点批判的科室。当时才文彦、黄莛庭及我是外科的三位主要领导人，也是所谓修正主义党委的红人，简直红得发紫，过紫就变成黑的了，所以就成为基层干部中的众矢之的。

当时医院食堂在三楼，每日午餐时刻从一楼到三楼的楼道挤得水泄不通，人头如潮涌般，因楼梯的墙上贴满了以章回小说文体书写的大字报，标题是外科“三家村”。由于形式新颖、内容丰富，文笔又流畅、幽默，极尽讽刺挖苦之能事。所谓“三家村”是套用当时北京黑市委吴晗、廖沫沙及邓拓三位在北京晚报的笔名，北京市委的阶级斗争盖子就是从这里被揭开的，而才、黄、我三人就成为在外科的小三家村。每天更新内容、章回更以歪诗为引，吸引了众多观众，甚至自带午餐者在用毕午餐后，也必至食堂的楼梯浏览一遍，作为饭后的消遣，像看连续剧一般。诸位可想而知当时我们三人在院内的声势。

当年的“小三家村”成员（从左至右为：黄莛庭，才文彦，徐光炜）

当然“三家村”壁报只是对我们三人进行批判

的一种形式，还伴随以大小批判会，交代会等，科内的批判会只要没有学生介入，一般均是文斗。我的态度非常明确，那就是实事求是，绝不为了讨好群众争取过关而猛上纲、乱咬人。当时外科的重点批判对象是才文彦大夫，因他在我们三人中居长，曾任医院总支书记，外科副主任。因此造反派向我及黄两位施压，要我们揭发他的罪行。事实证明，我采取的态度是正确的，不但通过“文革”加深了我与他之间的友谊，而且我是医院所有基层干部中第一个被三结合的，这是后话。

为了向我们施压，我们三人被停止了业务工作，脱下白大褂，穿上卫生员的蓝制服，我被发配到门诊做卫生员。那时社会上像我这种情况的人太多了，医院内各科室的卫生员也差不多均被教授或主任、支书们代替，所谓“虱多不痒，债多不愁”。既然大家都如此，也就彼此彼此，无所谓了。其实做卫生员工作是蛮轻松的，较行医省心多了，每天早、中、晚各擦地一次，早晨还得清洗痰盂及擦小桌，因此须晨7时开始操作，每周擦窗一次，如此而已。其实整天的工作大约只需三小时就可完成，尤其我对擦地颇有经验，用两个拖把同时操作，可收事半功倍之效，后见电影“芙蓉镇”中的姜文也是同法擦地时不禁会心而笑。

卫生员中午均在地下室休息，我们也不例外，偶可遇到我们三家村的另一成员黄莛庭医师，他因被抄家又有股票等而情绪甚差，长吁短叹，深虑就此终其一生。我常予以劝慰，自信既无愧于天地，也从不负人，该能还我清白。事实上两派群众组织也不时与我等有接触，因为作为一个多年在基层工作的干部，在群众中还是有一定影响的，因此盼我能支持或加入他们的组织。当然我得有自知之明，既然黑不溜秋了，绝不与造反派沾边，每当有人与我接触时，我总是诉说他们一派的不是，所以颇长一段时间，他们彼此都认为我是支持他们的敌对派的，其实我认为始终不明确表态支持哪一派这是保护自己的最好办法，我也曾将这一体会与顾方六教授等谈过。但不久遇到了一个非要表态的难题。珍宝岛事件爆发了，大家群情激奋，纷纷要前去苏联大使馆示威，医院的两派群众组织均通知我们这些靠边站的干部与他们一起游行到苏联大使馆示威。两派均是周日下午出发，但集合地点不同，让我们为难的是不可能不去，否则就将按反苏修不积极论处，人又不能一分为二，如参加某派势必明确表示了自己的观点，这是我等所不愿的。顾方六教授又找我商量，因为当时大部分基层干部对支持哪一派群众组织都已有了明确的意向，商量结果是，反苏示威一定去，但哪一派我们均不参加，我们两人骑着自行车先到两派的集合地点转一圈，就直奔苏联大使馆，到达后在土坡上就地休息，直至两派群众的游行队伍都抵大使馆并分别见到我们，才骑车返回，总算圆满地处理了这个颇为棘手的难题。

随着“三家村”章回小说的不断更新发展，我们三人在院内的声名鹊起，几乎无人不晓，经常可发现被异样的目光所注视。我一般去食堂用餐较晚，现在就更晚了，每次去食堂时用餐者已不多，经常是坐在王叔咸教授的对面，因为他被打成反动学术权威，处境与我等相似，也在作卫生员。我们彼此只是相视一笑，从不开口交谈。他因患糖尿病，照例每餐半个馒头，二两牛肉，一杯白水。而我仍每餐半斤米饭，照吃不误。有一次他忍不住脱口相问：“你胃口还这么好？”我回以“不做亏心事，何必亏待胃”。数日后，去饭厅用餐时再也见不到王教授了，我颇为他的处境担心，因当时医院已将部分五类分子集中在“牛棚”里，限制人身自由了。我也曾偷偷地关注那些被隔离审查的人，未发现王教授在内。约隔三周，某日突然又发现王教授端坐在他惯坐的座位上，在享受他的牛肉加馒头，见到我后满脸春光的打招呼，请我仍坐在他对面，悄悄地主动发问：“你猜我到哪里去了？”当我摇头告之不知时，他急不可耐地说“我去阿尔巴尼亚给霍查看病去了”，哈！这真是一天大的喜事，值得举杯庆贺，居然在此乌云压顶的困难时刻，能去当时我国唯一的亲密战友、“同志加朋友”的阿尔巴尼亚，并去给他们的无产阶级革命领袖会诊治病，非同小可，至少说明领导对王教授的信任，无异于使他头上又有了光环，身上有了护身符，在不知不觉中，已将反动学术权威更名为无产阶级学术权威了。

遗憾的是我这个三十出头的年轻医师既无“权威”的头衔，也无此佳运。相反的是，造反派见我每天做卫生员，也颇轻松愉快，虽曾到我家以扫“四旧”为名企图抄家，但见我住在门禁森严，有解放军守卫的七机部大院，家中家具也大部由公家提供，几件较好的摆设也是我二妹去越南演出时胡志明主席所赠，折腾半天，只能无功而返。尤其因我虽非红五类出身，但家庭关系清白，也无懈可击，在无奈下，让我半天劳动半天恢复业务工作，在门诊上班，但仍得老老实实接受群众监督。虽然我不能像王教授这样，脱下蓝衣，穿上白大褂，但我终于也可半蓝半白，能与人讲话而聊以自慰了。

8

急诊见闻

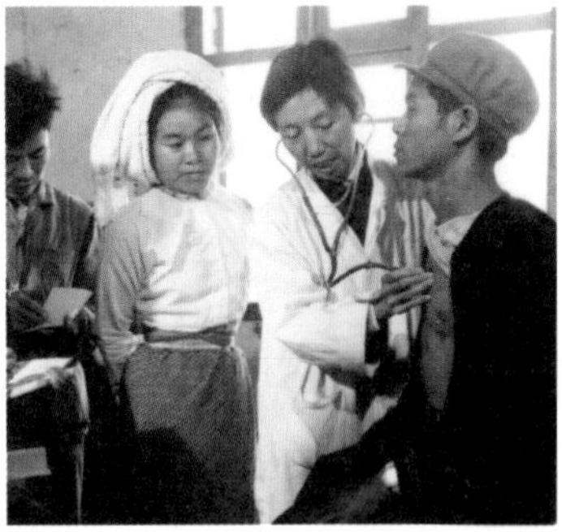

“文革”初期，我曾穿蓝大褂做卫生员约两个月，不久因广大革命群众热衷于参加革命，门诊医师吃紧，又被提升为半工半医。未几，见我并不介意作卫生员，且颇轻松，终于让我恢复行医，让我在急诊值班，闲时至门诊看病。由于“文革”期间不但盛行武斗，更有高干子弟为主组成的“联动”，专门从事扫四旧等横扫牛鬼蛇神活动，那更是全武打，以及后来“天派”与“地派”之争，首都虽不如外地动用枪炮，但皮鞭、棍棒等则是常备武器，因此外伤者不少。尤其北大医院的急诊室，地处中南海旁，与国务院信访办仅一路之隔，所以各地上访人员均集中于此，不时有各种外伤者就近来医院急诊，颇不乏见稀罕外伤病人。所以急诊室简直有如市场一般，有时遇到两派武斗受伤者及陪伴者蜂拥而至，臂戴红箍，杀气腾腾，蛮不讲理，颇难处理。为难之处并非由于病情复杂难处理，而是对病情的估计及诊断书的写法。挨打或受伤者总望病情写得越重越好，作为激发己方士气及打击对方的工具，尤其对脑震荡的诊断颇难处理，因为有时患者可以主诉很严重，但并无阳性体征可见。有时刚把病人处理完送走，不久后对立派大批人员涌至，声称我们根本未动手伤人，你们为什么开了有伤的诊断，大兴问罪之师，使你难以招架。我到急诊室工作几天后，就充分领教到那时的急诊室工作，要处理的并非是业务工作，而更多的是“文革”中的各种纠纷，就向当时的科领导提出，最好找一位出身较好的外科大夫前来急诊室应诊，否则一有矛盾，对方往往会问“你是什么出身”，弄不好就会被扣上阶段报复的帽子，遭人臭骂、挨打，这岂不白受罪。但堂堂百余名医师的北医一院外科，出身好的寥寥无几，仅6人而已，而且并非正宗的贫下中农或工人出身，而是店员、城市贫民或中农之类。所以我的动议未被接受，只能格外小心地处理各种急诊，惴惴有如履薄冰之感，有几个病例给我印象颇深。

“文革”开始一阶段后，运动开始从单位向社会发展，由高干子弟组成的“联动”掀起了横扫牛鬼蛇神的行动，由于该组织成员的父辈们此时也大部沦为走资派而被批斗，所以这些年轻成员胸中抑郁的闷气无处发泄，便化作一团怒火借手中的皮带，尽情地洒落在地痞、流氓等的身上。一时马路上到处是骑着自行车，身着军装、头戴皮帽、臂扎红箍的男女少年，成群结队地飞驶而过，去追捕这些牛鬼蛇神，抓到后就一顿痛打，经常被打得头破血流，皮开肉绽，送来急诊室，多时常须排队等候，一时忙得不可开交。那时北大医院的急诊在地下室，也是多个分隔开的小屋，候诊的病人经常被分别安置在各个小屋，简单地急诊缝合，有时也就地在各诊室内用缝合包作缝合。某日，我正在一诊室内为病人作伤口缝合，突然感到地动了，初时还以为是地震，但抬头看挂灯并不晃动，再低头一看原来是脚下的水泥盖板在往上推升，不久盖板被移开，伸出一个脑袋来，着实把我吓了一跳。原来是一被关在另室待诊的流氓，门外有“联动”分子守着，他为了想逃走，就钻入该室地下的管道沟，爬行到我正在施术的诊室地底下，见水泥板缝间有亮光，还以为已匍匐爬行到院外的街道地下，正拟顶起盖板逃跑，岂知他将室内的灯光误认为是室外的阳光而闯入我的诊室了。结果可想而知，逃跑未成反被“联动”分子又毒打一顿。

“文革”期间的外科病房，穿白大褂的女同志为卫生员，时为病房领导小组成员，接受病人代表的感谢信，举信者也为卫生员

最让我吃惊的是马路对面信访办工作人员送来的两位病人了。第一位病人是一复员军人，戴着军帽由他人陪伴步行来急诊。问他因何来急诊时，他也不言语，只是摘帽低头而已。原来他头顶部钉入了两个大铁钉，是那种大号的，有4～5寸长，俗称棺材钉的那一种，整个铁钉几乎已全部被钉入，皮外只留下两个半寸长的末端，仅头皮稍有血迹而已，居然行动毫无障碍。据伴送来的工作人员介绍，他在国务院信访办外静坐告状已有一天，因未受接待，于是用砖头将自带的铁钉在头顶部使劲钉入，待围观者赶紧告诉工作人员时，已钉入两颗。另一位病人也是由工作人员伴送步行而来，只见他提着湿裤子，蹒跚着走进诊室，放开双手即见裤内竟全是肠子，原来他在国务院信访办门口切腹自杀，结果腹被切开，肠子全流了出来，而被送院急诊。这两起均是来京告状，未达目的愤而自杀，岂料自杀未成而更受罪。

在众多的急诊病人中，最惨不忍睹的是某女中名校的校领导李达上将的夫人了，当病人被送入急诊室时全身皮下淤血青紫，除腰部因有皮裤带保护皮肤尚好外，躯体及四肢均已体无完肤，据告是被该校的革命小将，那些10来岁的女少年，用尿浸泡过的麻绳抽打全身的结果。天哪！这些天真无邪的少女何以变得狠毒如此，简直毫无人性，把好端端的一个活人，打得奄奄一息，真正成为全身发黑的“黑帮”了。作为一名医师，眼见如此令人发指的暴行，心中义愤难平。病人当时已处于休克状态，正拟施以急救后送住院治疗时，大批戴红箍的女孩子赶到，居然不准对患者进行抢救，蛮不讲理，杀气腾腾，满嘴造反有理，革命无罪的歪理，简直无可理喻。正在争执不下时，周总理办公室来电，传达了总理的指示，一定要全力抢救，保证救活，这样总算把病人收治入院。经检查病人已出现急性肾衰竭，因有了总理的指示所以组织全院人力抢救，总算把她从死亡边缘上拉了回来。后来才得知女中的那些还未成年的学生真是心如蛇蝎，竟然让她们昔日的老师、所谓的黑帮分子，打扫厕所时用双手去清除尿碱，不得使用工具，还在一旁用湿麻绳、皮鞭等监工。老师被迫用指甲抠除尿碱、积垢，最后导致出血、感染，苦不堪言。

当时参与该患者抢救的医务人员无一不义愤填膺，原本天真无邪、活泼可爱的少女，何以经过这场史无前例的“文化大革命”的锻炼，变成如此邪恶可憎的魔鬼，由此等革命小将来接班，将会把国家引向何方？行文至此，不禁让我想起，当时参与此事的女小将们，均是已过知天命之年，而近六旬的老妇了，想必不但已早为人妇，而且已有儿孙辈了，不知当回忆此事时作何感想，又如何向自己的儿孙们述说此事。历史的教训有时真会让人痛苦终身的。

9

坦诚相见

我虽然因恢复半日门诊工作而心中窃喜，但“文革”期间的门诊也与往常不同，尤其当某日发生一件意外后，使我更感不安。

当时有一位从美国归来不久的心脏外科专家郑焕成医师，系美籍华人。为参加祖国建设，携金发碧眼的美国妻子及五名儿女来医院胸外科工作，岂知返国不及一年就发生了史无前例的“文化大革命”，我们在国内土生土长的尚且丈二和尚摸不到头脑，茫然不知所以，他当然更晕头转向不知所措了。不过，有一点他很清楚，那就是绝不能再作手术，因心外科手术风险太大，一旦出事扣你“阶级报复”的帽子，那就难以脱身了，所以他颇有预见地主动提出离开病房去门诊工作。但是隔行如隔山，他虽是心外科专家，但要诊治各种门诊常见的普外疾病，并不在行，时闹笑话。但他终究是一位智商颇高的聪明人，因他身份特殊，虽并未以反动权威相称，但他自知与一般群众有异，因此主动与我这个也有异于一般医师的半天穿“蓝衣”的人接近，碰到临床上的一些问题，就经常向我请教。我对他的处境也颇同情，尤其当时愿与我交谈而不怕沾边的也不多，也可能是“臭味相投吧”，休息时偶尔聊聊倒也颇投机。

某日，他突然气急败坏的到我的诊室说：“老徐，我闯祸了！”，神情甚为紧张。原来他在给病人的诊断书上把女性病人的性别错写成男性了，我听后不禁好笑，性别写错纠正就完了，何必大惊小怪。不料情况并非我想象的如此简单。原来当时他与患者均未发现性别写错了，而是事后有几个该患者单位戴着红袖章的造反派来医院责问郑大夫：“你怎么知道她是男性而不是女性的？！”原来该患者是单位内两个对立的造反派之一的小头头，她经常在女宿舍内更换房间，而曾与她同房的女伴常发生要闹离婚之事。为此，对立派要找她麻烦，怀疑其男扮女装，在女宿舍内干见不得人之事。这次当她拿着医院的诊断书去单位请病假时，被对方发现了性别问题，这岂非是意外的收获，得此可置对手于死地的把柄，还不乘机兴风作浪折腾一番。这下可苦了郑大夫，一众造反派围着他，要他交代如何一眼就看出她是男性乔扮的。其实郑大夫是心不在焉，看患者长相像男的便信手在诊断书上写下了，岂敢随众多造反派去单位作证？只能打躬作揖，连赔不是自责粗心大意，吓出一身冷汗。总算把他们哄走，但怕他们去而复返，因此找我商讨解决之策。在此是非不分的年代，我又有何高招？无非建议他暂请假回家休息，躲避风头而已。

门诊工作对我来讲轻车熟路，颇为轻松，尤其我又多了中医一招，对中西结合治疗各种软组织感染又颇有心得，也受患者欢迎。尤其是下午病人较少，其他医师均回科“抓革命”，参加各种政治学习、写大字报、批判会等活动，经常由我在门诊值班，因此可借故不出席各种会议。所以对这种“半兰、半白”的生活倒也颇悠然自得。

可是，好景不长，随着“文革”的深入，无产阶级要登上资产阶级上层建筑的政治舞台，各种造反派要夺科室的业务大权，以致发生了卫生员也管病人，装模作样地将听诊器挂在脖子上，给病人听心脏之事。胸外科的卫生员也居然在上级医师的帮助下，操刀施开胸手术等，一时医院医疗秩序大乱，查房、主治医师负责制等保障医疗质量的制度，都作为资产阶级法权被打破。医师中有历史问题的，家庭出身不好有政治问题的均一一被停职检查，甚至隔离审查，医师队伍受到很大的冲击，尤其是外科，较成熟能上岗的外科大夫日益减少。于是我终于脱下了蓝大褂，被准许全日在外科门、急诊工作。

某日上午我正在诊室看病，那时的北大医院外科门诊是每人一间的小诊室，倒是符合现今的一医一患原则。将近中午时敲门进来一位病人，抬头一看，是我的老同学陈允康教授，与他弟弟陈允济是双胞胎，中学六年与我均在上海育才中学度过，与舍弟徐正忠也相熟，均是从小一起长大的发小。他1955年自清华大学毕业后，即留校任教，“文革”开始时是电机系总支及系的领导，清华、北大是“文革”的重点单位，两校的聂元梓、蒯大富等是全国造反派的领军人物，“文革”每次重大的战斗信号几乎均自此发出，因此全国对该两校的动态颇为关注。我只是从报上知道清华大学数十黑帮均已被革命群众剃了光头，我也颇为老同学担心，不知是否也在此行列？见他头戴帽子进来，就心感不妙，待他摘帽亮相果然是个光头，心知肚明，他已沦为黑帮。彼此双手紧握，默然无言。我请他暂在大厅等候，在我看完门诊病人后，拿了半天休假与他一起去饭铺进餐，哪知一进餐厅就见墙上贴着不少标语，如“狗崽子滚出去”等这种火药味很浓的口号，但附近饭馆几乎均是类同，普遍不为黑五类服务，好在午餐时刻各餐厅食客不少，因此对我那位提心吊胆戴帽子低头的老友并不关心。但在这种场合我们无法交谈，更甭说悄悄话了。他进城一次不易，所以俩人一边进餐，一边商议饭后到哪里去？最后终于想到了澡堂，于是直奔北海旁的澡堂去，并为彼此居然能做出如此英明的决定而庆幸。进入澡堂，果然环境不错。因时值中午，前往洗澡者并不多，屋内热气腾腾，尤其在大池子内，彼此脸面都不易看清，可以放心畅谈。于是我俩在泡澡完后，披上浴袍，挑了两张不易被人打扰的躺椅舒舒服服地躺下，一边喝茶，开始了漫长的交谈。彼此交换了“文革”开始后的遭遇及目前的情况，对我俩的兄弟陈允济及徐正忠的完全不同境况颇为费解。因他俩分别在研究单位工作，而我俩则在高校系统，而且当我俩已沦为靠边站的革命对象时，他俩居然均是他们单位的革命委员会主任。而我们四人儿提时代是一起成长的，经常在一起学习、打球、旅游等，不论家庭背景、所

与陈允康老友

受教育以及为人处世均相仿，当然在不解之余，也颇感不平。然在这个人不易掌握自己命运的“文革”年代，真是朝夕易变。数日后，舍弟到我家来访，告我他的革委会主任已被打倒，他的名字已被倒写着且打上“X”贴在他单位的墙上，较我犹有过之。未几，陈允济也受相同遭遇，原来他们俩人均同样执行资产阶级反动路线，这是“文革”初期的普遍情况，于是我们四人又回复到相似处境，成为难兄难弟了。

“文革”中有一颇有意思的现象，那就是各人都善于保护自己，对在同单位工作的同事绝不说真心话，只讲正面的官话，暴露的也只是一线的思想。而对大学时不在同一单位工作的同学，会发些牢骚，谈些不满的意见，但顶多是第二线的思想，既使遭告发，被检举也难以上纲、上线，尚留有为自己辩解回转的余地。而唯有对从小一起长大的发小，大家均敢于暴露自己三线的思想，能真正的交心，即使多年不见，这种幼年时建立的友谊及信任感似并不消退。我与陈允康就是这样，经过那次袒裎相见后，彼此间就更无隔阂，无话不谈经常交换“文革”的信息及彼此的意见。

某日，他急匆匆的来我家中。那时我已解放，被三结合在领导班子内，任外科连的连长。他很兴奋的告我一个天大的好消息，说清华大学的迟群即将下台，他的位置将由原清华大学副校长刘冰替代，言之切切，那真是一喜讯。因迟群是“四人帮”的得力干将，是伸向高校系统的一个黑手，并且是能反映“文革”动态的一

2001年育才中学毕业50周年同学合影（右数第五位为陈允康）

个晴雨表，“文革”时由他主持清华大学的工作。当然，传说并不可信，“文革”时各种传说、谣言太多了，而且经常是朝令夕改，变化莫测。但当他拿出胡耀邦在科学院有关高举毛泽东思想伟大红旗，搞好科研工作的八点讲话就不得不令人信服了。因胡当时刚复出，被派往中国科学院主持工作，到任不久，就在科学院的干部会上发表了八点讲话，每点讲话均以毛泽东的语录作引，然后针对当时“四人帮”的时弊逐条予以批判、阐述。该八条一面世，虽系内部讲话，但流传甚快，我也已有风闻。当我见此讲话稿的打印件后一气读完，颇感过瘾，因为说出了长久以来郁闷于胸想说又不敢开口的话。既然有此讲话为证，社会上各种相应的传说也颇多，更使人相信“四人帮”快下台、“文革”也该结束了。

那时党团组织生活已恢复，我也已主持肿瘤科的工作，正值在制订年度工作计划之际，见到胡耀邦的那篇有关如何高举毛泽东思想伟大红旗、搞好科研工作的讲话，很受鼓舞。于是急不可耐地次日召开了全科党支部会议，照本宣读了胡耀邦的八点讲话，还要求大家认真学习，将此讲话精神贯彻在我们的工作计划中。大家听后也颇兴奋，纷纷表示一定落实在各自的行动中，加以贯彻。

“文革”期间，阶级斗争的确非常复杂。就在我传达后数天，陈允康就焦急地给我来电，告我风向又变了，迟群又耀武扬威地在学校要反击右倾逆流，肃清胡耀邦错误讲话的流毒，并对传播此讲话者要进行追查，交代其动机，组织批判等。

他身处清华，长期在迟群等的淫威下工作、生活，尤其原是剃光头的黑帮分子，犹如惊弓之鸟，着急之情溢于言表。我当然非常理解，当即表态，让他放心，我会很好地保存此材料，不让它外泄。为了不让其担心，我隐瞒了已在科内作传达之事。哪知，次日医院党委书记找我谈话，将门反锁了说，“听说你最近话挺多，现在什么情况你能搞清楚？下周医院要办干部学习班，你好好地准备一个发言。”我知道他是指我组织传达之事，并很明显的是出于爱护我之心，要我在学习班上做些自我批判，以便过关。可是，那时已临“四人帮”即将垮台之前夕，对“四人帮”的嘴脸大家已一清二楚，只是敢怒不敢言而已，所以让我作检查实在有些内心不甘，于是悄悄地借故下乡去山东避风头了。哪知待我一周后回来，此追查风并未停息，虽然肿瘤科的同仁们颇讲义气，并无人加以检举、揭发，可是万一上面有人来追查，总得有个交代。“文革”期间有不少类似谣言等事，往往以上厕所时听到的加以搪塞。但这次是传达整个文本，不是简单的几句谣传，不编一个故事就难以蒙混过关。正当为此发愁之际，突然想起病房的住院病人中，有一位晚期乳癌患者是中科院的科技干部，数周前我查房时，曾向我谈及胡耀邦讲话事，并愿借我此文件参阅。当时是我首次听到此事，后因老同学陈允康提供了此文件而给我遗忘了。我当即请病房护士长郑惠去该病人处借阅此文件，因查房时护士长也在，知道此事。该患者因有肝转移，近两周来已有黄疸，病情发展甚快，已颇危笃。未几，护士长就从该患者枕下取来此文件交我。数日后该患者不幸西归，我也就一块石头落地。一是胡耀邦在科学院作的报告，广发讲话稿，该院的干部人手一册不足为奇，借阅之也无可非议。再者该患者人已不在，所谓死无对证。而我可人证物证俱全，讲话由科学院印发，且由护士长从患者处取来。当然如要追查日期尚有漏洞，但要蒙混过关，则就绰绰有余了。事后，向我老友谈及此事，彼此捧腹之余也颇感居然以死者作掩护而不安，实在罪过，可也实出于无奈，在当时黑白颠倒的恐怖年代，学会如何保护自己不出卖友人也是一门学问。其实，当时虽说追查，但雷声大雨点小，彼此心知肚明，走走过场而已，并未认真追查此事，所以我编排的故事也并未启用，只能作为现今的笑料。

10

舍命攻碉堡

“文革”期间曾发生一件广为人知的新闻，河北军区的4800部队卫生科为贫农张秋菊切除了一个10余斤重的大瘤子。此故事不但成篇累牍地在报纸杂志刊登，电台也广为宣传，而且还在北京民族文化宫办了展览会，作为批判资产阶级法权的重要武器，无产阶级登上资产阶级上层建筑舞台的巨大成果。一时沸沸扬扬，被视为一大奇迹。展览会上更大肆宣传该卫生科如何活学活用毛泽东思想，又如何对此贫下中农病妇张秋菊怀有深厚的阶级感情，战略上蔑视，战术上重视，认真地做准备，制作模型，研究手术方案，多次练兵，最后一举成功，终于将巨大肿瘤切下，为张秋菊解除了多年来被病魔折磨之苦。再次以生动的事实证明了毛泽东思想是战无不胜的，只要认真学习毛泽东思想，就可以无往不胜。

我那时已在肿瘤科工作，对此消息理当格外关心，仔细阅读后，恍然大悟，原来被该部队卫生科切除的是一巨大卵巢囊肿。只要是医务人员谁都知道，卵巢囊肿切除是一小手术，一般均由低年医师操刀，实习医师在上级医师指导下也可完成。因为囊肿并非恶性，常光滑无粘连，通常切开腹壁就可将囊肿提出腹外，将其蒂部夹住，可连输卵管一并切除。诚然肿瘤较大，会增加手术困难，但由于此肿瘤是囊性的，只要刺破囊壁，将囊内液体吸出，囊性肿瘤就会缩小而易于切除了。当然作为一个4800部队的卫生科要作此手术确有其难度，或许应受表扬，但根本不值得如此小题大做，无非是借题发挥罢了。反过来，4800部队地处保定，该市各大小医院不少，如患妇能去条件较好的医院施术，岂不更为安全，医疗质量也更有保证？反正尽管行内人士有不少相左的看法，但在这“一言堂”时代，谁敢言否？4800部队的有关人员还到处作报告，宣讲活学活用毛泽东思想的体会，颇受社会赞誉。

数周后，民族文化宫的展览会还未闭幕，我当时已荣任外科连连长，主管业务。一日上午接急诊室外科值班罗志长医师来电，告称急诊室有一病人请我去会诊，当时门诊与病房分设在一、二部，我即骑车前往，将到达一部急诊室时，见罗志长大夫在大门外相迎，见我到达即迎上前来说“该病人很特殊，军代表很关心。”请我加以注意。我随他进入诊室，见诊室检查床上躺着一位病人，旁有数位臂戴红袖章的相伴。患者手中拿着一张报纸，置于胸前，那是一张有关报导4800部队切除大瘤子的报纸，见我们来到便拿着报纸申述自己的病情。原来他患胃癌，两周前在保定市某院手术，剖腹后见癌症已有腹腔内广泛转移，周围浸润已累及胰腺，无法切除。因该院地处4800部队所在地保定市，所以术者非常谨慎，请了多个医院的外科医师及4800部队卫生科一起来院，进行术中会诊，最后一致决定放弃切除而关腹。但患者及家属心有不甘，于是北上赴京，来到我院，非常理直气壮地说：“4800部队小小的卫生科能切除10几斤的大瘤子，你们大名鼎鼎的北大医院一定能把我不到1斤的小瘤子切除。”他们就是抱着这种理所当然的想法来我院就治的。我看来者不善，何况罗大夫已向我打过招呼，要我小心处置，军代表很关心等。我当时二话不说，就嘱罗大夫开住院条决定先收治入院以作缓兵之计。罗顾虑会遭病房主管大夫的抱怨，便让我也在住院单上签字。

我刚签完字，步出诊室，迎面遇见向急诊室走来的军代表，这位讲话颇有女腔、经常高八度训话的当时医院一把手，对我从无好感，挨他批评是常事，当然在若干年后他患重疾来找我看病时就另一番嘴脸了，这是后话。见我后开口就问我对这位病人的处理，此时我才恍然大悟，原来他早已知此病人之事，而且发表过意见，所以罗大夫迎至急诊室门外，让我多加小心了。我即告知已开住院单让其住院了，见无懈可击，就在诊室门口，也不回避病人及家属，就地发表宏论显示他的权威地对我说："对这病人的态度就是考验你对无产阶级的阶级感情，考验你是否与资产阶级反动路线彻底决裂，是否高举毛泽东思想伟大红旗，是否捍卫无产阶级革命路线的大事。"四顶大帽子当头扣来，我与罗大夫默默聆听他的教诲。多年后，当我访美时遇到已任美国加州中医药学研究院院长的罗志长医师时，他对那时的情景也记忆犹新，不过，此一时彼一时，当我们忆及此事时，仅作为一件笑料，作为饭后娱客的趣谈，可在当时绝不敢支声，更不能稍露不敬之象。

待我处理完此事回二部办公室不久，就接病房值班的主治医师黄莛庭医师来电，他是我的好友，也是小"三家村"的成员之一，责问我为何把已明确不能手术切除的胃癌病人按急诊收治入院了，我听后哈哈大笑，毫不客气地把军代表的四顶大帽子转赠了过去，并将我在急诊室处理该患者的前后过程向他作了介绍，他听后也哑然失声。过后，他又问我，该患者如何处理，是否再次手术？我回答是肯定的，因40年前癌症的化疗与现今有天壤之别，对消化道实体瘤如胃癌等并无有效的化疗方案。他接着问我手术指征何在？我答你是否承认我院的外科技术水平要高于保定，是否有作姑息切除以防止出血或穿孔等的可能。他当然不能予以否定，其实彼此都知道我的理由颇为勉强，可是既然病人有强烈地再次手术的要求，军代表又手持四顶大帽，虎视眈眈地在旁候着，那时又无超声、CT等检查手段对能否作手术切除作较为精确的术前估计。于是在充分准备下，择期作剖腹探查术，由黄莛庭医师主刀，打开腹腔见该患者系晚期浸润性胃癌，转移、浸润均较广泛，勉强做全胃切除风险甚大，且对患者不利，于是经术中会诊，由黄、我及多位外科大夫共同商议后决定关腹，并责成我向军代表汇报。

那时，每天晚上均有天天读，学习毛主席语录，不到9时不能离病房返家，而军代表常会来各病房的学习组巡视。我忐忑不安地等待再次挨骂，果然军代表来到我

部分医务人员手捧“红宝书”欢迎军代宣队李健山同志

的病房，询问手术情况，因那日白天他外出开会，不能亲临手术室督战。当听到我说虽经努力，仍未能将癌症切除时，不禁勃然大怒，一手叉腰，一手指着我鼻子泼口怒吼：“这是一场捍卫毛主席革命路线的战斗，我是指挥员，你们是战斗员，有如战争时的攻碉堡，我下令让把碉堡拿下，你们就要不怕牺牲地把碉堡攻下，你们好好准备，再次手术，一定要把它拿下”，说罢甩手就走。

我听后脑袋简直要炸了，挨骂已是小事，因为“文化大革命”以来，早被扣上资产阶级知识分子的帽子，已习惯于被骂了，但再次手术可不同于战争中的攻碉堡，战士攻碉堡牺牲的是战士，可是这再次手术牺牲的是病人，是完全不同的两码事。但对如此不能理喻的军代表，你申述理由结果无非是再次挨骂。四顶大帽子之余，可能再加上个抗拒领导的帽子，岂非更为糟糕。待他走后我将军代表的意见转告黄大夫，黄说“再次手术我不上台，你得来操刀了”，这岂非置病人于不顾，绝非我等宜采取之策，几经商议，决定按三十六计中“釜底抽薪”之法，连夜做好患者及其家属的工作，次日出院回保定了。待军代表问及，告知患者不接受再次手术，已出院回家了，他也只能无可奈何，我们也总算逃过一劫。

每每当我向年轻大夫谈及此事，听后均感不解，简直不能置信。这乃是由于他

“文革”期间晨起跳“忠字舞”

们未经历过这史无前例的“文化大革命”之故，其实类似的不可思议之事并不乏见。

那时的手术室与现今的不同，为了突出毛泽东思想统治一切，一进手术室大门，首先映入眼帘的便是大幅经装饰过的毛主席画像，布置成一献忠心台。每一参加手术的成员，包括主刀、助手及护士等在更衣后涮手前先列队于此献忠心台前，右手从手术衣的左上口袋掏出红宝书（毛主席语录），高举过头，由术者领头高呼“毛主席万寿无疆”、“林副主席永远健康”才能进入手术室涮手，准备上台手术。每台手术均是如此，这是进手术室更衣后的第一道程序。

待手术开始，更有由手术室护士组成的毛泽东思想宣传队，轮流在各手术室间巡回。但其职责不同于一般手术室内的巡回护士，不但跨越各室，而且专司送语录，针对各手术台手术进行的不同情况，站在术者背后，朗读有针对性的毛主席语录如“下定决心，不怕牺牲，克服困难，争取胜利”、“战略上蔑视，战术上重视”等。这些均是军代表秉承无产阶级司令部的旨意，要让毛泽东思想占领上层建筑各个领域的具体体现。当然每晨上班前还得在医院广场集体跳“忠”字舞，在领舞者的带领下，伴随音乐翩翩起舞，还口呼“造反有理”等口号，天天如此，也颇为壮观。如今日某商家故伎重演，在商场开门前先按此版本操演一番，定会成为一景，而招来大批食客。

王世芬展览会

我生性好动，喜爱各种球类运动，曾是学校排球校队的成员，但对音乐、舞蹈、绘画等则无此天分，缺乏艺术细胞，想不到竟会有幸负责展览会的筹备工作。

1968年初，北大医院外科收治了一位烧伤面积达98%、Ⅲ度烧伤面积>80%的北京礼花厂工人王世芬，是一位年仅19岁的姑娘，在一次爆炸事故中被严重烧伤的。入院时全身皮肤呈深褐色，四肢关节屈曲，患者已休克。当时全球还无如此严重烧伤患者被救活的先例，北大医院外科并无烧伤专业，更无治疗如此大面积烧伤的经验，病人又极危重，不宜再转院至专治烧伤的积水潭医院治疗。医院军宣队的贾政委要求全院高举毛泽东思想伟大红旗，破除迷信，全力组织抢救。外科当然首先要挑重担，身为抓业务连长的我，当即组织了黄信孚、方承辉、於光曙、林本耀等业务较强、政治清白的外科大夫组成抢救小组，安排了特护班子进行抢救。经抢救小组全体医护人员精心治疗及护理，上海、北京等外地专家的协助及患者的顽强奋斗，熬过了多少个令人不安的日日夜夜，终于使患者逐步渡过了休克关及感染关。以后又多次从她未被烧伤的发辫根部头皮取皮，切成小粒，镶嵌在已被刺满小孔覆盖在创面上的异体皮中，有如水稻插秧一般。当异体皮因机体排异而掉落时，自体的皮粒已被种植于创面，成为满布创面的皮岛，上皮细胞由此成活的皮岛向四处蔓延生长，逐渐消灭创面。这样小心翼翼、夜以继日地奋斗了将近半年，最后终于将王世芬救活，创造了奇迹。她的成活的确来之不易，其烧伤面积及救治难度远超过大跃进年代上海抢救成功的另一位大面积烧伤患者邱财康。一时成为国内报纸的头条新闻，北大医院也闻名遐迩，成为卫生战线的一面旗帜。

此时轰轰烈烈的“文化大革命”已进行了两年，学校停课，工厂停工，全国经济状况可想而知。某日，周恩来总理的保健医，原北医系统外科教研组主任吴阶平教授来院传达周总理的指示，指出通过王世芬大面积烧伤抢救成功，应好好宣传

1969年4月抢救王世芬烧伤事迹展览会全体成员合影

毛泽东思想及贯彻“抓革命、促生产”的生动事例。我们理解作为总理当然为“文革”后国内的经济状况担忧，拟通过这一具体事例，来推动全国的“促生产”。

医院军宣队就根据周总理的这一指示决定在中央美术展览馆举办一类似4800部队切大瘤子的大型展览会，面向全国宣传毛泽东思想指引下，“抓革命、促生产”，创造了医学史上的奇迹，抢救大面积严重烧伤的工人王世芬获得成功的事例。指出要突出“天天读”的作用，通过每天认真学习毛主席著作，以毛泽东思想武装头脑，才会对工人阶级产生深厚的无产阶级感情，以致敢于破除迷信，解放思想，在技术上精益求精，最后获取胜利。这一合乎逻辑的推理以及既宣传了北大医院也给军宣队增光的决定，得到了全院颇为广泛的支持。于是“天天读”及“成功抢救王世芬”就成为“文革”期间北大医院的两个宝。

由于王世芬是外科的病人，主要抢救工作又是外科承担的，所以我这个连长就理所当然地被指定为筹备组组长，又因王世芬是礼花厂的工人，该厂又归属第二轻工业局，所以该展览会由北医及市二轻局联合主办。该局委派了一名政工干部，总厂的书记江粮田为副组长，分别从医院及二轻局系统抽调人员组成筹备班子，全部进驻美术馆二楼的东侧大厅现场，整个工作由军宣队贾政委直接领导。

医院抽调了素有文学修养的业余作家内科李惠薪医师及放射科的擅长写作的黄鸿年、孟宪慎医师三人负责脚本、展版的文字说明及讲解员的解说词。抽调两位有绘画才能，长期负责工会宣传工作的胡永昇及薛君武医师负责展版的小样设计等。当我们第一次集会讨论展览会的大纲及内容构思时，深感由这些毫无办展览会经验的人，根本不可能在3个月内完成此任务。向领导汇报后，同意作为一项政治任务，分别回原单位抽调干部加强展览会的筹建工作。于是北医从学生中抽调了数位有绘画才能的学生，二轻局更从其下属的北京工艺美术学校抽调了以朱育成为首的一批年轻有才华的教师及学员前来加盟。由于“文革”期间学校全部停课闹革命，所以不论学生、教师均颇乐于接受此一结合他们喜爱专业的政治任务。大家兴高采烈地投入了工作。由于增加了大批新生力量，尤其是工艺美术学院的专业师生的加盟，使按时完成任务有了可能。就以搞会战的精神，将全部任务分解为写脚本、制小样、放大样、作画、制版面、写讲解词、训练解说员等几大部分，明确分工，将王世芬受伤入院后抢救的全部过程，以连环画的形式分段连续反映在各版面上。当然

王世芬展览会全体工作人员与卫生部领导及军代表等一起合影

整个展版以突出毛泽东思想为红线加以贯穿统一，最后落实在抓生产、出成果上。军宣队也不时前来检查进度，听取汇报，反复讨论并修改小样。使我这个平素缺乏文化修养又无艺术细胞的人学到不少知识，对搞好展览充满了信心。正当一切都纳入正常轨道，大家情绪高涨地在加紧运作时，某日我与胡永昇两人又接吴阶平医师的通知，有要事相见面谈，走访后得知周总理近日指示，抢救王世芬事件可作内部宣传，不宜在美术馆对外大肆宣传。至今，我仍不知何故。是原先错误理解周总理的指示？还是因情况有变，总理修改了原先的意见？在此两条路线斗争非常激烈的时刻，既不便多问，也习以为常，私下猜测可能是周总理的"促生产"之计又有了阻碍，只得宣布停止。好在此时小样的讨论已大致就绪，就决定展览会改在二部食堂的三楼举办，缩小规模，作为内部展览，也接受外单位前来参观，讲解员则由医院的护理员班的学员担任，当然影响就小多了。

12

『文革』西欧行

现今出国旅游、访问、考察都已成为一种时尚，进修、学习更成为青年学者走向成功之道的必经之路，但在距今35年前的1973年，我国尚处于封闭锁国的年代，出国可不是一件易事。本人有幸居然在次年出国两次，初夏去西欧的意大利，深秋赴东瀛的日本。由于长期与外部世界隔绝，见到不少新鲜事，也闹出不少笑话，从中也可从另一侧面领悟改革开放政策执行以来的巨大变化。

先说去意大利的那次，是我国应邀去出席在意大利Blonia召开的国际肿瘤会议，这是“文革”以来的第一次，因此领导极为重视，在全国挑选政审合格的成员，考虑到不同地区及专业，组成一16人的代表团，由李冰院长领队，上海肿瘤医院院长俞鲁谊任翻译兼秘书，天津肿瘤医院的金家瑞院长担任司库，掌握全团的经费。当时外汇控制甚紧，每人虽有20美元的零花费，但均由司库集中管理，个人仍是口袋空空，不名分文。全团其他成员均按年龄的长幼顺序编号，记得我是15号，陈敏章部长（时为协和医院内科主任）较我稍长，为14号，最年轻的则是医科院肿瘤医院的同位素室唐瑾主任，排在我后为16号。每人必须牢记前、后的两位，因任何正式场合或外出均须按此顺序行进，不得超越或滞后。这倒并非由于我国素有尊老的美德，而是出于安全的考虑。如有人丢失可及时被发现。李冰院长见我年青体健就嘱我与陈敏章主任两人负责全团的行李，其实最安全的行李管理办法是包产到户，由各人自负其责，不但简单、方便，而且绝对安全。这下集中管理可苦了我们俩人，每到一地先将行李集中，计数，然后就得守在其旁，不能到处闲逛，所幸全程行李并未丢失，倒是浙江肿瘤医院的张泰崙院长将自己的护照丢失，引起不少麻烦，这是后话。

当时出国的程序是政审、置装、集训，在审查合格后领取置装费700元，一般是到位于王府井旁的红都时装公司量身订制西装及中山装各一套，再购置一些内衣、衬衫等，费用完全由公家承担，因当时个人的薪金甚低，每月数拾元，根本不敷置装费的支出。有意思的是西服及中山装这两套中西礼服回国后均须上缴至卫生部入库，我们虽曾要求折价处理给个人，但未能获准，声称此服装日后可供其他出国人员借用。但遗憾的是当我半年后又赴日本，拟借用我的旧服时，居然遍找无着，也不知去向，在这出国人员不多的锁国年代，岂非令人费解。

当然在置装的同时，外事司的工作人员同时将为你办理护照、签证等事项，不必自己操心。这些均就绪后，在出国前进行集训。集训主要是学习外事纪律及出国礼仪。外事纪律的内容颇多，最有意思的是一人不能外出，出必双人同行，初时尚未解意，待至实践时始悟此条纪律利害。当时赴意大利时，中国国际航空公司似还未通航，坐法航公司的班机前往，中途巧遇法航公司罢工，以致须在卡拉奇换机，等待时间颇久，其间有须上厕所的，就必须集合列队前往，因不但受纪律所限，且囊中羞涩，空空如也，小费也须由司库金家瑞院长统一支付。会议期间如欲中途离场，换听自己感兴趣的学术报告，也必须找一伙伴共同前往，所以第一天会后，晚间总结开会时，李冰院长干脆明确将16人分成8个两人组合，有如联刀块，不论去何

1973年首次赴意大利医学代表团部分团员

处，都须俩人在一起，幸亏那次女性不多，仅两位，因此男女均成双，不然上厕所时岂非定得违纪。

几经周折，总算到达罗马，由于是“文革”数年后第一次派出的一个较庞大的医学代表团，意大利的会议主席又是左派人士，对中国较友好，因此不但中国大使馆而且大会的组织委员会均有专人前往机场接机，且有警车开道，一路浩浩荡荡直奔旅馆。当日由中国驻意大利大使宴请全体代表，颇为隆重，大使馆多名官员作陪。席间有位武官，因患足趾嵌甲，感染数月，隔日去诊所换药，痛苦不堪，询问有否良策。诊治之下，乃是典型的甲沟炎，且已是慢性，治疗也甚简单，只要拔除趾甲即可。代表团中虽有几位外科大夫，但唯我年轻，其他几位如黄国俊、黄孝迈等已均是颇负盛名的教授，对区区拔甲手术当然不屑一顾，我就当仁不让地担当此一给武官拔甲的重任。好在我有下乡巡回医疗、在农民家作炕头手术的经验，餐后即嘱使馆工作人员去药房购买局麻药两支，消毒注射器一个，使馆的医务室领取些碘酊、酒精及敷料，又从电工处借得尖嘴钳一个及向其他代表成员借来旅游用折叠小剪刀一把。一切准备就绪。点燃盘中酒精，将钳子及剪子置入消毒，作趾根阻滞麻醉后，顺利地将指甲拔除。旁观者见用如此简单的器械，数分钟就完成手术，纷纷伸出大拇指，赞我手术高明，其实这真是小菜一碟，在北大医院门诊作住院医师

1973年首次赴意留影

1973年赴意大利参加国际会议在会场听学术报告

时是带领实习医师操作的常规项目。让我不解的是何以在医学先进的意大利首都罗马的医师，不早日施行此术，竟然隔日换药达2月，伤口都已长出肉芽，还照旧换药，后知该武官是至一私人诊所诊治的，每次诊费为20美元，才恍然大悟，原来受罪两月是出钱“买”来的，试想如一次拔甲即愈，岂能连续来诊所消费达两月！我第一次体会到医疗服务市场化的弊端。当然，少不得在现场颂扬我国社会主义医疗制度的优越。不料当数日后，我们从 Blonia 归来，又奉召去大使馆，那位武官经拔甲后，解除了痛苦，霍然痊愈，使馆内另一位也患此疾的司机，也欲请我诊治。原来，他们均是解放军出身，足丫子惯于穿球鞋，哪经得住裹足的尖头皮鞋，犯甲沟炎是在劫难逃。上次我给武官拔甲时他也在场，但不敢轻易尝试，待至数日后见那位武官痛楚解除，奔走如常人，才知错失了良机，当得知我们已回罗马，便将我们又接至领馆了。我当然又依样地替他拔除了趾甲，使馆为了表示感谢，知我喜玩桥牌，送我一盒两付的塑制扑克牌，在当时已是上品了，我一直珍藏至今以留念。

由于绝大部分代表团成员均首次出国，所以在我们到达的当晚宴会上驻意大使在席间除向大家介绍意大利的风土人情外，重点介绍了新纳粹主义的复活，尤其是我们前往的Blonia，该市是一文化古城，有欧洲最古老的大学，但也是新纳粹主义猖獗泛滥的城市，让我们务必小心，他们有可能会来挑衅。次日，大家抱着忐忑不安的心情前往，住进古色古香的欧式旅馆，稍事休息即赶赴在一花园式的广场上举行的开幕招待会。简单的仪式结束后，即以自助餐形式举行 Cheese Party 以款待与会者。大家一拥而上，自拿餐具列队取食，颇为拥挤。我们这些讲究饮食礼仪的泱泱大国的公民，首次见此阵式，颇不适应，礼让之下当然咎由自取，只能落在大众之后了，尤其待到餐桌前巡视，见是各种各样国人并不欣赏的奶酪及蔬菜色拉等冷菜，有人就放厥词说是兔子食料。更有意思的是我们团长李冰院长见到人相争食的意大利美食“Ravioli”（西式小饺子）说，饺子讲究薄皮大馅，这种洋饺子不但厚皮无馅，还洒带怪味的粉末（干酪粉），太难吃了，还是回旅馆用晚餐吧。于是一众人员回至住处进餐。其实，后来得知这次 Cheese Party 是一次规格颇高的意大利美食招待宴会，只是我们这些“土老帽”不识货而已。

欧式的旅馆与现今我国的新建旅馆大相迥异，不但较小，一般仅是四五层而已，而且较古老，卧室也并不多。我仍与陈敏章医师同住二楼的一屋。次日清晨我在盥洗室洗脸，突听卧室的窗外有喧哗之声，未几即听到“嘭”一声玻璃被砸的声响，我满以为是新纳粹分子前来挑衅，向窗户扔石块了，急忙冲向卧室，见陈医师用手扪着额头，有鲜血从指缝间渗出，窗前的地毯上则有一堆碎玻璃。经了解是虚惊一场，原来他也听到窗外街上的喧哗之声，拟开窗一看究竟，岂知拉开丝绒窗帘，见窗外有木制的百叶窗，由于玻璃窗是无窗框的整块大玻璃，擦得又较亮，当拉开厚厚的丝绒窗帘、推开窗外的百叶窗时，室外的光线直射而入，根本未想及中间还有一层大玻璃，因此头探向窗外时，就撞上挡在中间的玻璃，由于用力过猛，以致玻璃破碎，纷纷散落于地，额前皮肤也全层裂伤而出血。所幸该处出血量不大，我又带有胶布，将伤口用胶布拉紧贴上，压迫止血。虽未能缝合，但效果尚可，未几即血止。只是这块大玻璃如何处理？虽将百叶窗及窗帘均复旧拉上，但满地玻璃碎片，颇虑赔款不菲，早餐时据实向团长汇报，她见陈医师已受伤，慰问几句，倒未挨批。后知旅馆为示友好，也就不了了之。

会议的会场较分散，好在该城市并不大，气候也颇宜人，因此均可步行前往。首日上午的大会，全体按序列队前往。当时并不知道这种学术交流会议人们并不准时，且出入会场均极自由，因此会议开始时会场内人员并不多，我们则准时于开会前10分钟到达，而且非常有序地进入会场，整齐地坐了一排，与会者纷纷向我们行注目礼，好似我们来自另一星球一般，现在想来实在好笑。

次日，分散按两人组合行动，有一场细胞检查的新技术示范距住处较远，但有专车从旅馆始发送达，不少团员对此颇感兴趣，约好结伴前往。待至到达会场，仍按例顺序进入，待前面的数位刚进入会场，后面的团员突然发现此一示范项目是要收费的，因此立即驻足不前，由于司库并未与我们在一起，待招呼已进入者退出也已不及，他们已纷纷在显微镜前就坐。无奈之下，我们三位“后座团员”只能回住处告知司库前往缴费，因我们均知大家身无分文，又岂能干出赖缴费之事。遗憾的是该会场离我们住处颇远，各种交通车都须购票，出租车更是不敢问津，只能步行一小时许返回，深刻体会囊中空空的苦处。回到旅馆，颇感口渴，不知西方的旅馆并不供应开水，因此虽均带有茶叶而无用。此时又尚未习于喝生水，突然想起已观察数日，尚不敢动用的冰柜内的各种饮料，现已知这次出访的费用由意方招待，既然如此，当免费提供饮料，于是大胆动用。一经启动，就不易控制，每日各种饮料交替品尝，次日自会补上，自此日日自娱不怠。

另一趣事是会议休息时的 Coffee Break，初时也不知是否免费招待，因此不敢前往取用，后见众人均自取点心及咖啡，并不见有人收费或任何代用券，于是按习自行取用。

数日的会议结束后返回罗马，就各人回国后拟作的业务汇报作了分工，司库将每人出国期间的生活零用钱20美元分发给大家，各人就揣着这些有限的外汇上街，拟购置首次出洋的纪念品。大街小巷逛了2～3小时，最后大家的结论是一致的，以塑料制品为首选，因当时国内塑料工业甚为落后，而西欧已较发达，所以多数人回国时都买了色彩鲜艳的各种塑料碗、杯。

短短出国一周，感触颇多，尽管代表团成员均是层次较高的知识分子，但在锁国数十年的束缚下，也出尽洋相。从这点也不难看出，我国三十余年来所取得的进步。真是洋相出尽西欧行，改革卅载面貌新。

13

东赴日本

从西欧归来不久就得到通知，作为中华医学会代表团的成员，将赴日本考察。这是“文革”多年以来，首次中华医学会访日，是一次综合性的医学考察，因此人员组成不但包含多个医学专业，而且也有多名从事药物研究、尤其是抗生素研究的人员，北医临床药理研究所的李家泰教授也参加了，团长由沈阳铁岭医院的院长孙金城担任。他是一名日本通，能讲流利的日语，且有不少日本医学界的友人，但他为人办事甚为谨慎。

在出国前集中学习期，由于成员来自国内不同单位、不同专业，大多数人均属初见，彼此并不熟悉，又要制订共同的考察计划，提出要求，以便日方考虑做出安

1973年秋随中华医学会医学考察访日友好代表团出访日本

1973年首次访日留影

排。此次考察不但时日较长，涉及城市也较多，远较赴意大利参加一次国际会议为复杂，因此集中学习时间也较长，要求遵守的外事纪律也更为严格，除不准单独外出，一切活动均须集体有序进行外，为了防止被资产阶级腐朽思想意识侵蚀，还规定了不能进日本商场及不能看日本电视等要求。

当时，中日还未通航，赴日均须绕道中国香港，旅途组织颇为严密，抵达东京下机后即有车队迎候，所以下机后即入等候在旁的汽车，直赴下榻的新大沽宾馆。该旅馆新建不久，为一五星级宾馆，气派不凡，设备一流，较之古色古香的欧洲旅馆另有一番景象，无处不透着现代化的气息。由于其时中日关系刚在田中首相访华后解冻不久，又是多少年来第一次的中华医学代表团，层次较高。因此日方也颇重视，接待规格也较高，除配备了多名已返日的昔日二次大战时在东北出生的孤儿作我们的随团翻译外，为了防止日本右翼的捣乱、破坏，也加强了安全保卫工作，租了该宾馆的高层一侧翼，在走廊的两端日夜24小时均有便衣警卫轮流守卫，以防不测。

日本东京是一现代化的大都市，到处高楼林立，车水马龙，高架公路桥比比皆是，马路上是忙碌地快步行走的人群，商店橱窗里则是琳琅满目，丰富多彩的各色商品，使我们这些已习于到处可见灰蓝色着装排队购物的懒散人群、低矮的平房、满街自行车、贫乏的商品柜台的人群，不但在视觉上受到很大的刺激，而且在心灵上受到更大的震撼。由于赴意大利是在一古色古香的历史名城参加国际学术会议，并未在罗马逗留，因此对现代化大城市的感受并不很深，而这次访日在东京逗留时日较久，虽然均是坐在汽车上快速的一窥城市景色，不能亲临其境地在商店街道漫游，难免有隔靴搔痒之感，但也不禁在头脑中产生了强烈的疑问，难道商品的无比丰富与极端贫乏就是资本主义与社会主义的区别？使我不禁联想到在此几年前，受“文革”期间的北京市领导吴德之命，带领刘彤华教授等8名专家去兰州调查麝香埋于腹腔治疗消化道肿瘤之事。当我们火车途径郑州车站时，适逢所谓的反击右倾翻案风高潮之际，在天安门及郑州的“二·七”广场均有群众集会游行等，气氛颇为紧张，我们的列车被困在郑州车站外不能进站达数小时，列车上既不提供饮水，更无食物可买，大家饥渴交迫，手中拿着半导体收音机静听天安门群众聚会事件的进展，双眼瞧着车外贴满墙的“宁要社会主义的晚点，不要资本主义的准点”大字标语，彼此心照不宣地默默无语。火车准点应是天经地义之事，岂有社会主义与资本主义之分？误点居然还有理，按此理推论难道我们要追求社会主义的挨饿，反对资本主义的吃饱？那么革命的目的又是什么？

我们在东京入住的新大沽宾馆的底层是陈列各种高级商品的专营店，每天进出旅馆都必经此底层的商场，才能至旁门的车道上车，所以虽有纪律规定不能逛商场，但不能禁止人们借过路之际斜目浏览各橱窗，虽是匆匆而过，但较之坐在车上看市容，终究算是近距离观察，观感自是不同，每日早出晚归，虽是列队穿过商场，但无异每日至少两次在脑海中提及上述问题。

当然，还有一了解日本社会的渠道，那就是卧室内的彩电。当时国内黑白电视尚未普及，尚无彩电，大家颇渴望能一睹彩色电视的演播，虽有不能观看电视的规定，但此乃是本访问团的土政策，半年前赴意大利时就无此规定，再说各成员每人一室，晚间回房休息，打开电视机又有何妨。我们的团长不难猜到大家的心理，因此每晚必召集会议，总结一天的活动，不至深夜不散。大家劳累了一天，到处参观访问，不但专心聆听做笔记，而且还被迫取消已习惯多年的午休，每晚还有宴会，酒醉饭饱的回至旅馆，早已疲惫不堪，还得参加每晚例会，汇报自己的心得体会，散会后已精疲力竭，洗澡后双眼已“打烊”，再无精力观看电视的演播了。应该说团长的这一招还是蛮灵的，可防止大家从电视渠道受到资产阶级思想的入侵。

在到达东京3天后，晚间又集中在团长的套房内召开例会，坐在我身旁的是医科院药物研究所的陈菊南，是一位年轻有才干的科研人员。坐下开会不久，我就听得发自他腹内的高亢肠鸣音，使我大吃一惊，因为这是典型的肠梗阻引起的金属音，居然未用听诊器就能清晰地听到，说明他正忍受着腹内绞痛。当我得知他的确已腹痛有日，而且来日本已3天未排便，仅偶有排气，我即向孙金城团长汇报，并至他卧室作腹部检查，见腹部明显胀气，且右下腹有肠型，确诊肠梗阻无疑，须立即加以处理。为了进一步加以检查，经与东京华侨医师协会会长联系后，于当晚11时许由我陪同到位于他在市郊的诊所去检查，待我们坐出租汽车到达，该位医师已在那里等候，作钡灌肠检查很明显地见乙状结肠处有一狭窄，至此乙状结肠癌的诊断已可确立。这就意味着须作紧急处理，因为结肠梗阻，其近侧端受阻于回盲瓣，是一闭襻性梗阻，如不及时处理，就会有肠穿孔的危险。

当将此情况向中国驻日使馆汇报后，指示急送至国立医院就治，当即与东京国立病院联系，该院床位颇紧张，当时并无空床。幸亏该院有一位女医师，是田中首相访华时的保健医，她曾是一名日本护士，抗战期间在东北被我俘虏，后在中国完成医学教育后回日本，破例获得日本医师资格。因能讲流利中文，对中国情况又较熟悉，所以曾随田中首相访华。她对中国颇友好。当知悉此情后，即驾车去病房护士长家，把她接来医院，调整病房床位，将陈菊南收治入院。次日在大阪有一外科学术会议，该院的外科及麻醉科主任都将前往与会，后因发生此特殊情况，患者需及时手术，他们遂决定延迟去出席学术会议，积极准备后拟及时手术。

一切安排就绪，遇到一始料未及的难题，因外事纪律有规定，外出必须两人同行，由于全团仅我1名外科医师，于是团长向我提出要求，设法不要离开陈菊南，不但在病房内如此，即使进入手术室也盼我能相伴在旁。为了完成此任务，真是煞费苦心。幸亏我的数年从事针麻工作的经历使我摆脱了困境，原来该院的麻醉科主任对我国的针麻甚感兴趣，自己对针灸也颇有研究，他的办公室就挂有针灸图谱。所以当他得知我的这一经历后，就大为兴奋，邀我进入手术室内，在麻醉平稳，手术顺利时就与我在一旁讨论针麻，以致在术时我能毫无阻碍地陪伴在患者之旁，观看手术的进行。令我感到颇为难堪的是当打开腹腔探查时，见乙状结肠的局部病变已浸润至肠外，腹膜也有种植转移，只能作姑息性切除。我虽不懂日语，但从术者的交谈中，我能意识到他们谈论的是病期已过晚，何以中华医学会的代表团成员会有

访日代表团参观日本药厂

一晚期结肠癌患者而未能早期被发现？其实，我心知肚明，在“文革”年代，出国的机会实为难得，一旦获此机会，岂能轻易放弃。我在陪伴他去东京郊区的华侨医师处作检查的途中就得知，他腹部不适，时有腹痛已有数月，疑为消化不良所致，所以他花了不少精力修补龋齿及镶牙，盼能有所改善，始终不敢做消化系统检查，虑一旦查出有重症而影响出国，原计划待考察任务完成，归国后再作详查的，不料因出国前作各种准备较劳累，以致未及归国即发病。

手术颇顺利，术后医院同意可有专人陪床，由访问团成员轮流值班，但未几在东京的考察任务已完成，将去关西地区考察。我已作好思想准备，留下陪床了，因全团仅我一名外科大夫。出我意料的当团长宣布第二阶段的考察任务时，因考虑全团仅我一人从事外科专业，因此必须随团前往，而留守陪床的任务就由上海华山医院传染科主任刘教授承担了。因为全团有两名传染专业的医师，而刘教授较年长，外语也较好，适于一人独立处理各种应急事务。感谢团长的英明决策，我得以随团前往关西。

余下时间就穿梭于各医院、研究所、医药公司及各大酒楼度过，内容甚为丰富，扩大了眼界，结交了朋友，收获颇大。

去东京的途中（背景是琵琶湖）

离开日本归国时，又途经中国香港，仍按惯例一出机场即有专人及车队相接，送至招待所南洋兄弟烟草公司的大楼休息，进入大楼即被送入电梯，直至招待所的楼层。进入招待所后大门即被用较拳头还大的大锁锁住，吃、住、睡均在此楼层内，与外界完全隔绝。此时香港并未回归，当时我虽有友人在港居住，但也不能联系。大家稍事休息就提出能否外出逛街，经招待所领导同意，大家更换便装，由两名招待所工作人员陪同，要求大家紧随，至两个街区外的中国国货公司去转悠了一下即返。其后我虽曾多次赴港，但始终未能找到该处。

回至招待所后，负责接待的人员拿出一只箱子，是该招待所专为出国人员准备的每件均是20.00美元的各种手表、金笔、太阳镜等可供任意挑选，以抵各人的出国生活费。我当时挑了一块手表，回国后发现质量不佳，未使用已损坏，后也不知去向。

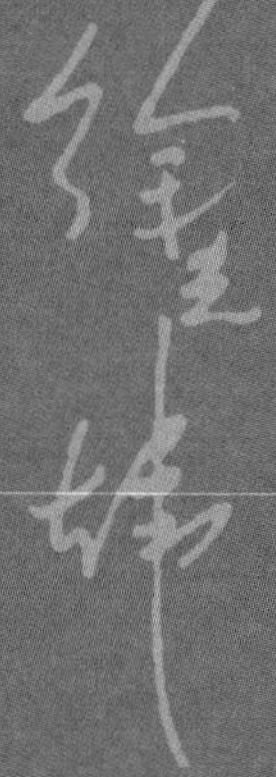

不为良相，愿为良医

14

力大无比

自1957年反右运动后，领导头脑开始发热，终于带来了影响深远的大跃进，发生了一系列令人难以理解的事情。工业以钢为纲，为了达到钢年产量超千万吨的指标，动员各家把铁锅给砸了，集中到机关食堂吃饭，北大医院一部的铁楼梯也给拆除了，将这些能收集到的铁器都集中到一起，院里挖了一个个的土坑，“土法炒钢”纷纷上马，抽调各科室工作人员轮流值勤，24小时不停地“炒钢”，还每天上报成绩，其后果不难想知，无情地将有用的铁器都炼成了无用的废料了。农业以粮为纲，当时的口号是“人有多大胆，地有多大产”，一时各地都有亩产超万斤的报道，我还曾被组织去河北省参观万斤地。后来才知是将快成熟的水稻移植集中在一块田上。怕种植太密温度高而腐烂，田的四周又用强力的鼓风机予以通风。这些弄虚作假的现象处处皆是，令人可悲的是我辈知识分子也均参与其中而并无异议，一时浮夸之风大盛，遗毒甚深。更可笑的是为了消减四害之一的麻雀，北京城集中数天发动全城百姓敲锣打鼓，挥舞红旗，不让麻雀停息，而在市区公园集中几个无人区，待麻雀落下即喂以毒饵或捕杀加以消减。事后发现不少麻雀是因过累心脏破裂而亡，相信此事如发生在现今，会被维护“鸟道”的各绿色环保组织告上国际法庭。可叹的是50年前我也参加了此“伟大的”麻雀围歼战。坐在医院二部病房楼的楼顶上挥舞竹竿，保证不被麻雀侵犯此片领空。回想从那时起对那些群众运动我就已逐渐放弃了独立思考的习惯，而随大流了。这恐怕得拜反右运动之所赐。

是年夏天我作为北医的一名成员参加了作为大跃进组成的修建十三陵水库的义务劳动，这是我一辈子参加过的劳动强度最大的一次劳动。该修建工程由北京市各单位的义工承担，按部队编制加以管理。北医师生组成了“长江”、“黄河”两团队，我与北医一院的医护人员共40人被分在长江团。为了认真地参加这次劳动锻炼，在坐车抵达十三陵后，大家肩扛行李，步行到驻扎的营地。由于路途较远，又是满布卵石凹凸不平的砂砾地，到达营地后不少平时惯于行走于平坦马路的医护人员均已满足水泡了。我们居住的是20米长，可容纳40人的大帐篷，稻草铺地，中间留一通道，南、北两侧各睡20人，每人平均占地1米宽。大家席地而坐后，见到彼此的狼狈相，均相视而笑。记得某教授指着自己足上的大泡说“要是在门诊见到这样的病足，至少得休息三天。”可是等待大家的是每天下午三时去工地，晚十一时返回休息，每人在8小时内的定额是1.2m^{3}土方。当时对此劳动定额并无概念，等到达工地后才知道所谓土方是以卵石为主的砂石，含土甚少，根本无法使用铁铲，而必须先用铁镐锄地，然后将此砂石装筐，沿着30度坡度的挑板，用肩挑至200米外的大坝处，其劳动强度可想而知。大家见后无一不傻眼，可是既然是劳动锻炼，岂能退缩。尽管足上已有水泡的不在少数，还是纷纷戴上护肩、手套，热火朝天地投入肩挑手锄的最原始的体力劳动中。两天下来大家均腰酸背疼，疲惫不堪。且因均无劳动的习惯，不善于使用垫肩，所以不少人肩部皮肤早已被磨破，我就是其中之一。尤其有意思的是发现晚上不能起床夜尿，不然待归来时，你的宽度仅1米的铺位早已被鼾声大作的室友所淹没。所以，即使在淋雨归来，工地为大家准备了祛寒的姜汤，也无一人敢于问津。

数日后，当公布各连队的劳动成绩时，发现我们远没有完成定额，由于汛期将至，大坝有被洪水冲垮的危害，所以要求一定完成定额。于是采取了加强劳动强度的多项措施，由年富力强的小伙子组成突击队，我当然名列其中，加强采石工作。我与骨科的马植尧大夫等的挑筐（当时称窝头），也从一次两个增加到六个。同时也加强了宣传鼓动工作，挑筐运石通道的沿途设置了多个敲锣打鼓，挥舞红旗，不停喊口号的宣传鼓动队，而每个肩挑者的后背均贴上鼓励性的标语。所以当你挑起箩筐迈开双腿时，眼前见到的是鼓励的口号，双耳听到的是整天的锣鼓声及呼号，即使疲惫不堪，也会不自觉地拖着乏力的双腿向前爬升，我深深地感到人的潜力确实是很大的。挑筐爬坡有三大难关，初时是肩部磨破后的疼痛，尤其当已掉皮的肩上再压上重担时，但只要一咬牙，压麻了，也就挺过来了；其次是腰疼，因为当你站立时肩上的重担就转嫁到腰部了；其实最大的难关是当你挺腰站住后，如何颤抖着迈开双腿，只要双腿能向前迈动，腰肩疼痛就不在话下了。每次当我勉强地将筐挑至坝上，背着空筐往回走时，脑海中总在想着下一筐说什么也抬不上来了。可是每次的下一筐居然还是被挑了上来。人生就是这样，需要压力及挑战，这是得以进步的动力，尤其当你拖着疲惫的身躯收工归来时，心中也同时充满了一种战胜自我的喜悦。但这种超强的劳动我相信是绝后的了，因实在有欠人道。每晚回至铺位准备休息时，每人必先面向各自铺位列队，随着一声令下，先跪下，才能躺下放平身躯，一是因为各人占地有限，其次也因双下肢疼痛实在无法下坐，甚至有位胸科大夫因无力下蹲，上茅坑时只能柱棍跨腿站着排便。

这次劳动锻炼原定每人两周，由于我们那拨适值汛期将临之际，为抢在大汛之前将大坝修好，所以我们作为熟练劳动力又被延长了两周。一月后终于胜利完成任务归来。是日，医院领导及同事们在医院大门口列队敲锣打鼓将我们作为英雄般地欢迎，我胸前也被戴上了“力大无比”的大红花。我付出的代价则是双侧跟腱撕伤，年轻时此疾尚无大碍，待至年过半百，双足跟时时疼痛，尤以右侧为甚，不得已只能于每周末在局部打封闭以止痛。随后休息两天得以次周如常工作。这种姑息养奸的治疗方法带来了自食苦果的后果，终于在2000年赴美参加ASCO会议的途中，在旧金山转机时实然发生了右侧跟腱断裂。由于我心知肚明这是长期注射药物，使

纽约联合国总部

组织变性导致的结果，不同于运动员的外伤性撕裂，不必忙于一时即作修补术，又由于是年中国抗癌协会将首次在京组织全国第一届肿瘤学术会议，我将主持大会，并做报告，因此仍照常拐着腿去出席了在新奥尔良召开的ASCO会议，以借鉴其经验，开好国内的第一届肿瘤学术会议。会议结束返国后始行手术。我平素身体尚健，除老年后得糖尿病外，身体各脏器功能均佳，唯一经常让我颇感不便的是骨关节疾病，几乎全身各关节均有骨关节增生及腰椎间盘脱出、颈椎病、椎管狭窄等症，这主要恐与年轻时不惜力地过度劳动也有关。

15

结缘中医

我是一名中医，而且按国家规定，行医30年以上的中医就是老中医，所以我还是老中医。你可能不信，但这是事实，并且有卫生部中医研究院的证书为证。我是在1958年暑期被抽调脱产学习中医的，初时当选人是我同教研组骨科专业的某医师。但他拒绝了，因明眼人都知道，脱产学习中医意味着有可能离开手术台，这是外科医师最不愿意的。于是我又被相中了，当时我由中共预备党员刚被转正，又适值对总论外科教研组的工作环境颇感不满，所以二话没说，即去中医研究院报到，参加卫生部举办的第二届西医学习中医班。该班学员由来自医科院、北医及中研院三单位的在职职工组成，不但有临床各专业的，也有基础各学科的，老幼不一，既有老教授、讲师，也有像我这样的年轻住院医，济济一堂，约70人，共分六组，我是组长之一。教师则是全国各地聘请来的名中医，学习的内容是中医的黄帝内经、金匮要略、伤寒论、温病等经典著作。该班的目的是抽调一批有较好西医基础的各专业领域的骨干较全面深入地学习祖国医学，以期成为全国研究中西医结合创新医学派的骨干。原计划在全国培养约两千名这样的骨干，所以继中央卫生部之后，各省市也纷纷举办类似的学习班，中西医结合创新医学派也就成为大跃进的一大产物，在各地蔚然成风。

于是我在工作两年后又放下手术刀，再次回复规律的学生生活。中医教学别又一功，一条10余字的经文可讲解一个学时，初时由于我辈毫无中医基础，不知所以，如坠入云雾之中。但未几即进入状态，对中医的一些理论如“天人合一”、“五行生克”、“阴阳学说”等颇感新鲜，渐有兴趣，发现中医完全不同于以解剖、生理为基础的西方医学，而似更富有朴素辩证法的哲理，于是产生了一探究竟的愿望，就全身心地投入了学习。所以当我邻座李家泰师姐——一位我颇敬佩的有才气的药理学家提出拟与我合作写一篇有关学习中医的初步心得时，欣然同意。该篇心得以《谈谈祖国医学的理论基础》为名发表在1958年的《自然辩证法研究通讯》这本颇有影响的哲学刊物上，也是我工作后第一篇学术论文。现在想来颇感后怕，真是初生牛犊不怕虎，居然当时两位名不见经传的学习中医才数月的无知后生，敢于写这种权威才能置喙的论著。不过，从另一方面，确实也颇反映我们当时学中医认真投入的情景。

同班学友中原系外科专业的西医共有刘猷舫、叶应聪、朱预及我四位，前两位均是中研院的职工，朱预医师来自协和，是位很受大家爱戴的班长，后长期任协和医院院长。当学习班历时一年半完成了理论课学习后，初步结业，按原派遣单位的不同要求各自分赴实习基地前，要求各位学员就学习心得写结业论文，经讨论后决定全班合力将祖国医学的伤寒论、温病条辩，金匮要略等经典著作译成白话文出版，作为对推动及传播祖国医学的一个贡献。外科的四位学员共同商议后，鉴于时处大跃进年代，各地民间献方成风，有关治疗胆、肾结石的方剂甚多，所以拟共同加以收集、分析、去伪存真、总结一篇“中医治结石症”的论文，自思此举必将有益于中西结合创新医学派的研究工作。岂料当我们的班主任，一名有参加革命工作

1958年卫生部第二届西医学习中医班学员合影

经历的老中医得知此议后勃然大怒。责问我们中医何有“结石症”之病？只有“血淋”、“石淋”或“肝气疼”、“肝胃不和”等疾，何以你们这些学习祖国医学历时年余的中共党员居然在写结业论文时还以西医的病名来命名，这是民族虚无主义的表现。这使我们浑然不知所措，满腔热情被一顶“民族虚无主义”的大帽打至九霄云外，论文之举只得作罢。

使我不解的是何以在纯业务领域要冠之以政治大帽？而且结石症是肝胆及泌尿系统结石之统称，这合乎祖国医学“同病异治”或“异病同治”之义，对此以中医治法加以整理研究又有何妨？总之，虽心中愤愤不平，但敢怒而不敢言，又奈之如何？但此事已在今后的工作中埋下了阴影。

由于北医要求我们这些学员不但要从事各自专业的中西医结合研究工作，还要在北医的师生中普及中医，所以医教研任务均较重，尤其对我们从事临床工作的几位要求更高，安排了为期一年的实习。由于我是外科专业，便被安排至中研院西苑医院实习，师从该院外科朱仲康主任，当时的中医政策，对名老中医的尊敬之情甚于名教授，生活上也照顾备至。每晨九时来门诊上班，至十时有专人送上牛奶一杯，十一时即返家休息。该老医师早年在上海颇负盛名，由卫生部礼聘来京，我对

他颇为神往，更存有一份私心。因我年轻时满头既硬且粗的黑发此时因患脂溢性脱发，每晨在枕巾上脱发无数，爱妻琳琳又远在苏联，三年后才能归来，虑日后儿子降世见到的是一秃头父亲。我知西医并无良法，因此寄希望于朱老。哪知第一天上班等到九点朱老来临门诊，待至脱帽一看，并非鹤发童颜，而是一位头顶逞亮、头发奇少的长者，使我大失所望。学习数月后，使我认识到中医外科不同于西医，实际上是西医的皮肤科，与我的专业并不相符，除学习了不少中医治皮肤病的丸散膏丹之法外，最大的收获是中医的“外病内治”之法，例如某些湿疹或荨麻疹等内服中医的“清热利湿”或“祛风固表”之药确有佳效，但终究与我日后将从事的工作有差距。因此，在实习半年后，与北医的庞宁海、赵思明、谢伍夙及秦竹筠等五位学友同赴上海中医学院附属曙光医院内科进修。该院领导颇为重视，安排了清末名医丁甘仁医校的弟子，名中医张伯瘐作为我们的导师。我们五人

1958年参加卫生部第二届西学中学习班小组合影，时为组长

西学中班毕业前讨论写毕业论文

围桌而坐，随他诊病、抄方、把脉。他结合每位病人具体的讲解中医辩证论治之要义，以及加减用方、施药的诀窍，还教我们如何按理、法、方、药的要求写四字一句的医案，也会结合实例讲些医学典故，使我们受益匪浅，因有缘遇良师而窃喜。初时，由我们轮流抄方，2月后由我们五人同时各开一方，经他分别讲解并修改后选其中之一交付患者。由于复诊时我们可随访其疗效，而张老再次结合病情的演变、转归，讨论辩证用药是否有误。最后则由我们五人分别接诊，写好医案及处方，经他审核修改交付患者。此半年的实习是我们整个学习中医近三年的精华所在。中医过去有所谓经方派及时方派之分，前者多是考试不第的书生改而从医，因此能说善道对医理知之甚详，但由于疏于实践，因此临床疗效有时欠佳。后者多是药铺子抓药出身，常是坐堂的中医，生活在民间，实践较多，经验丰富，因此虽乏理论，但抓药治病有时疗效也不错。而张老则是一位兼有两者之所长的良师，使我们将学到的中医理论能与临床治病相结合，又在治病的实践中，在随诊中动态的辩证，按病情的变化调整方案，加深了我们对祖国医学从理论到实践的认识。尤其是他的那套由浅入深，孜孜不倦的教学方法，也使我们这些从事教学工作的年轻医师获很大收益，所以直到他谢世前，我们几位弟子常前去上海拜望探视。

16

初探

初探中西医结合

当我们1961年学成归来，北医也成立了以我们这些学员为主的中医教研组，李家泰医师为主任，我为副主任，开始了对全校学生100余学时的中医教学及全体教师的中医扫盲工作，一场西医学习中医的工作在北医热火朝天的展开了。为了开展中西结合的研究，医院决定在外科抽调陈勉奇及刘国礼两位大夫与我一起，由我任组长，主要收治以乳腺炎为主的软组织感染及急腹症。当时研究脉管炎的研究生黄德祥医师也加盟以中西结合的治疗方法进行研究。拟定了治疗乳腺炎、阑尾炎、胆囊炎、肠梗阻等一系列的处方，并按病情的不同，按中医辨证的原则予以加减，组成各种不同编号的协定处方，进行临床研究，颇有成效。参与了在大连召开的首届

1961年8月中西医结合治疗急腹症学术交流会全体代表合影

中西结合治疗急腹症学术交流会受到好评。在这阶段发表了不少有关中西结合的学术论文，受到中华外科杂志主编吴阶平教授的赏识，邀我参加中华外科杂志每月一次的周日在京编委的审稿工作，我是最年轻的一员，主要负责审阅外科领域有关中西结合及普外的论文，颇有受宠若惊之感。我得以与当时外科领域的泰斗权威曾宪九、黄萃庭、费立民、吴蔚然等教授共同讨论每篇来稿的取舍，并提出修改意见，真是一次难以求得的机会，对我助益甚大，使我知晓了文稿取舍的原则及写作方法。那时便立愿，每年至少要在中华系列杂志以第一作者的身份发表三篇文章，这是我早年发表文章较多，且从未被退过稿的原因。这些恐均得归功于学习中医之所赐。

在急腹症病房工作期间，适值国内处于困难时期，食品短缺，粮食限量。由于该病房将北大一院的全部来诊的急腹症患者均集中于此，三位管病房医师轮流值班，甚为辛苦。其中只有我一人系统学过中医，患者又要辨证论治，有时更得辅助以针灸，根本不得休息，24小时连轴转。尤其是对急腹症患者施行中西结合保守治疗，虽不立即手术，但须严密观察病情，一旦有恶化，就得立即手术。有时数位患者均须观察，以致整夜不得休息，较之以往急症手术后医师即可休息更累。虽然我的粮食定量反从原来的每月31斤增至全外科最高水平的35斤，但由于其他蛋白、脂肪等的摄入甚少，以致入不敷出，使自幼即有“阿胖”雅号的我的体重也自原来80公斤骤降至56公斤，达到空前绝后的最低水平，因此曾数次因体力不支而晕倒。当时，虽将这一切均归罪于自然灾害，但无疑人祸胜于天灾，这一在农村发生饿死人的后果显然是实行大跃进等错误的政策所致。

这些政策性的错误当然在各个领域均会有所反映，如教学质量下降，医疗管理混乱等。于是，当时的北医党委为了贯彻中央的“调查、整顿、巩固、提高”的八字方针，以党委书记为首的工作组来外科蹲点，作重点调研，最后因集中急腹症病人的中西结合病房打乱了医疗秩序，不利于干部培养及教学工作的实施，随着一二部外科的合并，历时两年左右的该病房终于结束了历史使命，我也被调整回外科补做住院总医师。急腹症病人也恢复为由普外各病区轮流值班收治，患者的治疗也由于教学及干部培养之所需，大部回复了原先的西医治疗。随着医院在员工中普及中医教学，以及当时该病房中所使用的各种有效中医处方均以医院协定处方的形式被定了下来，所以作为急腹症的一种可供选择的保守治疗方法，当时的研究成果还是被保留了下来，这些协定处方也被沿用至今。

作为外科唯一系统学习中医达3年的我，当然对外科领域的中西结合负有道义上的责任。所以当开展针灸麻醉研究时，我也就当仁不让地被邀参与了，并被任命为北京市针麻协作组的副组长，三院的麻醉科主任为组长。针麻是在开胸手术取得成功后逐步开展的。普外初时仅开展些颈部的甲状腺手术，效果还不错，在快刀切开皮肤后，全部手术操作过程，除结扎甲状腺上极的血管外，基本不痛，当然对手术操作的要求较高，轻柔、精细，全部用器械操作，刀、剪、缝针等均是第一次使用的。应该说用针麻作甲状腺手术，必要时还是可以的，因为该手术对止痛的要求不高，事后我曾用6毫升局麻药做皮肤切口浸润，即可完成甲状腺次全切除术，患者也仅在结扎上极血管时稍感酸痛。以后逐渐发展到腹部手术，由于针麻止痛并不完善，而且个体差异较大，因此困难就较大。我被要求主攻胃切除术，还时有外宾前来参观，要求我们作为一项政治任务，力求手术成功。当时思想负担甚大，每当有针麻手术表演任务时，先选择精神状态较稳定的有幽门梗阻已长期不能正常进食的消瘦病人，以舟状腹者为佳。术时用快刀作小切口，一刀迅即切开腹壁全层，进入腹腔。那时是操刀施术者最感痛苦的时候，因为当你一刀下去时，立即可感到患者腹直肌的收缩，说明病人当时是有痛觉的，只是为了配合外宾参观的政治任务，付出了忍痛的代价，不得已而为之。而我的痛苦，更来自两个方面，作为一名医生应以减轻患者的痛苦为己任，何以忍心在明知其镇痛并不完全的情况下，予以操刀施术；另一方面还要忍受弄虚作假之自责，因当时应用的一种盐水棉球其实是饱含丁卡因局麻药的，只要术者呼“老弟”，手术护士就会将此类特殊棉球递上供局部止痛之用。整个手术操作必须非常轻柔地将胃提出至切口外进行，不能伸手入腹腔内操作，更不能使用拉钩，缝合切口时更需在“老弟”的协助下，用锐利的三角针全层间断用粗丝线缝合，以免腹膜撕裂或缝线拉断。当每次汗流浃背满怀歉意地走下手术台时，总是抱着对患者负愧内疚的心情。而且这种心情随着参加针麻手术机会的增多而愈益加重。而针麻止痛手术也终于逐渐随着大家态度的消极，以及“文革”后期医疗秩序的混乱而自灭。

自此以后，使我对中西结合的态度有了改变，这并非是由于我对中医态度有所改变。从学习中医近3年后归来，自认对中医有足够的了解，认识到祖国医学是一伟大的宝库，也颇有志于从事该方面的研究工作。中西医结合本是一探索性较强的工作，存在不同的意见及观点乃是常事，但当时的状况是有些人常将不同的学术观点演化为政治问题，甚至与反对国家的既定方针与政策相联系，尤其是一些具体掌握中医政策的官员，以“左”的面目出现，使人不禁敬而远之，惹不起只能远远躲之了。另外，通过多年的实践，我认为中西结合是一可行之策，而创新医学派则不然。这有如电灯与电扇，虽均对日常生活甚为有用，可以在电扇下挂电灯，也可两者合用，但仍是两种不同的电器，不能成为另一种新的产品。中西医是基于两种截然不同的理论体系，可以结合应用，但难以创造新医学派，正像埃及、希腊等每个古老的民族均有各自的传统医学，我国的西藏及内蒙古也有藏医、蒙医等，均有悠久的历史，而无一能融合成一新医学派。我带着这种观点参与中西医结合的工作，岂不迟早会犯政治错误而完事。

有意思的是我虽不愿介入，但在20世纪80年代初我赴美进修时，竟然被加州的美国中医药学研究院聘为顾问，其因是该院的罗志长、陈大仁两位主要领导均是昔日北医的同事，也是当年在北医西学中班始受中医启蒙教学的，赴美后因难获西医的行医执照，转而从事中医业务，由于勤奋好学精于业务，而分别被选为当地中医界的领军人物，在海外发扬祖国医学。

这里值得一提的是在1968年“文革”已历时2年进入大破大立之际，卫生部拟在医务界贯彻毛主席“6.26”指示，下放大批医护人员去农村、边疆。北医被选作卫生部的重点单位，而北大医院又被作为首批试点，要求各科室下放1/3人员，具体的做法是党、团员及干部等各层次医护人员均以1/3比例抽调下放，而且被选中者是以户为单位全家户口均迁至西北县级以下的下放地点。将户口迁走这可不是小事，意味着你的子孙将改变籍贯，所以震动极大。但处于这一特殊的时代背景，大家还纷纷表态，立志响应号召，去西北捍卫毛主席革命路线，有不少下血书、贴大字报表忠心的。我当时正脱产与胡永昇等日以继夜地在中央美术展览馆搞抢救王世芬事迹的展览会，不知详情。据悉，在群众第一、二轮提名时，我未被提名，但某日，当时的外科连指导员、支部书记找我，告称外科的军代表赴新疆休假时明确指示让我下放去西北。因为当时外科的领导班子共有6位，必须下放2名，而在此6人中有的因是军属，有的因有抢救王世芬的医疗任务等都不能下放，余下可下放的3人中，已有1人明确去桂林南溪山医院支边，因此只能在我与另一位革干子弟中选其一了。我下放的条件当然要比她优越得多，我是刚被解放的修正主义苗子，爱人又是留苏归来的苏修分子，均是迫切需要改造，接受贫下中农再教育的，何况两个人均在北大一院工作，不但不需向对方单位外调协商，且还可解决1名儿科下放名额。所以听到此通知后，我二话不说，就回家做准备了。当时需处理的事也不多，因我与父母同住，所以仅将小儿相托，家具也均是公家的，个人最值钱的财产仅是一台牡丹牌的九管收音机及从创刊号开始的一套完整的中华外科杂志。将收音机卖给寄售行后，就将全部外科杂志分装两麻包，用三轮车送至东安市场旧书铺。忌料，那时概不收购，只得按每公斤2角钱当废纸处理给它。

正当我准备就绪，拟去西北迎接命运的挑战时，岂料科内领导班子有了不同意见，两派群众组织的头头均不同意我下放，理由是我为外科唯一的一名三结合干部，了解科内情况。于是又将此不同意见上报李天和主任处，请他拍板，我则在家静候最终裁决。正值此时，突然传来周总理有关要搞中西结合的指示，而全外科系统学过中医的仅我一人。我就借此出人意料地被留下而未去西北。在这个人无法掌握自己命运的年代，这岂非我与中医有缘，而后半世的所作所为，也应拜学中医之所赐。更出人意料的是待军代表休假归来，竟对我说“我从未说过要你下放，相反我曾说过你是结合干部，不能下放，应留下。”使我顿感“文革”后人性之可怕，正是人与人斗，其苦难言。反正此时我已被留下，就未再做计较。

17

实践

忆在农村开展手术的教学实践

那是40年前的一段往事了。记得是1965年的冬天，我作为一名响应毛主席“6.26”指示，卫生部首批赴农村工作的医疗队员，已在密云县西北地区的农村参加巡回医疗历时数月，每天背着药箱行走在番字牌、白马关、下营、冯家裕、西庄子等地的崎岖山路上。虽然我当时已从南方来京工作近10年，也曾去过昌平的沙河参加过农村社会主义大辩论、十三陵水库劳动等等的基层锻炼生涯，但对密云西北部山区农民的艰苦生活还是颇为吃惊。当时农村是人民公社集体所有制，农民作为公社社员，按个人劳动力的强弱定分值，参加各种农村劳动，按劳凭分取酬。一般男性劳力最高分值为10分，劳动一天的报酬为3角余。女性劳力才4～6分，工作一天约2角。区区之数，何以果腹？衣不蔽体自不待言，甚至某些家庭，冬天仅有一人可以外出，因家中仅有一条可以御寒的棉裤，缺医少药则是必然，患病只能“挺着”，外科手术更是痴心妄想。我们每天挎着药箱行走于高山峻岭之间。30岁以上的成年人患“瘿瘤”的比比皆是，男性患疝气者也不乏其人。面对此情景，对已习惯于在大医院中“求医”“赐诊”的我，的确思想震动颇大，总想能多为贫苦农民做些什么。就在此时学校决定1966年的应届毕业生下农村参加医疗实践，我当时是北医密云医疗队西北中队的指导员，又是唯一的一名外科医师，学生下乡实习势必涉及外科手术，促使我萌发了在山区开展手术的想法。在冯家峪卫生院杨振生院长及医疗队员吴铁玲（原手术室护士长）的鼓励下，决定先在冯家峪卫生院建立手术室，该院虽名为卫生院，实际上仅是一个只有两间诊室的门诊部而已。由于地处山区，交通不便，平时每天来诊病人也只有十余名，且均是近处居民。自从医疗队进驻后，由于免费诊治，因此病人大增，院子里毛驴成群，但最大的外科治疗仅是拔牙及切开引流而已，从未开展过任何其他手术。所幸卫生院杨院长原是部队中卫生员出身，心灵手巧，知我们正在为开展手术，又乏条件而发愁，于是他悄悄地先拿一个汽油桶去公社的农具修理厂，在桶的两侧焊上两个铁环，又将一条扁担截短，稍事修理，将其挂钩扣紧在铁环上，使汽油桶盖紧压在桶上以加压，这样就成为一个土制的高压消毒锅，又用粗铅丝做了几个手术拉钩，我又到医院的废品库挑了6把尚可使用的血管钳及持针器手术刀等，这些就是我们开展外科手术的全部家当了。至于手术室改造更是因陋就简，挑一间铺有砖地的平房，房顶下四角固定一大床单，以防尘土落下，地上则遍洒消毒水，使灰土不致飞扬，手术照明灯就用四节电池的大手电筒，医院的检查床权作手术床，电动吸痰器改作手术吸引器，一切就绪，正拟择吉开展手术时，突然发现尚缺平时不被人注意的手术巾及包皮布，一核计需用量还真不少，考虑到费用，决定除手术巾外，包皮布一律用纸张代替，将手术巾、血管钳等器械均用纸包严，置于消毒锅内高出水面的铁架子上，然后将消毒锅的锅盖扣紧，并将其置于院内的土灶上，生火加温，由于无法测压，只能按纸包内硫黄变色来估计是否已达消毒目的，又用木棍敲打油桶听音的方法，来防止水被烧干而引起意外。当然用这种方法消毒的消毒包都是湿的，所以取出后还得在阳光下晒干才能备次日应用。初时因虑手术感染、出血等只做些体表小肿物切除、输精管结扎等小手术，几次实践后效果良好，也无感染，而且在群众中产生了很大的影响，有些甲状腺肿瘤及疝气患者也纷纷前来要求手术，参加农村医疗实践应届毕业生也有强烈操刀的愿望，于是手术范围逐渐扩大，尤其当有一名小伙子切除一鸡蛋大甲状腺腺瘤后，找到了对象（山区姑娘愿去平原成家，因此山区光棍较多），更促使类似的患者前来就医施术。由于卫生院内未设病房，故不宜当天回家的术后患者均去邻近的大车店住宿，晚间我们就去大车店巡视病人，一般甲状腺手术患者术后1～2天即返家，但疝气患者就不易了，不但术后须卧床数日，下地后也不宜负重行走，更不能爬山越岭了。为了更好地解决此类患者的难题，也为了完成同学们下乡医疗实践任务，唯一的办法就是开展巡回手术，带上已消毒好的6把止血钳及其他相应的药品、消毒巾等，跋山涉水走出卫生院去各定点村（一般都会选择地理条件较好的村庄，以便病人来治）开展手术。事先约好病人，准备好有床单挂顶、消毒水洒地的手术室，小学生的长条课桌以作手术床，以及给患者备皮、写病历等术前准备工作，这些均由学生与当地的赤足医生共同完成。手术则先由我作示范，以后均由我作第一助手，学生则在我指导下主刀。因疝气患者无出血发生危险之虞，一般手术后皆由亲友用担架抬回家中休养，我们则借每天的巡回医疗前往随诊。由于农民患者不花分文，由北大医院的医师上门施术，且手到病除，解除了多年来的缠身之苦，术后可轻松地来往于崇山峻岭，背柴挑水均无所苦，因此大受欢迎，一时要求手术者日众。与医疗队刚开展输精管结扎手术，去各村动员作绝育术，被视作有如“鬼子进村”，纷纷逃避的情景截然相反。同学们也都因在为贫下中农服务的同时学到了手术技能而欢跃。手术也从每次一个，增加到每次2个。我则奔波于各点之间，一般各点间的距离约20里，但均是山路，不但不通汽车，且常穿越于各山涧之间，常常是“车骑人”，须扛车涉水越涧而过，尤其山路多是大小石块，骑自行车也甚困难。所以迈腿步行的“11”号是最佳的交通工具。因此每逢手术日，我需清早起程，由于山高沟狭，冬日往往在9时以后才见阳光，所以常是天有微光便在晨曦下顶着寒风、背着一应用具，奔赴手术点，稍事检查病人及准备，至开始手术，往往已10时许。某日，是一大雪纷飞的寒冬，地点是离我所在的冯家峪20里地的下营，该处离长城的白马关仅10里，是旧时守卫长城士兵的驻营之地，真是穷山恶水，山高路险，是一个仅有数十户人家的山区村落，为了御寒，手术室内早已预置了三个已燃烧多时的炭盆。那天安排了两个疝气手术，由于下雪天阴，农村的屋子既无电灯，又是纸糊的窗，光线不佳。于是由2名观看手术的同学分别手持4节电池的大手电筒，给手术野照明。第一个手术很顺利地完成了，接着是第二个手术，主刀者换了另一位同学，我仍是第一助手，手术进行到一半，突然在我身后举着手电筒的同学说："徐大夫，我不行了"，说完就晕倒在地，开始还未意识到问题之所在，接着不久手术操刀者也诉头晕，脸色苍白而退了下去，这时才意识到是炭盆引起的煤气中毒，我自己也已开始感到头晕。当即打开纸窗户，将炭盆搬至室外，大家去室外稍事休息，病人由于第一位手术结束时才进来，在屋内的时间最短，倒无所苦。所幸是疝气手术不需打开腹腔，手术野用手术巾盖好后，再覆以毛毯以保暖，通风约半小时，便恢复手术，手术终算顺利结束。该日是该公社每隔10天一次的生猪收购日，按惯例每次总是挑一最肥的猪留下，往往肉膘可宽达四指，宰后供该公社的各机关及社员自用，医疗队员也是每隔10天可以借此而打牙祭一次，每人可享受半斤肥肉，食堂惯常是将此肉切成大片，每份半斤，按量分配，与杂粮做成的粗粉条一起放在大海碗内，再加些粗盐在大锅内蒸熟，每人一碗，互不吃亏。那天全部手术结束，手术室清理干净，已近下午2点，大家仍感头昏脑涨，每人晕晕乎乎捧着那已盼望10天的大海碗，食欲毫无，望肉兴叹，深感遗憾。当然现今大家均已丰衣足食，为了保持体型而减肥节食，恐不会再有人视难以下咽的白肉蒸粉条为美食，可是在刚刚经历三年困难时期不久的吃肉凭票，每餐仅是窝头就咸菜的年代，这半斤肥肉可是唯一的动物脂肪及蛋白的来源。

下乡医疗队一年期间，走遍了密云西北山区的村村寨寨，所幸当时年轻，每天行走数十里，一顿能吃4个掺干面的馒头，成为全医疗队二百余人中粮食定量最高的一位（每月56斤），但并不觉苦，精神甚为舒畅。共做了百余例手术，无一例发生手术感染或其他并发症，与当地人民也建立了深厚的友谊，以至在去年当我已阔别该地区40年，再度忆旧重游时，路边有一位卖倭瓜的老农得悉我曾是当年的医疗队员时，一定送我一个大倭瓜，坚持不收分文。与同学们的关系更是亲密无间，当若干年后偶遇昔日的学生，忆及这段在农村开展手术的时光，也均津津有味，记忆犹新。他们这届毕业时适值"文化大革命"，因此绝大多数都被分配至农村基层工作，由于有了这一段经历，所以很快就能适应工作，并且一致认为不但学到了外科知识、手术技能，而且更可贵的是懂得了如何发挥个人的能动性，主动地有创造性地因地制宜地开展工作，既要掌握所学知识的原则，又要根据当地的条件灵活地予以应用，而不是照搬书本上的条条框框。这均是我当初带领同学们在农村做手术时未能料及的。现时领导提倡在科研工作中要有原创性，不要跟在洋人后面、按葫芦画瓢，其实不仅科研工作如此，在其他工作中，也是如此，也均应强调创造性地工作，要在不违背事物客观发展规律的前提下，勇于实践。而反观我们的教学工作，往往是过多的偏重于讲授知识，尤其是书本上的知识，而如何教育学生掌握并用好这些知识就不够。这是我过去教学生涯中，在农村实践中的一点儿体会。

一次改变命运的出差

那是1969年秋，那场触及人们灵魂的“文化大革命”，已史无前例地进行了三年有余。我这个在“文革”前颇为一帆风顺的年轻外科医师，也因是“修正主义”苗子、“修党委”的大红人，而被触及灵魂，经历了在上千人的大礼堂，面对广大革命群众，参与“修党委”的行列，跪于主席台上的大场面，体味了由“红”到“紫”，又由“紫”到“黑”的转变。原外科的核心领导成员被喻为有如当时北京市委“黑帮”的“三家村”，作为北大一院外科“三家村”的成员之一，每天大字报抛头盖面地以章回小说的形式张贴满墙，且每日更新，人们见我也有如陌人，避之唯恐不及，未被关入“牛棚”已属大幸。所幸我平时为人心胸坦荡，交友也广，且乏背后算计之能，也不沾损人利己之事，政治上也因常偏“右”而屡遭批评。按当时军宣队头头对我的评语是“满脑子的资产阶级思想，只专不红”。在激烈的两派群众之争中，我虽有自己的观点，但严守中立，绝不介入，以免把红彤彤的群众组织沾“黑”。也正由于上述缘因，一旦时来运转，倒也颇获群众的好感，所以当最高指示——要搞“三结合”到来之时，在当时群众说了算的年代，我这个颇“右”的“老九”居然出人意料地成为在全院18个支部的众多基层干部中第一个被相中的人物，摇身一变就从“黑不溜秋”的修正主义苗子，变为名正言顺的革命干部，被结合至北大一院外科的领导班子，且官任要职，被委为有数百人之众的外科连的连长，在三呼最高指示的英明伟大，庆幸自己总算又由“黑”变回“红”之余，也惶恐不已。另外经过这场惊天动地的“文革”洗礼，已下决心今后再也不当一官半职，认认真真看病，老老实实做人，对“枪打出头鸟”这一至理名言感受甚深。可胳膊终究拧不过大腿，再说当时给冠以“三结合”革命干部的头衔，真无疑是一护身符，终于结束遭人白眼的“靠边站”生活，又可挺起腰杆做人，这未尝不是一个颇遭多人羡慕的美事。如我不识抬举地加以推辞，弄巧成拙，如反而给再戴上什么“对群众运动有敌对情绪”、“缺乏无产阶级的阶级感情”等等诸如此类的帽子，真是何苦！就在这种心有余悸，欲罢不能的情况下，走马上任，挑起连长重担，但我心中有数，诸如清理阶段队伍，抓现行反革命等“抓革命”之类，我尽量回避，少参与为妙，好在连长的分工是“促生产”，我就还是只“专”少“红”吧。

不料某日军宣队的政委找我谈话，告我无产阶级司令部有指示，要征服癌症，并把这一当时认为尖端科研的任务交给了北大一院外科，将在全校抽调干部，组成班子。我当时本着不当“出头鸟”的精神予以婉拒，力荐他人，政委可能出于无奈，就改口说“那就让你下乡去完成一项具体任务吧。”因我已向他表态，今后愿做些具体工作，所以就欣然接受了此具体的出差任务。

当时，山东医学院有一名为曹献庭的胸外科副教授，被下放在德州，他在济南工作，曾从一名患者处得知有一种草药可治癌症。曹教授也曾用此草药治愈一些患者，他认为应作进一步研究，而将此药献给卫生部。我的具体任务就是去山东调查核实此事，如一切属实，则设法将此草药带回。

于是，我与病理教研组的邹万忠医师2人简装出发，直奔德州，这也是我首次去

70年代与外科同事在一起

山东，哪知就是这次出差，不但使我与山东结下不解之缘，而且也改变了我今后的命运。

山东当时是造反派的头子王晓禹大麻子的天下，牛鬼蛇神泛滥成灾。刚出车站首先映入眼帘的是成群结队乞讨求食的流浪者、算卦的、测字的、撒骰子赌钱的各种摊贩满街都是，间或有臂绕红袖章耀武扬威的造反派招摇过市。我们两个甫离首都的外来客真有些瞠目结舌，不知所措。那时已中午一时许，大多餐馆已关门打烊，好不容易找到一个尚营业的，也只供应馒头而已，而且盯满苍蝇，饭桌旁也围满要饭的，真让人难以下咽，给了我们一个下马威。下午在德州医院与曹献庭教授见了面，得知他某年遇一名为李公为的下肢皮肤鳞癌患者，住院作截肢手术，但该患者拒不接受而自动出院。数月后此患者回院复查时伤口已痊愈，从该患者处得知他用以外敷而愈的是一种名为“农吉利”的草药。

次日，我们即转赴济南，在山东大学医学院找到了李公为的病例及病理切片，一切均如曹所云，系皮肤鳞癌无误，可是当我们欲找患者本人核实时遇到了困难，他病历写的地址是某部队招待所，及至到达该招待所才知所有的档案材料均已被造反派夺权时付之一炬，以致患者的下落就成了无头案，所幸招待所门旁的老大爷颇为热心地告我们该招待所的客人大都均是胶东地区的军属，这无异使我们在黑暗中又见到了一线曙光。我们就随即去了烟台，该地给我们留下了极为良好的印象，社会秩序稳定，物质供应充沛，且价廉物美，海鲜虽不生猛，但对两个已受苦数天的饿汉，也足以大打牙祭。与德州、济南简直有天壤之别，了解之后才得知缘因胶东系革命老区，不但民风纯朴，且王大麻子的势力也难以渗入，因此生产秩序未被打乱，简直让人有世外乐土之感。待我们至烟台军区，当接待人员知道我们是为了响应无产阶级司令部的号召而东赴烟台之后，表示一定大力支持，让我们两天后听候消息。说实在，当时我们实在不敢存以奢望，因为我们并不知该位战士的姓名，而李公为也已是年逾80的老汉，可能是该战士的祖父，又不像现在似的档案均由计算机管理，反正抱着“谋事在人，成事在天”的观点就等待吧。“老天不负有心人”，二日后清晨即被告知，李公为系海阳县诸望公社的社员，且尚健在。听后我们欣喜若狂，立即赶去海阳，跋山涉水在山区找到该老汉。原来他是生产队的羊倌，整天在山上放羊，截肢后就无法工作，所以拒治返家。某日，遇一手摇鼓铃的走方郎中，称能治各种恶疮，并告之用产于山溪旁的农吉利捣碎外敷即行。该老汉依法炮制，将鲜草捣烂后，外敷患处，再以毛巾包紧，每日更换一次，两周后即去腐肉生新肌，伤口逐渐收口愈合。现今尚可见小腿遗留一颇大的疤痕。当时，我们颇为兴奋，因为耳闻为虚，眼见是实，农吉利能治皮肤癌是绝对肯定的了，很有可能借此而发现一造福人类的抗癌新药。于是采集了些农吉利标本，道谢而归。

次日详阅了地图请教了老乡，决定选择地处丘陵又有铁路交通的桃村作为我们的目标。购置了小镐、背筐等应用之物，直奔桃村，待火车抵达该小站时已是黄昏，颇虑未知是否有借宿之处，岂料与我们一起在该处下车者竟是桃村中心医院的张院长，询问之下，方知该处仅有大车店而无旅馆。桃村中心医院因最近有青岛医学院的学生在实习，所以准备了数间学生宿舍，尚有空间，张院长邀请我们可在该院暂住，真是“天无绝人之路”，在感谢上苍有眼，让我们不花分文住上远较大车店优越的宿舍之余，也深为胶东老百姓的纯朴热情好客而感动。

第二日，我俩就带了干粮，背上背篓，提着小镐向山区进发，岂料俩人在山上转悠了一天，晚间回来各人才采集了10余棵，大失所望。隔日，俩人又分别进山，结果又是失望而回，当时，离京已一周余，粮票已所剩无几，正在为走、留而发愁，为“功亏一篑”而不甘心时，青岛医学院带实习的教师来串门，交谈之下，才知他1950年毕业于北医，是局解外手术学教研组的崔之义副教授。相见后，倍感亲切，待知道我们的困境后，便慷慨解囊，支援了我们十余斤粮票，同时建议我们去公社党委汇报，争取支持，使我们柳暗花明又一村，满怀信心地留了下来。

及至向公社党委汇报，当听说我们响应无产阶级司令部的号召，前来胶东，且已调查核实该地的农吉利确能治疗癌症后，马上指示，这事要发动群众，坚决完成采药任务。分别召集了该公社的赤脚医生及小学教师开会，我们在会上做了动员，并让大家看了此草药样本，随后公社党委要求大家回村后动员小学生及卫生员上山采药，约定3天后将草药送至我们的住处，使我们备受鼓舞。3天很快地过去了，那天清晨，我与老邹买了两领炕席，铺在我们房前的空地上，抱着怀疑的心态，等着天上掉“馅儿饼”。将近9时，就开始有小学生前来送药了，有背背篓的，有推小车的，有骑自行车的……各种交通工具，各种容器，送来的数量也多少不一，但人流络绎不绝，二张炕席早已铺满，赶紧再添购，居然前后共买了十余领炕席，到傍晚天将黑时，农吉利已高高地堆成了小山。这些可爱的小学生，给我们两位老大哥上了一堂甚为生动的群众路线教育课。

面对如此出人意料的收获，如何往回运？我俩又开始发愁，所幸已尝到了走群众路线的甜头，就去车站作调研，得悉该处能打包外运时就乐开了，于是借来了排子车，前面拉，后面推，俩人齐心合力地把农吉利分多次拉至火车站，岂知还未拉完，我与老邹均分别先后收到家中打来的急电，我的是“家欲内迁，速归”，他的更为简单，仅写“内迁，速归”，搞得我们俩人“丈二和尚摸不着头脑”，剖析半天，推测可能整个北医继“6.26”下放部分干部去大西北后，现整个学校要搬迁至西北了。于是赶紧将两千余斤农吉利托运至北京，然后就买火车票去青岛，以便午后从青岛返京，到达青岛后，就直赴海边，两人躺在沙滩上默默无言地向大海告别，心想今后到了大西北就不易再看到大海了，直至返京时间将到，两人才怏怏然恋恋不舍地离开大海返京。回京后，才知并非北医内迁，而是林彪的一号通令所致。

回顾这次十余天的公差，感慨万千。从一封群众来信，到最后满载治癌草药而归，出色地完成任务，并非老邹与我命大福大，而是遇到了众多“急公好义”、“乐于助人”的活雷锋，在整个调查核实、找药、返回的过程中，经历不少环节，只要有一处运转不灵，就前功尽弃。李公为老大爷的形象、小学生送药的情景至今仍历历在目，这么多默默无闻的群众，听到为了响应无产阶级司令部号召，找寻治癌的草药均能默默地做出各自的贡献，我还有什么理由不参加此一防治肿瘤的行列呢。其后就开展了农吉利的研究，无怪不少知情者均说，北京肿瘤研究所是农吉利起家的了。

2003年4月发表于北京肿瘤医院《院所通讯》

19

偶挑重担

前已述及，经“文革”的冲击深感政治的可怕及人心之可畏，对“枪打出头鸟”就更有体会，只盼做一个受人尊敬的医师，了此一生。所以开始学校决定筹建肿瘤科时，并非由我负责，而由徐文怀（一院）、王声远（基础）、赵福运（口腔）三位组成的三人小组负责，徐文怀医师任组长。1969年周恩来总理亲自批准召开的第一届肿瘤会议也由徐文怀及王声远两位参加。

徐文怀医师原是外科医师，1962年毕业后较长时间在我病房工作，完成普外住院医师培训后，“文革”期被抽调至专为贫下中农设置的“6.26”病房服务，他颇为活跃，也具能力，是一年轻有抱负的有志之士。但他当时作为外科医师总还嫌

北大一院外科部分同仁

年轻，缺乏历练，尚不成熟，颇感独挑肿瘤科临床有些力不从心，故动员我加盟。我当然知悉其苦衷，其时我已是外科连连长，我也颇有心摆脱连长之职，于是同意了他要我加盟的要求，唯一的条件是只做具体业务工作，不担任科室领导。他也欣然同意。

岂料天下事确实颇难预测，所谓人算不如天算，将我与他之间的协议打乱了，使你不得不信的确有命运之神在作种种安排。

某晚，正在如常进行天天读时，突接医院革委会来电，李天和主任在是晚8时召集紧急会议，指定我一定得准时参加。待赶到会议室，因不知何事如此紧急所以气氛颇为紧张。未几，李天和主任到达，神情肃穆，只简单地布置了一下任务，说刚接中央来电通知有一紧急的医疗任务，医院要组织医疗队，让我在2小时之内，召集20名外科大夫在一部医院门口急诊室前待命，具体任务为何他也不知详情。大家听后丈二和尚摸不到头脑，反正唯命是从。好在那时各病房天天读正在进行，外科医师还未离去，我立即从一部骑车赶回二部，匆匆地组织了连我在内共20名外科大夫，于晚10时前到达规定的集合地点，被告知立即会有专车来接大家去完成紧急任务，但具体情况则仍不明。由于任务不明，无从准备，有的到急诊室去抱了一条被子，有的拿了几瓶葡萄糖液，众说纷纭，莫衷一是。未几，专车到达纷纷上车，在车上大家还在竞猜，究竟是什么特殊任务，这么紧急，又不告知具体情况，让大家毫无准备，既无药品，又无器械，赤手空拳，如何完成任务？这时有位聪明的胸外科医师吴栋，恍然大悟地说："我知道了，一定是战备演习。"大家觉得有理，就抱怨开了，因为时值年末，各人均忙于作一年来学习毛泽东思想的小结，不但要发言，数日后还得交书面材料，都怕因这次演习给耽误了。后来见车子已驶至城外，从司机处得知我们的目的地是东郊机场，送大家上飞机，这下大家就愣了。聪明的吴栋医师宽慰大家说："大家不必紧张，大概演习现场在西郊机场，从东郊机场飞到西郊机场。"因为数月前刚刚公布了有关备战的林彪元帅一号通令，各地备战气氛甚浓，专车就在这吵吵嚷嚷、大家在半信半疑的气氛中到达了机场。

刚到达就见卫生部军管主任谢华在严寒的冬天，穿着军大衣，焦急地站在候机厅前的平台上等待我们车队的到达，停机坪上已停了4架波音飞机，整装待发。候机厅已聚集了不少人，敢情我们是最后到达的。谢华主任见大家已到齐，便作了简单的训话。原来云南省通海地区发生了特大地震，该地区是少数民族聚居区，为了体现中央对少数民族同胞的关怀，组织了四支中央医疗队，分赴灾区送温暖、送医疗，现在立即出发，要求尽快到达灾区。这下我可慌了神，地震外伤病人肯定较多，我们双手空空，如何进行抢救？我即刻打电话给医院手术室，让立即准备多个手术器械包及相应的药品等，明天一早由2名麻醉医师带着这些东西一并坐首班飞机到昆明机场，并告知这是中央的紧急医疗任务，不得有误。后听说次日医院的手术室乱了套，一下失踪了20名各专业的外科医师及2名麻醉师，手术病人均已按原计划接至各手术室，可是主刀医师失踪，不知去向，其狼狈之情可想而知。

待我们到达昆明，天际已露晨曦，见鲜花遍地，一番春季景色，真是春城，与北方的严冬截然不同。稍事休息，早餐毕，即分乘至各灾区的专车出发，我被分至通海县。刚出发时大家见满眼春色还兴高采烈，有说有笑，甚至高声歌唱，待将至灾区时，不时可见已死的牛马，腹胀如鼓、仰天躺在路旁。众人情绪一下有了变化，均默不作声，心思在户外的牲畜尚且如此，何况正在屋内酣睡的居民！不久，发现道路前方的公路已断裂，车辆不能通过，何况天色也已晚，只得躺在路旁的蚕豆地，闻着泥土香入睡，好在各人均身穿北京御寒的冬装如皮猴、高筒靴等未及换装即赶来，何况昆明的气候四季如春，所以并不觉冷。

其实，上海、广州等地的医疗队都已先我们而到达灾区。由于地震发生在凌晨，该地区的民房又均以宽厚的原木作房梁，所以地震后房梁塌下，膀胱破裂者甚众。外地医疗队已早在玉溪专区等地开展了大量手术，所以我们到达通海后，医疗任务并不重。该地是彝族聚居处，我们又是中央医疗队的成员，所以又编了5～6人一个小组的医疗小分队，分赴各公社，以送温暖为主，医疗任务反成为次要的了。仅以医疗小分队为单位，分驻在各公社，开展巡回医疗。由于地震使大部分房屋倒塌，且余震不断，所以我们到达后只能选一山头，伐木盖窝棚，铺草而卧。由于该地已处亚热带地区，山高林密，时有野猪等兽类出没，山路也均是羊肠小道，不好行走，尤其在少数民族地区，尚存在语言及风俗习惯等的隔阂，所以每个医疗队均有数名解放军陪同，负责保卫、向导及翻译。记得有一次该公社的四川下乡知青，地震后逃离了，及至震后归来，原住房已毁坏，可能他们平时与当地居民相处也不融洽，所以无人收留他们，几个十余岁的孩子流落野外，无依无靠。谁无儿女，我们医疗队见此情景，颇感可怜，于是择一临水之地，助他们伐木盖窝棚。岂知此事犯了大忌，缘因此水池是“龙眼”，于是触动了众怒，遭到持械兴师问罪。原来云南的地理结构与北方不同，当地有“山有多高、水有多深”之说，山区也多是一个个相对孤立的山包，不像北方的山脉均是一道道的沟、谷。过去由于汉族占领了平原地带，少数民族受汉族的压迫，都被迫迁移到高处山地，而在各聚居地的山顶均有一类似天池般有树木围绕的水池，池清水静，风景甚美，也是居民借以生存的水源，当地称为“龙眼”。在其周围一定范围内不准耕种及居住，我们当时还奇怪，何以无人择此风水佳地居住。遗憾的是我们事后才知此“龙眼”之说，其实这是当地少数民族同胞智慧的体现，绝非封建迷信之说，而是保护水源免受污染之举。我们深感惭愧及不安，后经解放军及政府出面周旋，我们又向当地群众道歉，易地盖建窝棚，才平息了此场风波。

我们的任务是走遍村村寨寨，要将中央的温暖送至每家每户，不得遗漏。所以我们又将医疗队分为2人一组的小分队，行走在崇山峻岭之间，而每一小分队均有2名荷枪实弹的解放军在前后护送。该处树林茂密，花草鲜艳，环境甚美，时而进入松针铺地的松树林，如踩在厚地毯上寂静无声，时而进入高达几丈的山茶花林，踏着洒落满地的红色花瓣，颇似现今评选奥斯卡金像奖时明星们步入的红地毯，风景的确美轮美奂。每日挎着医疗箱，走村串寨，行走在崇山峻岭间，偶尔可见孔雀在远处飞过，各种漂亮的小鸟更比比皆是，真是鸟语花香，美不胜收。我们这些习惯住在城市的人们，真是有些乐不思蜀了。遗憾的是我们均临行匆匆，一身北方御寒的厚衣，根本未带替换的内衣裤，也无法洗澡净身，每当劳累一天归来一身臭汗，早已将内衣沾在身上，数日后就将内衣裤撕成条条了，幸亏一周后省政府由直升机空投送来了内衣裤，使我们摆脱了此狼狈处境。数周后，送温暖送医疗起到了良好的作用，我们与当地彝族同胞关系已甚融洽，对他们的生活习俗也有些了解，知道了当地少数民族为了繁衍种族，保证新娘有生育能力，以担起生儿育女、传宗接代的重担，因此在简易地举行婚礼、洞房三日后返家，要待有孕后才再次举行隆重的婚礼，有时要隔2～3年后才能进入婆家，正式成家与丈夫共同生活。这一风俗习惯，既保证了少女的初夜权献给她丈夫，又鉴定了其生育能力，不失为一兼顾之策。这也解答了我们对为何长子在彝族家庭中地位不高的疑问，同时也在一定程度中解释了为何在此少数民族地区性病不易控制之因。现已时隔40年，我希望此风俗已有所改变。

某日，当我们归来，见营地有一竹编的笼子，内中有一只非常漂亮的锦鸡，长长的金色冠羽及尾羽，全身是红色的，较动物园中见到的还鲜艳。据留营负责炊事的解放军战士相告，是附近的老乡送来慰问医疗队的，我们颇受感动，见如此珍稀的鸟类，大家纷纷出谋划策，将来回京如何留养在医院或是赠送动物园。哪知次日归来，此锦鸡已被宰掉，成为我们盘中餐了，缘因此野生动物不惯被关成笼中鸟，整天哀鸣，撞笼子，折腾不已，小战士一怒之下就把它宰了，因为此一我们视为极品的锦鸡在当地并不罕见，有如一般野味，甭说锦鸡了，即使孔雀一旦逮住也照吃不误。

待我们完成任务归来，已是春节后的次年春天了，以李天和主任为首的院领导前来机场相迎，哪知甫下飞机，他就通知同机抵达的徐文怀医师，待假期结束后去河北五·七干校学习，不回医院肿瘤科上班了，筹建肿瘤科的工作改由我负责，赵福运大夫任班长，负责病房的工作，王声远医师则负责实验室工作。原因是“文化大革命”已进入清理“5.16”分子阶段，而徐文怀医师由于被怀疑是图谋不轨的“5.16”分子，莫名其妙地被送入五·七干校了。这也是当两年后他从干校归来，虽有人反对，但我仍坚持要他回肿瘤科及以后的肿瘤研究所，并坚持留他在领导班子的原因，因为他是北医肿瘤科首任创办人，后因莫须有的政治原因，让他不得已在还未开展工作便离开此他颇乐意从事的专业，后虽由我负起创建之责，但我不能忘却此段历史。所以命运确实是常捉弄人，把应是在后台的我推向了前台，担起了原不属于我的筹建肿瘤科的重担。

20

初建

创建肿瘤所

肿瘤科成立两年余来，获得各级领导的一致好评。“文革”期间全市各高校均下放至北京市，北医也不例外，市科委经常听取汇报，并认为肿瘤科是一支能征善战的科研队伍，经常给以课题经费的支持，在这风雨动荡的年代，确实难能可贵。肿瘤科的队伍逐渐扩大，刘叙仪、勇威本、申文江、张齐联等医师纷纷前来加盟，颇有空间拥挤、难以发展之感。经常向主管我们的市科委俞国林处长谈及此困扰。经他努力安排了一次向市科委肖英主任的全面汇报。肖主任提出可考虑将肿瘤科提升为研究所，同时给3500平方米的基建面积，以作开展工作之需。

这当然是一振奋人心的好消息，须知在那个动荡的年代，除战备以外，一般基建甚少，尤其用于科研的就更不易。当时3500平方米引起的震动绝不亚于现今的35000平方米。可是令人费解的是北医领导似对此并不显热心。因北医一直归属中央卫生部领导，与北京市卫生局是两个不同的体系。当时北京儿童医院、积水潭医院等骨干人员原先均是北医的，后均因盖了此两专科医院后将人挖走了。因此北医颇虑遭此覆辙，将好不容易建立起来的一支队伍连锅端走，尤其当听说要在一部的院子内，将原假山推倒盖一独立的大楼时，就更表示不满了。说实在的，当时我对这些关系问题既未想及更无很好的考虑，只是沉湎于事业得以发展的兴奋之中，但对研究所要离开北医成为北京市的一个独立单位，我思想上是不接受的，因为深知不论今后的干部培养、学术交流或是科研协作，如脱离北医均会受到很大的影响。地方研究所的水平一般而言均是不能与中央的相比拟的。所以当研究所选址时，我提出了与北医一院合建的建议。因“文革”期间由于林彪修建地下通道，将二部沿大红罗厂街路边的建筑均给拆除了，要补偿北医一院数千平方米的基建面积，原本北医一院已打算以此补偿的面积在二部盖门诊楼的，已设计了图纸，并将开始施工，挖好了盖楼的地基大坑。一旦听到我的建议，当然加以支持，当即表示可以停止施工，重新进行设计。因为彼此心知肚明这样合建起来的大楼将来是难以将肿瘤所迁走的，可是这无异给我自己找来了一个将面临两个“婆婆”的难题，也为肿瘤所今后的发展埋下了隐患，这是我始料不及的。

两个“婆婆”间的矛盾在图纸设计时就暴露了出来。北医领导认为由于肿瘤所建于北医一院的院内，北医又有力量雄厚的基础部及药学院等，只要按加强的肿瘤科进行设计即可，基础研究可与城外的基础部协作，不必再建独立的实验室。对这一意见我当然无法接受，我坚持既然是研究所，应该是一相对独立的实体，应具备临床及基础两大部分，尽管空间有限，但组织架构一定要相对齐全，不

1976年肿瘤所建成时外科部分成员

然将来就难以发展，这是我两年余来创办肿瘤科的主要经验及体会。对我的这个意见，市科委当然支持，并表示面积不够或经费有缺口还可额外追加，但要求新建筑主楼的主要部门应该归肿瘤所，以体现这一新大楼是肿瘤所大楼。几经磋商，终于形成了后来的格局，主楼每层800平方米，3楼、4楼为肿瘤所的100张病床。东西侧翼每层各为600平方米，西侧的2、3层为肿瘤所的实验室及手术室，另外还有加速器及一楼的部分用房，其余均归北大一院所有。从这图纸的面积分配使我已深感夹在两位“婆婆”之间的儿媳是颇受罪的，得善于在两者间周旋，从此开始我已踏上一条荆棘丛生的不归之路而尚不自觉。

当图纸修改完毕，又发生了新的问题，因施工现场原先已挖好了大坑，如按新的图纸施工，则须用大量的返填土将此坑填平，不但费力且要花钱，于是有了将大土坑改造成地下室的想法，我又找了市科委追加了基建面积及经费，增加的地下室面积也由北大一院与肿瘤所平均分配。这样北大一院可不劳而得1000多平方米地下室，我原以为可消除某些不满，岂料事实并非如此。那时由于肿瘤科将改制成为北京市肿瘤防治研究所，因此我这个小小的肿瘤科主任就只够格任筹建领导小组的成员，正副组长分别由一院的党委书记及院长彭瑞聪与赵轩兼任，以便加强领导及给予支持。由于领导统一，确免除了不少矛盾，其实明眼人一看即懂，肿瘤所实际上是明白无误地处于寄人篱下的地位，以致在分配地下室的用房时，大部分向阳的能住人的用房都给了北大医院，有管道的朝北的留下给肿瘤所了，更有意思的是在分配放射治疗用房时，机房及候诊厅等公用场所均算作肿瘤所占用的面积，而全部诊病的诊室则都归北大医院所有。至此我才意识到由于体制改变所带来的深远影响，也开始更深刻地体会到存在决定意识的真理。这些并不因为两个单位合建在一个楼内或是一、二把手兼任而有所改变，也绝不是稍作退让或自认吃些小亏所能解决的。果然，不久就传闻当时北医的领导在听到北京市政府拟投资在北医一院肿瘤科的基础上筹建肿瘤所时，颇为不悦，认为积北医长期来与北京市打交道的经验，总是以吃亏而告终的，所以要接受经验教训，防患于未然。当时就宣布对肿瘤所实行“三不”政策——不给一个人、不给一分钱、不给一平方米的基建面积。后来这个政策果然得到彻底的贯彻。我经常会天真地自问，何以我们在大报告中听到的，理论学习时看到的共产主义思想与现实世界常会出现这样大的差距，无非还是本位

肿瘤所旧址

主义在作怪，可是话又说回来，假如每一单位的领导都不为本单位的利益考虑，那也就不存在总体利益了，真是愈想愈糊涂。反正我暗下决心，不让肿瘤所离开北医就是了，我愿意认两位"婆婆"，盼大家都能对肿瘤所加以支持，岂不可以发展更快，可是相当长的一段时间，北医某些领导实际上将肿瘤所视为在北医一院的一块"飞地"，一个"负担"。肿瘤科也从过去为医院争光地位颇特殊的"掌上明珠"，逐渐沦为矮人一等的童养媳了。我也曾考虑过是否当初不应向北京市争取发展成研究所。但结论是否定的，因为北医要发展的学科太多，北医领导又善于搞平衡，因此肿瘤科不可能得到重点支持，充其量顶多是个加强的肿瘤科而已。而欲建立一个我心目中的医、教、研相结合的肿瘤中心，唯有争取北京市的支持。明确了这点，就无悔地努力奋斗了，遇到的困难也就只能见招拆招，心平气和地去对待了。

所以在肿瘤所尚未建成，尚在筹建之时就暴露了不少由于体制有别而引发的矛盾。使我隐隐地感到建成后矛盾会更大，便萌发了要完全独立的想法。

肿瘤所是在1976年唐山大地震后迁入新楼的，成为一个独立建制的单位，不同于以往是北大一院的一个科室。首次遇到的是医疗收费问题，如自行收费就将涉及一系列的行政财务及相应辅助科室的建设，实在无此可能，不然就只能按照原来肿瘤科时的一贯做法，对外是独立的研究所，对内则是医院的一个部门，所有的医疗收入全部仍归医院所有，医院则保证后勤、辅助等一切供应。所以多少年来肿瘤所是没有医疗收入的，即使在20世纪90年代初医院开始搞改革，设立了诊费稍高的专家门诊，专家可有少许提成时，专家门诊的全部收入也归医院所有，而专家的提成部分则由肿瘤所自行设法解决，予专家以补贴。甚至徐文怀医师已回北大一院任院长，但仍在肿瘤所出专家门诊，他的门诊提成费也仍由肿瘤所负担。至于职工的奖金更是如此，设想在无医疗收入的前提下，要解决职工的奖金真是谈何容易，只能设法开发其他收入。乳腺及胃普查车的研制，一方面固然是为了贯彻“三早”的指导思想防治肿瘤；另一方面也是为了创收以巩固并发展队伍。所幸当时的奖金额度不高，研究所又是全额补助单位，职工薪水不用发愁，由市科委包干。自行每月解决人均几十元的奖金。虽因无正常的收入来源而较困难，但尚能应付，更为难得的是全所同仁在此困难的条件下，并无怨言，大家仍团结一致地努力工作。

由于开展工作的需要，人员不断增加，尤其一些外地人员的调入，不但使人员编制早突破了150人的限额，更为严重的是职工的居住成了一大难题，部分外地调入的骨干只能挤在小小的暗无天日、又无上下水的地下室，其困难情景恐现时的各位颇难想象。所以当申请来我所工作的人员进行面试时，第一个问题就是有无住房要求，有此要求者一概不予考虑。人员的增加当然也使北大医院的负荷相应加重，如食堂就餐、自行车棚停车、职工就诊、后勤供应等，理所当然地要求肿瘤所多承担些包括庭园绿化费等在内的各项后勤管理费用，由于双方后勤管理人员有各为其主的思想，考虑问题的角度显然不同，矛盾、争论时有发生，虽已早有“飞地”的认识，能逆来顺受，但难免日久生厌，虽建所不久，在尽量与北医一院搞好关系的同时，搬离医院、独立谋生之意渐决。

21

题字背后的故事

记得那是1975年11月，市文卫组与市卫生局负责召开全市肿瘤工作会议，会议决定由我所出版一本交流肿瘤研究成果及情报的内部资料，当时的市革委会副主任白介夫建议将该资料命名为“北京市肿瘤防治研究资料”。为了鼓励科研人员攻克肿瘤，将这份资料办好，肿瘤所提出想请朱德委员长给题字，经征得相关单位及领导同意，此事交由原我所放疗科申文江医师负责办理，因申医师的母亲与朱委员长的女儿朱敏相熟。未几，由人大常委“朱办”送来了一大信袋，内即装有朱委员长的题字，大家高兴地竞相传阅。此时主管科研的杨德厚主任提议，应请朱委员长也给研究所题字，大家一致同意，又烦请申文江医师操办。申医师果然不负众望，是

题字背后的故事

年年底即由“朱办”的通讯员送来三条字幅供挑选。事后，朱敏女士还传话说：“朱委员长很乐意为科研单位的同志做些事，特别是肿瘤科研，他也很关心。”还说“朱委员长年龄大了，总对自己写的字不满意，说多写几个，让他们挑吧”。

朱委员长的题字给全所职工很大的鼓励，记得两年后，肿瘤所接到通知，全国政协要来我所视察工作，并有可能由康克清女士（朱委员长的夫人）带领。所内同仁知悉此消息后，纷纷建议将朱德委员长的题字制一牌匾挂出来，经求援北京市乐器总厂，该厂大力支持，建议选用当时最好的进口丘木，仅收材料成本费。当即挑选了两块两米多长的进口丘木料，送至北京市工艺木刻厂求援刻制，该厂也很支持，表示一定作为一项政治任务，精心制作。20天后，一块精美的题字牌匾刻制完成，在全国政协视察的前夕，我所将此精心刻制的朱委员长亲笔题字的“北京市肿瘤防治研究所”横匾悬挂在肿瘤所前厅的正中。

朱委员长为肿瘤所题字的日期定格在1975年12月28日。这块横匾一直悬挂在肿瘤所的旧址——北大一院二部住院处门厅的正上方。这块牌匾不仅寄托了我国老一代领导人对攻克肿瘤的期望，更见证了老一代肿瘤所人辛苦创业的奋斗历程，也将激励新一代肿瘤所人继续努力攻克肿瘤！

22

农吉利起家

肿瘤科是于1969年以徐文怀医师为首的三人小组开始筹建的，我被卷入其中事出偶然，其因有二：一是去山东采集农吉利时受到的教育，二是云南通海地震后的人事突变，我临时受命，决定了我大半辈子的命运，这是始料不及的。

由于“攻克肿瘤”是敬爱的周总理代表无产阶级司令部发出的号召，也是“文革”期间医学口唯一的一个重要项目，所以颇受重视，各方予以支持，挑选精英加盟，被选中者也以能参与此重点课题为荣。应该说筹建工作还是很顺利的。当时肿瘤科分为两个部分，一是实验室，设在菜园，由王声远（免疫）及邹万忠（病理）两位负责。病房则设在二部的七病房，其时由于原“6.26”病房撤销，该病房的部分

肿瘤科创始期的开拓者

医师及护理人员就转移至肿瘤科，基本人员有徐文怀（外）、刘淑俊（内）、赵瑞林（妇）医师及护士王文霞、郑惠、杨蜀蕃、盛秀英、鲍其华、仉文花、张淑芬、张淑英、杨利民、刘文辉等，考虑开展业务工作的专业需要，又分别从其他相关科室调入了黄鸿年（放射）、林本耀（外）、陈鸿义（胸外），加上原三人小组的赵福运（口外）及我，可谓学科齐全、兵强马壮，这样的人员结构也为肿瘤科日后的发展打下了非常良好的基础。当时由于攻克肿瘤是周总理的号召，全市各大医院纷纷成立了肿瘤科，北京市也成立了领导全市肿瘤协作的三人小组，由郁仁存（中医医院）、于仲麟（友谊医院）及我三人组成，由我任组长，负责协调全市的肿瘤防治研究工作。但数年后绝大部分医院的肿瘤科由于主要收治晚期病人，成为“第二太平间”而纷纷垮台，时任全市肿瘤协作组副组长的于仲麟医师也无奈放弃肿瘤科而回消化内科任主任了。能坚持下来并得以发展的甚少，组建一支跨专业的多学科的专业队伍，开展多学科结合的综合治疗及相应的科研工作是肿瘤学科能得以发展的非常重要的因素。

有了基地及队伍，如何开展工作，当时颇感困扰，一是对“文革”时批判资产阶级法权的印象尚深，心有余悸，非常警惕犯“穿新鞋，走老路”的错误，尤其我知道领导只因徐文怀医师要去五·七干校学习，不得已情况下，才让我负责的；另外，在当时锁国政策影响下，国外的信息无从获得，“文革”期间国内各地发掘的治疗癌症具有佳效的献方甚多，可是真伪难分，无从下手。在此背景条件下，经讨论决定以研究中医药及免疫治疗为我们开展科研的业务发展方向。发掘祖国医药遗产的大方向绝对正确，而免疫治疗也符合自然辩证法的哲学观点，且无疑也是探索性的新疗法，不会犯方向性的错误。其中尤以我们自采的农吉利为重点，因为在我们前期的调研及走访过程中，深信农吉利确是一治癌有效的草药，我也亲自验证过多位病人，疗效是肯定的，何况我们已从山东采集了2000斤的草药。

由于大家已经历了数年的“文化大革命”所谓阶级斗争的那一套，不是学习毛泽东思想，就是开批判会、写大字报这一套，都渴望着能搞业务工作，一旦被调来肿瘤科，都非常高兴，因为可以名正言顺地搞业务工作了。甚至当一度根据林彪的一号通令在二部门口的大红罗厂街地下修建沟通中南海与林彪住宅间的通道，而令二部全部停业时，肿瘤科仍搬迁至妇产科楼继续工作，不得中断，旁人对此颇为羡慕。

所以当明确了科研方面后，大家便热情地投入了工作，盛秀英及鲍其华两位老护士被抽调去实验室，帮助王声远及邹万忠两位从事实验室的技术员工作。病房中全体工作人员则准备自己动手，土法上马，购置了中药粉碎器，在院子里支起了大锅，自制各种中药制剂。还根据收集来的有效单验方，收集指甲、头发、砒霜等原料，加工配置。周末利用休息日组织全科工作人员各自骑自行车，自带干粮去九龙山等西郊的山区、农村采集龙葵等抗癌草药，回来后加工熬制成膏，一时病房内各种丸、散、膏、丹汇集，有如小小的中药房。

我们就用这些自制的中药试治各种癌症。而以农吉利为主制成的外敷膏药、栓剂等成为主药，外敷治疗体表的皮肤鳞状上皮癌，包括阴茎癌及宫颈癌等，均有肯定的疗效。记得有一阴茎癌的患者，原拟作阴茎切除术，后经用农吉利外敷而愈，以后又用栓剂治疗多名宫颈癌患者也获佳效。山东等地也有报告治疗头皮巨大鳞癌的报告。一时农吉利声名鹊起，颇受业内人士重视。

“文革”期间卫生部曾成立一个专门从事筛选民间治癌单验方的小组，共选出了藤梨根、黄药子、蟾酥、莪术等八味草药，农吉利也在其中。被名为“八匹马”，莪术就是现今已开发的榄香烯。

肿瘤实验室则以研究瘤苗免疫治疗为主，将新鲜的肿瘤组织切下后，制成匀浆，用各种方法进行异构。其中主要的是采用细胞融合技术，将已异构的瘤苗给患者注射作免疫治疗，某一卵巢癌顽固腹水的患者用此法后，取得腹水持续消退较长时间的成绩。

当然上述的工作以现今的观点予以返视则显然科学性不强，且在实验数据尚欠完善的情况下，未经严格审核、批准，即在临床试用显然是不合法之举。其实，那时根本也无法可依，只要在自己身上试用无不良反应就显示自己是为病人负责的，就可试用于患者了。

由于肿瘤科开业伊始就取得上述成绩，在军宣队的授意下，我们举办了小型展览会，向领导及群众汇报我们如何学习毛泽东思想，破除迷信，自力更生，中西结合所取得的成绩。成为医院的一个亮点，尤其在“文革”年代，正常医疗秩序也因反资产阶级法权而被打乱，更无科研可言，所以北医肿瘤科无疑是沙漠中的一片绿洲，吸引了众多有志之士前来搞科研协作，组成了一支庞大的科研队伍。

这支队伍不但跨学科而且跨单位，有中科院动物所的童第周、史瀛仙研究员，北京师范大学以汪堃仁为首的王代树、赵梦莲等教授，以及北医药学系的王序、张礼和教授和生化以张昌颖教授为首的各位老师。所以每当周六大查房时，各路人马汇集，浩浩荡荡，声势颇为壮观，其中多位早已是科学院院士，是学术界响当当的知名人物，由于经过“文革”的洗礼，深识基础研究应与应用实际相结合，所以纷纷主动前来找寻结合点。

王序教授等当然对农吉利甚感兴趣，很快提取出4种生物碱，均有不同程度的抑瘤作用，制成注射液后用于局部注射有佳效。一时群情激昂，认为找到了制癌良药，企图将其制成能供全身应用的静脉制剂，以治疗其他实体瘤，在正常人静脉点滴试用无不良反应，被作为“八匹马”之一，组织了全国协作组在临床试用，后因发现有延迟性肝脏毒性，且发生个别死亡病例而停止。其后在文献中也发现此种植物曾引发非洲牧场大批牲口肝中毒死亡，且此种与生物碱相结合的毒蛋白甚难去除而作罢。

童第周、汪堃仁两位院士则带领一众弟子与我们协作开展瘤苗异构及中药的作用机制等研究，细胞融合技术的提高得益于童第周教授及史瀛仙等多位动物所研究人员的相助。汪堃仁院士曾一度调来我所工作，并任负责基础研究的副所长，后被调回至北师大任校长，而王代树、赵梦莲等数位教授则留下成为我所细胞生物实验室的骨干，王代树教授多年来始终持之以恒地开展中药治癌的作用机制研究，成效卓著，并成功开发了紫龙金抗癌中药，曾获国际大奖，这些均是后话。

张昌颖等多位生化教授则帮助我们用简易的生化检测方法探索建立癌症早期发现的方法，以响应当时提出“一点血、一泡尿检出癌症”的号召。

在此创业阶段，除了坚持科研为先，自主创新，并争取多学科协作外，在科室内部也注意培养各人一专多能，相互交流，团结协作的风气，各专业的医师均参加轮流值班、门诊、手术、分管病房、查房、讨论、制订治疗方案等业务活动，使各专业间能取长补短，共同提高，使综合治疗成为肿瘤科的一大特色。正因为在建业伊始打下了较好的基础，所以使北医一院的肿瘤科有异于当时全市各院的肿瘤科，一枝独秀地得到了迅速的发展。

注：农吉利俗称猪屎豆，因其果实有如猪屎之故，其生物碱有抗癌作用，但有肝脏毒性，在非洲曾发生牲口食用含有此植物的牧草而遭致大量中毒死亡。因其毒性难以去除，而未能再进行临床研究。

23

指标

30户进京指标

肿瘤所大楼的基建正在顺利进行，肿瘤科的业务工作也日渐开展，由于北医实行了“三不”政策，肿瘤所筹建工作中最为主要的人才建设出现了故障。虽有不少“文革”时期下放去外地的科技干部愿来肿瘤所工作，但苦于无进京户口指标只得作罢。后经多次向市科委反映，最后由白介夫副市长批给肿瘤所30户进京指标，在“文革”期间，这可是一件颇为振奋人心的大事。

这30户指标为肿瘤所建所之初的业务干部队伍建设打下了良好的基础，不少骨干人员的引进均有赖于市政府的这一决策。这一消息在社会上流传甚快，所以外地申请来所工作的人员甚众，北医也通过人事处拿来了6名其爱人在外地工作的北医职工名单，盼借此途径调入北京。薛仲麒、刘淑贤、王雪宜等医师均在此列，我们的原则是凡医学院毕业的本科生，照收不误，以便改善与北医已颇为紧张的关系，所以该6名家属均照单收受了。

在其他众多的求职者中除部分学有专长的成熟的科研人员外，年轻的医师主要来自三个方面，一是原北医毕业的在“文革”期间被分配至外地的，有叶国径、汤望舒、张珊文、董志伟、侯德燕、徐志刚等；另两部分分别是协和八年制的毕业生，有端木奇、孙更生、王怡、万文徽、邓国仁、董宝玮等六位及第四军医大学在“文革”时毕业的医师，有张梅颖、凌启柏、徐晓娜、朱家瑞、庆瑞、王琰等六位。有意识引进后两校的毕业生其因有二：一是到北医工作后，颇感北医排斥外校学生、纯系繁殖的弊端，拟在建所之初就一反北医的传统做法，建立杂交优势；二是国内各高校间水平相差甚多，因此必须选择名校毕业的学生，因为在其毕业前已经过多次入学考试，优胜劣汰的选择能最后在名校毕业的必然是素质较好的优秀生。八年制的协和毕业生，入学时每年仅在全国挑选30名，质量优秀已毋庸讳言。而选择第四军医大学的原因，是因为该届学生入学时原均是被清华大学录取的优秀生，后因战备需要调拨了一部分去第四军医大学，所以这届毕业生无疑均是较优秀的。因此就挑选了六名均同一届毕业的，与协和医大的六位并非同届有所不同。由于这些青年医师的原先素质就较好，又非常珍惜这得来不易的来首都研究单位工作的机会，所以来所工作后，虽根据肿瘤所工作的需要，分别重新选择了专业，但均能很快适应，并在各自的专业上做出相应的成绩，成为肿瘤所各科的骨干。

年轻医师的调入较为简单，但肿瘤所须要不同层次的业务骨干，选择中层以上的业务干部就远为不易了。首先遇到的分歧是与政工干部在挑选的原则上有差异。政工干部是以政治上可靠、历史上无疵为首选，至于业务能力如何，能否胜任其本职工作就在其次了。那时虽还没有“白猫、黑猫抓住耗子就是好猫”之说，但我明白肿瘤所需要的是业务能力较强，能独立开展研究工作、出科研成果的英才，而非唯唯诺诺、不求有功但求无过的庸才。我也能理解到政工干部因受不熟悉业务之限，且又怕万一调入人员不当，犯错误要负责任之虑。最有意思的是当时我们因科研仪器设备维修的需要，拟从北医系统调入一名擅长于维修的技术人员，居然遇到阻挠，北医人事处告之该技师家庭出身复杂，父亲是国民党反动军官，不宜至从事国家重点科研的肿瘤所工作。那时的仪器维修与现今的有公司上门服务不同，均需要自己动手，有的零件、设备还须自行制备，因此优秀的仪器维修人员是开展科研工作的必要条件，我据理力争，最后让我出具书面保证，一旦出事由我负责，签字画押，才算了事。

通过此事使我深刻地认识到人事权不能旁落，不然会败事的。所幸与我搭班子的是从部队复员的马杏藏书记，为人忠厚、老实，讨论工作分工时，并不与我计较，而主管人事的宣婉璞处长又支持我的观点，因此业务干部队伍的组建尚称顺利。另一使我加深对这一工作认识的是人事档案管理的问题。原先我从不接触人事档案，自从市领导批准给我们30户进京指标后，就涉及人员进入前翻阅档案之事。一阶段后我就发现档案材料与现实表现间常有较大差距，尤其档案材料中常会有些并未查实的材料，在宁左勿右，谨防犯错误的思想指导下，这些材料的存在无疑会影响对该干部的使用。而该干部由于并不知情，因此也无法进行申辩或协助组织加以甄别，这种情况虽未构成遭到处分的冤假错案，但实际上已遭冷遇，殊不公平。因此对这一层次干部的调入就更为谨慎，还得设法了解其现实表现，以对档案材料去伪存真，尤其当外地户口指标逐渐随调入人员的增加而减少时，挑选就更为严格。事后我们曾统计，平均入选率约为1／6，即每6位求职者中，录取1名，挑选不谓不严。这层较高级的从外地调入的人员中有王余泰、黄信孚、何洛文、王文治、迟肇从、孙鹤龄、吴铁玲、金懋林、杨伯琴、张汝觳、刘华、鄂征、孙素莲、张慧影、林仲翔、陈泉光、胡思超等。

当然，随着外地业务人员的引进，从市内的其他渠道也吸收了不少科技人员如军事医科院的刘静宜、张兆耕、陈海深、赵雅丽，北大的黄炽华、许佐良、谭景莹等。

另外，我们还在北医开办了30人的护技班，由王文霞护士长任班主任，与新楼的筹建同步进行，待大楼建成，自己培养的护技人员也已毕业，可供各岗位之需，现今这一班的学员已成为医院护、技及后勤的骨干。

那一阶段历时约3年，工作量颇大，肿瘤所以宣婉璞处长为首的人事处仅2名工作人员，作了大量的工作，确是肿瘤所干部队伍建设的有功之臣。在众多的调入人员中，前已述及我们的选择标准，因此在入选人员中难免有摘帽右派，严重右倾而被取消党籍，历史反革命、反动学生等等政治历史问题的，引起市人事局的不满，认为我们在选择外地进京人员中未突出无产阶级政治，因此将最后尚留下的6户进京名额就不再由我们挑选，而由他们统一分配了。其实在这之前他们曾介绍我们多个人选，均因业务素质太差而遭拒绝，所以引起人事局的很大不满。最后他们干脆来个釜底抽薪，命令式地分配来6位外地的医务人员顶替我们久久舍不得用去的6户外地进京户口指标。虽感非常痛惜，但胳膊拧不过大腿，无可奈何下只得接受。但此6位来所报到后，因不适应肿瘤所的工作，除有一位长期在门诊工作外，其他5位均先后调离了。真是可惜，浪费了非常珍贵的外地进京户口指标。

这一吸收大量京内外科技人员来北京市肿瘤防治研究所工作的举动影响颇大，尤其在西北地区原自北京下放的医务人员中反响就更大，纷纷寄材料、托熟人引荐等盼能回京来我所工作，其中不乏医科院“6.26”下放的人员，尤其有几对夫妇已列在我上报市人事局拟调入人员的待批准名单中。因“6.26”下放医务人员时，都是成双结对按户下放，且学医者常惯于“近亲”交配，对方往往也是同行，因此调入时虽只占一个名额，但往往是两人，颇为合算。尤其是这次从医科院下放的调入人员均是重量级的人物，有吴旻、孙宗棠、沈翊飞、陈华芳等四对夫妇，心中甚为窃喜。但此事动静太大，惊动了当时的全国肿瘤防治办公室主任、医科院肿瘤医院的领导李冰院长，据告她即至周总理处上诉，声称医科院的肿瘤科研骨干有流失他处的可能，这将影响对总理“攻克肿瘤”指示的贯彻，盼总理予以支持同意医科院肿瘤医院能从下放人员中调回某些科研骨干。总理当然予以支持，我们原拟调入的几对夫妇因此均被中止，转而调入医科院肿瘤所了。后说起此事，不免有些遗憾，倒并不只是因为仅差一周时间该几位来北京肿瘤所工作的调令即将发出，我所将增添好几位干将，实力也将大为增强，但现被终止而不悦（因终究他们回来还是为肿瘤防治事业增瓦添砖）。使我引为憾事的是由于此事使医科院肿瘤医院将北京肿瘤所视为竞争对手甚于合作伙伴了。

另一位引起对该事注意的人物是肿瘤界的泰斗及开山鼻祖金显宅教授，他无疑是我国肿瘤界的创始人，20世纪50年代初即从事肿瘤专业，建立医院、广收门徒，与当时上海的镭锭医院遥相呼应，成为芸芸众生心目中的偶像。我就读于上海，工作于北京，无缘与他相识，只是神往颇久而已。某日，我突接天津来电，谓每年一度的天津肿瘤学进修班返津学术交流活动即将举办，金老特别邀请我是日赴津介绍我所的创办经验，其时我仅是一名30余岁，在肿瘤界默默无闻的后辈青年，故使我颇有受宠若惊之感，当即遵嘱前往。金老当时虽已60高龄有余，但仍精神矍铄，骑自行车来院上班，谈笑也颇风趣、幽默。当时他希望我在此学习班上重点介绍一下筹建肿瘤所的人才建设经验，因为参加者全是历届全国肿瘤进修班的学员，分布在国内各大城市，多数已是这些城市的肿瘤专业骨干，不少已是主任或院长，在周总理的攻克肿瘤的指示之后，各地纷纷成立肿瘤科或酝酿筹建肿瘤医院，金老拟在全国肿瘤界精英汇集的机会来推动此事。所以当他将我介绍给大家后就问我，听说你引进了一些政治上有问题的人，你是如何考虑的？一下就把提问直奔主题，我当时毫无思想准备，脱口而出地说："因为我不怕丢乌纱帽。"事实确是如此，我并不愿意当"出头鸟"，而是在不得已的情况下接任的，既然在其位就得谋其政，按我认为正确的想法去实践了。办研究所有如办剧团，名角是非常重要的，没有业务好的一支技术干部队伍，如何能办好研究所！所以多年来我虽历任院、所长，其实我主要管两件事——干部队伍建设及学术发展方向，有关财务、基建、药政、设备等一概由分管副院长主管，我过问较少。

通过这次会议，使我认识了不少肿瘤界的名人，也颇受金老赏识，为我跻身肿瘤界打下了基础。

建学科

以『我』为主建学科

1976年河北唐山大地震后，肿瘤科从原二部的七病房搬迁至新建的大楼。就现在的眼光，这幢建筑物根本算不上大楼，而应称简易楼。可是在30年前大家已心满意足了，因为总算有了属于自己的空间，有了个窝，有了自己的研究室及病房。

研究所共有病因、流行病、生化、免疫、细胞生物及遗传等6个研究室，初建时的6个研究室的主任分别依次为张汝黻、王天根（北医，兼）、刘培楠、刘华、汪堃仁、鄂征6位研究员，在这6位研究员中有4位是从西北或东北引进的，另外2位从市内其他单位调入，确实均是水平不低的学者，当然有的可能本专业的水平不低，以往较少涉及肿瘤，然都有较坚实的专业基础，且均有相当一段时间因“文革”而没有从事真正的科研工作，所以一旦有机会又恢复其本行工作，且是一手创建新的实验室，工作热情都甚高，对筹建实验室、开展科研、培训干部、应该说都是行家里手，为肿瘤所的各研究室的建设及专业队伍的培训确实费了不少心血，为肿瘤所的发展打下了坚实的基础，使一段时期内肿瘤所的基础研究部分在国内肿瘤界颇有声望，也为肿瘤所争取科研经费创造了有利的条件。

筹建实验室当然需要各种仪器设备，当时了解到市科委在“文革”前曾进口了一批设备，其中有一台英国的6万转离心机，后因“文革”开始而被搁置了。期间曾有几个单位拟申请此设备，后终因虑有“穿新鞋，走老路”之嫌而作罢。我们得到此信息非常兴奋，因为在当时此一离心机应是实验室的尖端设备了，于是设法争取调拨给肿瘤所。仪器虽被拉来，但接着也发愁了，因该仪器已被搁置多年，免费安装维修均早已过期，如再请英国公司来安装就又得花费较多外汇。三十余年前可与现今不同，一是申请外汇不易，另一是思想尚有束缚。在此情况下就决定自力更生，由仪器室的胡思超、王贻馨及郭建强三位负责安装。经夜以继日的努力，终于自行安装成功。当时还受到科委的表扬，赞赏我们自力更生、奋发图强的精神。岂料当大家尚沉浸于成功的喜悦之际，某日离心机在运转过程中，其主轴突然断裂，仪器遭到损坏。一时非议之声四起，甚至有批评我们因逞能自行安装不当，才招致此后果。但仪器室的同仁们不服，经仔细分析，认为是该仪器设计有误，才导致主轴断裂的后果，据理与设备公司力争，经反复交锋，最后终于获胜，该设备公司承认设计不当，同意赔偿。这件事使肿瘤所的士气大振，激发了大家艰苦奋斗的信心，也使科委对肿瘤所的仪器室刮目相看。

临床部分限于空间条件，仅设内、外科两个病区，各50张病床，内科病区还包括放疗科14张床，分别由黄信孚及王余泰两位教授负责。由于筹建外科的医师均是普外专业的，所以主要收治普外实体瘤病人，后因食管癌及肺癌病人治疗的需要，选派叶国经及张力健医师改行从事胸外工作。正由于本所外科是以普外为基础发展起来的，当年选择的普外医师又是北大医院普外各层次业务素质较好的，所以为外科的发展创造了较好的基础，不但医师的外科业务知识面较广，而且手术也均施行较为细腻的锐剥离操作技术，逐渐形成外科的风格。更因为外科医师也都在肿瘤科综合病房工作过较长时期，因而也熟悉并掌握了综合治疗方法，术前、术后的化疗也均由外科医师执行，成为我所肿瘤外科的一个特点，实践后发现疗效确实较好，就逐渐固定下来形成外科的又一特色。

内科情况与外科有异，外科不同层次的医师自然形成一梯队，而内科组建之初就有四位较高年的医师，以王余泰为首，依次为刘叙仪、勇威本、刘淑俊。更由于肿瘤化疗本身是一较年轻的新兴专业，勇、刘两位对血液病治疗较熟悉，刘叙仪医师曾有过从事化疗的经历，但总体而言均缺乏对实体瘤进行化疗的经验。后金懋林夫妇从外地调回，内科病房已无法容纳，只能委屈在外找协作医院借病床开展工作，由于金大夫是名教授王叔咸的高足，原是消化内科研究生，有较扎实的专业基础，所以虽调来我所后条件较差，也缺乏化疗的经验，但他艰苦奋斗，认真工作，终于积累了丰富的经验，成为国内胃癌及其他消化道癌症化疗的领军人物，这种创业精神乃是肿瘤所得以发展的精神支柱。正因为内科高年资医师云集，各自又均有较好的内科基础，而对化疗这一新兴专业又涉足不深，故在建科之初，就明确了各自的专业发展方向，形成了胃肠道、肺、淋巴瘤及姑息与止痛四个专业。数年来各自都不断的沿着既定的目标努力，均取得不小的成绩，在国内的各自专业领域均有一席之地，有的还居执掌帅旗之位，从而也形成我所内科各专业均衡发展的综合特色。

放疗科是肿瘤的重要专业，肿瘤所建所之初受限于资金及空间，未能得以如愿的发展。仅有的两台高能治疗机均为国产的加速器及钴^{60}治疗机。加速器是全市数十个单位大会战的产物，是一台试用的样机，当然在“文革”后期能试制成这国内第一台的加速器也甚为不易。当时国内拥有同时可产生β及γ线的加速器的医院并不多，因此虽是国产的，质量不太理想，但会战组是作为一重大会战成果见报的，并正在依此为据要求政府拨款成立一实体单位，所以参加会战的工程技术人员积极地在旁伺候维修，保证设备的正常运转。现北京医疗仪器厂就是在此会战的基础上组建的，成为国产加速器的生产基地。

初建时的放疗科以黄鸿年医师为首，他原是在北大医院从事放疗专业的，只是当时的北大医院放疗科仅有深部X线治疗机，且附属于放射诊断科。当时从事放疗专业的医师不多，与化疗专业类似，因此选送了申文江及李庆琪两位去医科院肿瘤医院进修学习，回来后就成为放疗科的主力，后又有王雪宜医师加盟，使放疗科初成雏形。此时医院党委书记找我，提出原北大医院放疗专业的三位医师，从事放疗工

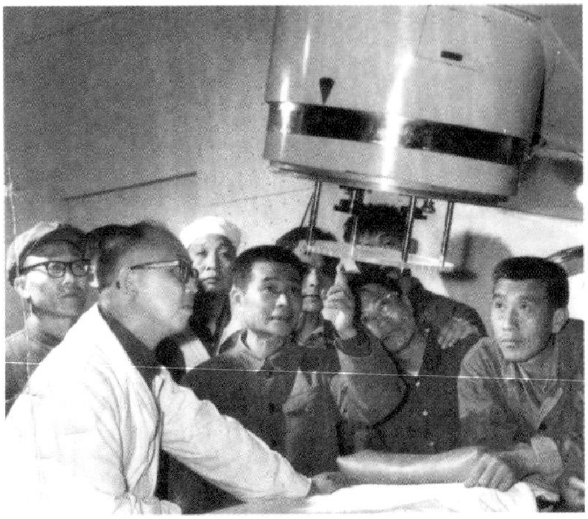

第一台国产加速器经会战成功问世，通过鉴定后在北京市肿瘤防治研究所试用（后排头戴白帽者为我所第一任放疗科主任黄鸿年医师）

作多年，一辈子向往能有机会使用高能治疗机为患者治病，现肿瘤所已拥有加速器及钴^{60}，北大医院不可能再购置这类设备了，因此拟将他们三位及一名技师调来肿瘤所，加强肿瘤所放疗科的工作，同时也满足他们使用高能治疗设备的愿望。我能理解业务人员学习及应用新技术的心理，加强肿瘤所放疗科的业务力量也并非坏事，但其后提出必须由三名医师中的两位分别担任主任、副主任，且不参加病房值班的要求使我颇犹豫。我犹豫的原因有二：一是放疗科会否演变成名属肿瘤所，实为北大医院的放疗科；二是担心科室会不团结，闹矛盾。因其时黄鸿年医师已负责放疗科工作，而且他也有能力胜任。何苦再给他找一位婆婆。但看来党委已做了决定，找我谈，名曰商量、征求意见，实际上是通知而已，肿瘤所终究是在北大医院党委的领导下，而且党委又保证北大医院不再设立放疗科，只能委屈黄鸿年大夫也任副主任。果然，其后该科领导层矛盾不断，是最不团结的科室，以致影响了科室的发展，成为肿瘤医院临床三大治疗科室中，业务力量及干部水平相对较弱的科室，其关键是在建科之初就潜伏了一些颇难协调的矛盾。由此也可见科室的学科带头人及领导班子对科室发展具有举足轻重的作用。

另外值得一提的是超声科及防癌普查科。肿瘤所因受限于空间及资金，所以在建所时就明确不设放射科及检验科，仅设对肿瘤临床研究颇为重要的病理科及核医学科。随着工作的进展，对早诊重要性的认识愈益加深，但受限于所内、外的条件总共只有3500平方米的基建面积，因此只能发展占地较少、投资又较小的早诊新技术。所以在70年代初先于北大医院较早的引进了日本光导纤维内窥镜，由张齐联医师负责，对胃癌的早诊有了明显提高。其后当B超问世时意识到这种无创性检查对肿瘤尤其是实体瘤诊断所具有的潜在价值，因此选择了几位肯于钻研、善于思考，又具有外科解剖基础的较优秀的年轻业务干部学习及从事该专业的工作，成立了超声检查室。当时以董宝玮医师为首，他是协和医大8年制的高材生，原从事外科专业，有较好的解剖学基础，又对超声有兴趣，愿献身于此专业，与我的设想不谋而合，当然是位理想的人物了，以后又前后选择了陈敏华、王彬、李建国几位。他们几位的共同特点均是工作认真，肯动脑筋，善于思考，按现今的行话就是敢于开展创新性的工作。例如当时对胰腺或腹膜后肿瘤常因取材困难而难于作出组织学诊断，日本虽已建立了超声引导下穿刺取材的技术，但在超声探头上加穿刺针的设备禁止出口，对国外加以技术封锁，超声室的几位年轻医师在肿瘤所设备维修室的帮助下，自行设计制造了定位器，开展了超声指引下的肿瘤穿刺取材，成为国内首先掌握此技术的单位，后又多次在国内办学习班加以推广。该室的另一特点就是注意资料的保管及累积，并建立了随访的制度，由于重视点滴的经验累积，又有完整而系统的资料加以阐述，因此使该室的临床科研成果及文章能络绎不绝。经过几年的努力，该室在消化道肿瘤的诊断水平居国内领先的地位，该室的几位创业者除陈敏华仍留院任主任、学科带头人外，董宝玮、李建国及王彬三位均另有高就，分别任解放军总院、北医人民医院及北大医院的超声科主任。在小小的肿瘤所十余平方米的斗室内培养出这么多位超声学界的精英，也可聊以自慰了。而肿瘤医院的超声科得以日后逐渐发展成在肿瘤界颇具特色，在国外也有所闻，具有较高学术地位的专业科室，部分原因乃由于建所初期条件较差，仅超声检查因占地较小、投资较少、人员又较强，以致一枝独秀地在肿瘤所的诊断领域得以重点地发展。

另一值得一提的是肿瘤所的防癌普查科，成立此一专业科室，鉴于两个背景：一是北大医院已有一力量雄厚的放射科，肿瘤所就没有可能、也没有必要再成立放射科，而且根据当初的协议，也不允许肿瘤所再建放射科；另一原因是作为北京市

肿瘤所第一辆普查车

肿瘤防治研究所，肿瘤预防应是一重点的业务内容，除在基础部分设置了病因、流行病研究室外，临床也应有相应的科室。何况外科早就与北大医院从事干板照相研究的胡永昇医师有研究乳腺癌诊断的协作关系。我与胡永昇医师也因一起搞“王世芬”展览会而相熟，也颇欣赏他刻苦奋斗、自强不息的钻研精神，因此就努力动员将他及时将干板照相诊断乳腺癌的研究移植到肿瘤所，使这一技术得到很大的发展，研制了配备乳腺X线干板摄像机的普查车，不但深入工矿基层开展普查，并远至辽宁、江苏、河南等地开展乳腺普查工作，扩大了肿瘤所的影响。在此基础上胡永昇等又自力更生研发了胃癌X线普查车，开展胃癌普查，逐渐形成了肿瘤所颇具特色的防癌普查科。该科室的建立一箭三雕，既开展了肿瘤预防，又为全额补助的肿瘤所增加了发放奖金的额外收入，而且为肿瘤所日后筹建放射科积累了力量，打下了基础。

回顾这些专业科室的发展及肿瘤医院重点学科的形成，均是长期以来根据实事求是的原则，以我为主，充分发挥自身特点的结果。当然，其中学科带头人又起了关键性的作用。

25

明确重点

长期蜗居惯了，一旦搬入肿瘤所新楼，颇为兴奋，纷纷忙于建设各自的科室。一旦稍具规模，安顿下来，不免静思肿瘤所眼前的困难与今后的发展，归纳起来不外乎人才及学科的建设。

由于市政府30户外地进京指标的支持及“文革”后人们返回业务工作的迫切愿望，使肿瘤所在不长的时间内吸纳了大批素质较好的业务干部，但不论年轻的或年龄稍长、业务较成熟的绝大部分均非从事肿瘤专业工作的，因此几乎均迫切需要进行业务改造或再学习。任务是巨大的，新建的肿瘤所面临新的挑战。

任务很明确，但如何进行呢？当时“四人帮”已打倒，由于很长时间内已不能也不敢阅读国外的相关资料，一旦解放，大家如饥似渴地翻阅国外资料，深感差距更大了，需学习的东西实在太多。由于过去学校年代多半学习俄文，英语教育较薄弱，普遍感到英语水平急需提高，靠查字典阅文献，岂非是老牛破车，此现象必须改变。于是在所内有计划地组织了脱产、半脱产及业余英语学习班，从外语学院礼聘了名教授前来授课，还设法参加各种英语口语班，一时学习外语成风，甚至所内同事见面也用半生不熟、带有浓厚山东、河南、东北口音的英语交谈着，不了解情况的外人还会以为肿瘤所是外语进修学院呢。在建所初期的相当一阶段时期，所内主要业务干部的主要精力几乎均集中在学习英语上了。这情况引起了市科委的注意，因为在“四人帮”被打倒后科委对各研究所明确提出以出人才、出成果为主要任务，责问肿瘤所何以置这主要任务于不顾，而组织主要业务干部参加各种形式的英语学习班。其后不久，所内也有反应，所内两位老教授也向党委进言，认为英语只是一种工具，该在学生时代就加以解决的，工作干部应将主要精力用于工作，补习英语应安排在业余时间。党委高兴书记向我转达了他们的意见。不论科委的责问还是两位老教授的意见无疑均是正确的，当时的业务处汪斌处长也感到压力颇大，与我商量是否暂时停办英语学习班，我也确实颇为犹豫，但考虑到所内的实际情况，英语水平普遍较差是事实，而这种状况很难借个人业余学习加以改变，必须有一定的气氛及压力，并有相应的时间保证，才有可能在较短时间内使所内的英语水平有较大的提高。而个人外语水平的高低往往是与业务能力成正相关的，尤其在大学毕业10年以上的较成熟的业务干部中，健康状况的好坏与外语水平的高低，对其业务能力的强弱常起到关键性的作用。而目前这一强化英语学习的举措，眼前虽对工作会有一定影响，但从长远的发展着眼，则无疑是有益的。经过如此反复思索，暗下决心，学习班不能停止。但苦于无从申辩，科委难以了解我们的苦心，正是为了更好的出成果及出人才，因此唯有施用“拖”字诀。对上声称由于与教课老师签有合约，不宜单方撕毁，当然汪斌医师也颇支持我的意见，一起努力将此学习班维持了下来。以后又成立了细水长流的半脱产学习班。经过将近一年余的努力，使肿瘤所业务干部的英语水平有了较明显地提高。

随着改革开放政策的不断深入，1978年教育部公布了公派留学生去美、日、欧洲等国学习的通知，一时群情激奋，封闭了这么多年，现在终于有机会可以到外面的世界去看看了。公派的条件除由组织推荐报名外，主要的是要通过统一的外语考试。由于肿瘤所抓外语学习较早，抢了先机，所以这下占了很大便宜，具有较大优势。如果说当年30户外地进京的户口指标为肿瘤所的人才建设打了基础，而这次公派跨海留学则是第二次天赐良机，给年轻的科技人员在肿瘤专业上的深造上提供了良好的机会，不论外语或专业水平均可由此而得到飞越。但当了解报名人员时，未见到邓国仁医师的大名，颇感诧异。他也是从西北归来的，协和八年制学生，我看过他的档案，无疑是高材生，“文化大革命”期间曾对“四人帮”有不敬之言，而被定为反动学生，发配至青海牧区。后因其父邓金鎏教授病逝而被调回。次日我即找他询问为何不报名，原来他已从下乡几年多次在基层被评为先进工作者，然上报至县政府即被除名而意识到他档案中一定有不良记录，故虑即使报名组织也不会批准而干脆不报名，其次他也了解其母校协和医院报名时有年龄限制，首批报名照顾年龄已稍大的。我了解其顾虑后即鼓励他报名，因他的所谓反动言论，仅是讲出了人们在内心普遍存疑而又不敢出口的话。当时由于“文革”后，英文均已较生疏，所以40分为及格线，后果然他以80分高分全北医第一名的成绩被录取，与他同时第一批被录取的尚有董志伟、王声远、许佐良、田竟生、侯德燕等共6位。小小的肿瘤所的基础部分，有6位榜上有名，其命中率即使在北医系统也是高居榜首的了。由于他们出国早，返国开展工作也就较早。因此当1986年卫生部较正式的以公开招标的形式组织国家攻关课题时，肿瘤所共报了12个课题，居然全部中标，中标率为100%，而该次招标的平均中标率仅12%。这一结果引起卫生部科技司的关注，科技司的刘海林司长及管计划的薛志福处长还专程来肿瘤所视察了解，何以小小的名不见经传的肿瘤所居然能在全国以中标率100%而独占鳌头。其实原因有三：一是由于肿瘤所的体制决定了是一无“皇粮”可吃的单位，经费甚为短缺，不努力争取课题经费颇有断炊之虞，所谓置之死地而后生，每人均有紧迫感，从而奋起力争；其二是有一位得力的徐志刚科研处长，在投标前一年就致力于调查研究，既摸清自身的实力及优势所在，也了解兄弟单位的情况，再作综合分析，凡肿瘤所有可能独家承担的课题，就努力做好所内各科室间的分工协作，写好标书，凡独立承担有困难的，就努力设法与有夺标可能的单位协作，承担一部分课题，由兄弟单位牵头投标，由于事先准备工作较充分，所以在这次攻关课题公开招标中，肿瘤所大获全胜；当然更主要的乃是由于肿瘤所公派赴海外留学的学子，已归国工作3年左右，已积累了一定的工作基础，这是所以获胜的决定性因素。刘、薛两位是第一次来所了解情况，知肿瘤所是在一穷二白的基础上发展起来的，在短短二年余时间已获此成绩，对此评价颇高。尤其欣赏肿瘤所艰苦奋斗，实事求是，以“我”为主的发展历程。虽属初交，彼此交谈颇欢，知悉刘、薛两位均嗜杯中物，而我不善饮，故存有贮藏多年的茅台酒，于是相约周末在我家相聚。是日除他们两位外，尚有董志伟、汪斌、徐志刚等作陪。我则略施小技，奉上了八宝鸭、酱肉等南方菜肴，因其时我老伴已远赴苏联，儿子也远隔重洋在美学习，家中并无他人，完全由我个人操办，亲自制作，使他们大感意外，而我也从此获美食家的美名。

建所之初，另一颇感困扰的是明确全所学科重点。肿瘤所地处北京，诸强林立，既有卫生部所属的各中央单位，还有中央各部、中科院所属单位，解放军各兵种、高校系统以及北京市的各医疗科研单位。此等单位均有各自不同的优势，诸如历史悠久、学术领先、梯队成熟、财力雄厚、行政支持等，与各省的肿瘤院、所在肿瘤专业上一家独大的情况有很大不同。因此在战略上必须采取攥紧拳头，突出重点，有取有舍，才有可能求生存、谋发展。如求全面发展，岂能与诸强相争！但问题是重点在哪里？围绕哪一个中心发展学科。由于各人的学科背景及业务经历均不相同，因此一时众说纷纭，莫衷一是。在1968年肿瘤会议以后，全国成立了以李冰院长为首的全国肿瘤防治办公室，要求各省市也成立相应办公室，我被任命为北京市肿瘤防治办公室主任。其后又组织了以各常见肿瘤为主的各全国性协作组，由于宫颈癌、食管癌、肝癌、鼻咽癌等这些颇具中国特色的常见肿瘤在1958年大跃进时大家已有了共识，并也已有了主要从事研究这些肿瘤的单位及地区，如广东的鼻咽癌、上海的肝癌等，但对某些常见肿瘤直至1976年全国3年死亡回顾调查后才明确其危害，胃癌也是在那时才被发现其死亡率占全部癌症之首。其他肺癌、大肠癌等情况也类似，均无明确的高发区，也缺乏专业队伍，因此李冰院长就指定三个新成立的肿瘤专业研究单位作为这三个常见肿瘤防治研究协作组的牵头单位。湖北省肿瘤医院张明和院长负责肺癌，浙江医大肿瘤研究所郑树院长负责大肠癌，而我所则成为胃癌全国防治研究协作组的牵头单位。至此，全国各大常见肿瘤的研究布局已较明确，胃癌也就很自然地成为全所的研究重点，这一酝酿不少时日的重点迎刃而解。但肿瘤所成立伊始，一穷二白，缺乏研究胃癌的工作基础，于是组织各研究室围绕胃癌这个中心，分别结合各自的专业，查阅文献资料，在此基础上找出各科室的研究方向，并强调以解决防治工作中的实际问题为主。历时约半年余，各科室均写出了较全面的文献综述。包括了胃癌的流行病学、病因学等基础研究以及内、外、放疗科的临床治疗方面，范围甚广，将其汇编成册，在1978年北京召开的全国胃癌学术会议上广为散发。这是全国胃癌协作组成立后的第一次全国会议，由于过去大家均不知道国内癌症死亡率最高的是胃癌，所以对胃癌并不受重视，而这次在胃癌的病因、诊断、治疗各方面内容都有分专题的文献综述，无疑是一本专著，很受与会者的欢迎。当胃癌协作组成立后又分成若干专题协作时，肿瘤所很自然地就成为多个专题协作组的组长，组织了几个较大的全国协作课题，如胃癌的三省一市高低发区的流行病学调查研究。由当时我所的季学禄副所长负责，为今后深入高发区现场作胃癌的病因及流行病学研究打下了基础。如福建的鱼露、山东的酸煎饼可能与胃癌发病有关均是这次广泛的流行病学调查后所发现的。另一较大的协作研究是简易的生化免疫方法对胃癌筛查的研究。由于“文革”期间号召大家研究从血液或尿液中建立癌症的早诊指标，一时各地的报告如雨后春笋一般，均有“80%以上”的诊断符合率，低水平的重复工作甚多，我所也建立了生化室草履虫提取液皮试法，测尿中多胺以及同位素室的四环素荧光试验等，应用于临床均有一定的诊断符合率，但能否用于早期发现众说纷纭。于是由我负责挑选组织了北京、上海、宁夏、杭州、沈阳五地当时社会上呼声较高的胃癌早诊方法，由建立方法的单位各自组织专业人员，并携带自认有效的方法，到浙江定海（舟山群岛）的胃癌高发区，共同对2万名左右的公社社员，用各自的方法筛查，在实践中加以考验。对筛查阳性者由浙医大负责作胃镜及X线检查，予以最后诊断。

1988年8月与日本外科学会及胃癌学会主席西满正教授同去兰州讲学并表演手术

1988年8月与日本外科学会及胃癌学会主席西满正教授同去兰州讲学并表演手术

同时在现场组织此课题的还有浙江省防办主任、浙江肿瘤医院院长李挺宜教授及我所的汪斌处长。历时两月有余，百余人的大会战终于结束，结论是这种简易的生化、免疫方法均无助于胃癌的早期发现，因为参加的几个单位都是从事胃癌的早诊研究，且在国内有一定声望的单位，因此这一结论有较大的权威性，从而结束了应用简易的方法早期发现胃癌的混乱状况。另一较大的全国协作是总结万余例胃癌外科手术的临床疗效，由我负责。这是第一次调查我国胃癌诊疗水平的协作研究，由于过去胃癌并无统一的分期标准，手术治疗也不统一，故先在第一次全国胃癌学术会议上通过了我们提出的胃癌分期标准，作为全国统一的分期标准，又初步统一了对胃癌根治术的认识。在此基础上，按统一制定的各种统计表格，进行统计汇总分析。通过这次总结明确了Ⅲ、Ⅳ期胃癌竟达70%以上，胃癌根治术的五年生存率不到20%。胃癌诊疗水平甚低，同时也发现手术极不规范，一般仅是胃大部切除加大网膜切除而已。所以又在此基础上，组织了全国范围的胃癌根治手术巡回示范讲演团，由张天泽、林言箴、张文范、沈明及我五位组成，利用沈明教授系铁路总医院院长之便，按计划到多个城市去做手术示范及讲课，主要是推广D_2手术，对提高胃癌外科手术的水平起了较大的推动作用。有意思的是某次当我们离最后一站贵阳机场返京，在排队候检等待上机时，突闻非常浓馥的酒香，列队者纷纷检查自己的手提包。因为当时有严格规定，只有指定的省领导批准后才能买一瓶茅台酒，看来到贵阳公干的各位要客均有此殊荣，我们也不例外，是副省长宴请我们时赏赐的。同行五人中唯天泽善饮，为人又颇幽默，检查自己提包内茅台完整无损，又见酒瓶破损者是一位我的稔友，北京成人教育局的关局长，便俏皮地说：“这瓶酒如能上机后再打碎有多好，我们可一路闻着酒香回北京了。”

胃癌根治术巡回示范影响颇大，山东胶东半岛胃癌高发区也邀我去该地作示范手术并讲课。那时我年轻体健，以每天转换一个县的频率，上午手术，下午讲课，晚餐后换至下一个县，选择术前病人，以便次晨手术。在一周余的时间内跑遍了胶东半岛的各县，最后由蓬莱驱车至青岛，坐火车返京。虽较累，但身心很愉快，感到做了件类似撒革命火种的工作。果不其然，数年后青州地区医院的王主任来找我，为他的科研成果作鉴定，原来他们的胃癌根治手术的五年生存率从原来的5%提高到开展此根治术后的30%。

其后，胃癌协作组又仿效日本的胃癌临床规约，制订了各种国内统一的诊疗规范，覆盖了临床的各种诊疗技术，其中尤以沈阳张荫昌教授负责的病理规约最为详细。正因为在该阶段肿瘤所踏踏实实地作了一些服务于全国的工作，团结大家一起为胃癌的防治研究做了贡献，所以确立了在全国胃癌防治研究中的挂帅地位。

某日，市领导来我所检查工作，听完汇报后表扬了肿瘤所在胃癌学科建设取得的成绩，希望继续保持在全国的领先地位，但也指出本市并非胃癌高发区，作为北京市的肿瘤研究单位，也应考虑如何为本市居民服务。领导的意见的确切中要害，作为地方性的研究所，当然应以服务北京市为己任。

由于外科多年来已与北大医院放射科的罗斌、胡永昇等协作干板对乳腺癌的早诊研究，当时在北京市已颇具影响，而且从流行病学的资料知悉，随着宫颈癌发病率的下降，乳腺癌发病必将上升，而1978年本市第一次乳腺癌发病超过宫颈癌，这

1995年3月在日本召开的国际胃癌协会成立大会暨第一届国际胃癌会议上当选为理事

卫生部肿瘤领导小组会

1996年9月由我院承办的“第一届全国乳腺癌预防培训班”

预示着本市乳腺癌的发病将为持续上升。经酝酿讨论后，大家感到不但肿瘤所对乳腺癌的早诊研究有工作基础，又是国家攻关课题的负责单位，而且乳腺癌也是实体瘤中治疗效果较佳，且研究领域相当活跃的肿瘤，各专业科室均能找到切入点，且本市还无从事乳腺癌研究的单位。因此，很快的统一了认识，将乳腺癌研究作为肿瘤所的第二个重点。

重点明确后就围绕此两重点建设学科培训人才。不论出国学习、协作研究，或是各科室的研究课题，均尽可能围绕此两重点展开。正因为我们明确了方向，集中了力量，使肿瘤所在短短的数年内，在胃癌及乳癌的临床诊疗与研究工作在国内占有一席之地，曾是该两国家攻关课题的主要负责单位，尤其在突出该两肿瘤的临床诊疗及基础研究的同时，也重视预防工作，不但自行设计研制了胃癌及乳腺癌普查车，而且重视山东胃癌高发区现场的建设。在20世纪70年代后期曾分别在乳山及桃村开展胃癌普查及建点工作，后将高发区建点移至临朐县，迄今已达20年，乳腺癌的普查工作也自20世纪70年代开始，持续了20余年。

所以，突出重点、有取有舍、发展特色、以质取胜是肿瘤所得以在诸强林立的首都求生存、谋发展之道。

26

王仙姑与还阳草

将近30年前的1980年前后，北京地区曾刮起一股“还阳草”治癌症的歪风，小小的如“仁丹”大小的中药水丸，每丸售价2元，每小瓶120丸。据云某日，居于山东某地的一王姓妇女，梦见仙人指点，谓在附近的某山上有一种“还阳草”，可治癌症。次晨，该妇女按梦中所述，前往该山，觅得仙草，于是焙制成药，以普济众生。该王姓妇女也即自名王仙姑，堂而皇之地前来北京，居于某部队的深宅大院，公开售卖“还阳草”，且传其功效可使濒危的患者还阳，有起死回生之效，专治各种癌症，百试不殆。一时妖风四起，患病乱投医的广大癌症患者，众向趋之，门庭若市。也有传说服后居然药到病除，霍然而愈的，其中更不乏官居要职者，因此众更趋之若鹜，大有愈演愈烈、向全国各地扩展之势，引起了肿瘤界众多同仁的关注。

某日，正当肿瘤界众多名人应卫生部之召聚集北京，商讨如何制订国家肿瘤攻关课题之际，我介绍了北京地区王仙姑兜售“还阳草”，欺骗众生、谋取钱财的情况，颇有感触地认为国家在投资加强肿瘤科研的同时，对此种宣传封建迷信、贻误治机、骗取钱财的不法之徒也应将其取缔，绳之以法。所谓“扶正”也必“祛邪”，否则势必事倍而功半。我的说法获得广泛的赞同，但随之而来的是众人也就令身在北京的我，负责此“祛邪”之事。其时我对此事的复杂背景认识不够，所谓初生牛犊不怕虎，当然也就乐于勇为。时值全国人大即将开会之际，我当即起草了一份诉说王仙姑还阳草贻误病人治机、骗取钱财、谋财害命的报告，各位在京与会的专家一一签名，然后通过肿瘤界的全国人大代表将此函置于主席台上，主席团成员人手一份。

果然，此事不久就有了反应，让北京市调查此事，并予以处理。我们得此消息，颇受鼓舞，到处加以宣传，劝阻众多癌症患者不要再受骗枉生。一时社会上关注此事之声四起，当然也引起了仙姑的警觉。于是她也四处活动，寻求保护，求得该仙姑的昔日首长，受其骗而函致卫生部陈敏章部长，述说确有病者服该药而病情大有好转者，为之说情。陈部长当即回函，指出该仙姑并非医师不得行医；还阳草未经药检部门审核批准，并非药物，不得以药出售；部队大院更非医疗单位，不得开展医疗业务；至于该仙姑是否有谋财行骗之责，则应由有关部门调查后而定。得到卫生部最高领导的指示，我们当然大受鼓舞。媒体中的有识之士也专程前往山东该地调查，在报上著文予以揭露。原来此位仙姑早年曾在部队中工作，是一位卫生员，她所谓找到还阳草的某仙山，乃是一高仅百余米的土丘，所谓的仙草乃是从当地收集的地瓜秧及棉花秧。该处盛产棉花及地瓜（白薯），农家在收获时，常将其蔓枝作为柴火之用。王仙姑遂将其焙制成末，慌称为获神仙指点的仙草，此调查报告在报刊公布后群情哗然，声讨之声四起。

在此背景下，由北京检察院起诉，市卫生局的高寿征副局长带领一众卫生执法人员前往该仙姑栖身的某部队大院去执法，查封此非法经营单位。岂料遭遇闭门羹，竟然无人出面接待，该大院的领导也拒而不见。僵持至近午，仍遭此冷遇。在不得已情况下，高局长等只能自行外出购面包充饥，而将该贴的封条全部封上，禁止其继续营业。

未几，法院初判其售假药行骗，令其罚款数万元。对此宣判结果，当然引起我们的不满，于是又四出奔走，向社会呼吁予以严惩。有意思的是对方也并未闲着，也找来了几位老中医，在论证会上居然也引经据典，捧来不少古书，声称还阳草并非假药，在古书上有此记载。其实古书记载的还阳草是生长在瓦楞上的“塔松”，此事瞒不过曾也学习中医三年的我，当然据理予以反驳，指出王仙姑的“还阳草”乃是地瓜秧，并非古书中又名“塔松”的还阳草。虽然这次论证会批驳了他们的无稽之谈，但使我感到此仙姑的背景甚复杂，有颇强大的支持力量。于是我也找了时任北京市政法委的叶主任，详述了事情的经过及其危害，如不加以严肃处理，由于癌症之难治，众人又缺乏相关知识，乱投医的现象颇为普遍，各种骗人的假药将会泛滥，不仅骗钱财，还因贻误治机而伤命，其后患将无穷。

叶主任非常支持我的观点，尽力相助。未几，法院再判时，除增加罚款外，另判其六年徒刑，我们当然为这一正义得以伸张的判决而欢呼。但令人不胜愤慨的是王仙姑并未入狱服刑，而是因病保外就医了。当我再次找到叶主任诉说不满时，我能理解他的难处，公开的宣判他可以发表意见，甚至对某些不正当的判决他可予以按法干预。但对宣判后的保外就医则另有相关规定，只要王仙姑通过正当或不正当的手段，符合有关的规定，而法院又据此同意其申请时，就难以干预了。我也只能知难而退，见好就收了。

“还阳草”虽已遭取缔，王仙姑也早就销声匿迹，但类似的卖假药之事在肿瘤领域仍层出不穷，所谓“要发财，抓治癌”之论流传甚广，众多癌症患者也常受雪上加霜之苦。本人已无精力及豪气再涉足干预此类事，甚盼后起之秀中多出几个像我这般的莽夫，以祈“祛邪”事业后继有人。

27

官运欠通

不管你是否认可，外科医师与内科医师的性格是不同的。一般而言，外科医师性格外向、粗犷，有大大咧咧之嫌；而内科医师则较内向、细致、沉着，轻易不发言，言则一、二、三有根有据，侃侃而谈。外科医师则无此耐心，往往术前稍加讨论就决定剖腹探查，反正打开肚子才能见分晓。正因有此区别，就决定了两者的官运是不同的，一般外科医师适宜做基层领导，如院长之类，因整天需处理日常繁琐之事，外科医师快刀斩乱麻，适于作出快速明确的处理。而内科医师就适合任局长、甚至部长之职，因该等职位常是政策的制订者，须仔细推敲，反复论证，切忌快速地做出一锤定音的决定。不信，您可观察周围，不难作出同意我观点的认可，因事实的确如此。由于我是外科医师，就只配任院长之职，达半辈子之久，虽有几次颇有升官之望，有的我事后才知，但均失之交臂，岂非均因是外科医师之故。

我与好友曹泽毅教授的初识，就是上述一席话打开话匣的，并获得他认可。记得那天是90年代初的周末，我俩一起参加驼滨医药公司在汕头召开的肿瘤专家咨询委员会，我时任该委员会的主任委员，参加者颇众，曹泽毅也是其中之一。他因“六四”中的一些言论被贬了卫生部副部长之职，在家闲居一段时期后，刚被任命为中华医学会常务副会长的，由于会长是陈敏章部长兼任，所以他实际上是中华医学会的最高领导。在此之前，由于他是部级领导，我不敢高攀，因此交往不多。这次在汕头相识，由于时值冬天，北京经常因雾大影响飞机下降而停航，所以已徒劳往返汕头机场两天了。那天到达机场后，还是延迟起飞，需等候多久则不得而知。我见他闷闷不乐，我自忖他可能是因为丢了官职而始终不能忘怀，便以上述的一番话劝导他，认为外科医师就是心直口快，以致祸从口出，丢了官。他是著名的妇科专家，也是动刀的外科一族，所以就闯祸了。不像陈敏章部长，他是内科教授，尽管有人想整他，说他对“六四”有看法，同情学生等，但他守口如瓶，始终找不到他的破绽。所以得认命，现今作为中华医学会的领导，受到医务界的广泛尊敬，也挺好。并说当前医疗费用上涨，医患矛盾增加，医院不满意，患者有意见，领导也怪罪，卫生部长是众矢之的，也不好当。有次在卫生部就当前的医德召开小型座谈会，我在会上较率直地发了牢骚，散会后我向陈部长表示了歉意，哪知他拍着我的肩说：“老徐，你可以发牢骚，也有人听你发牢骚，我呢？”说罢一脸无奈。我本是劝解曹泽毅教授之意，让他从丢官的阴影中解放出来，哪知他听罢我一席说教，笑着说：“你不知道，要是没有‘六四’，你我今日均不会在这里。”这使我丈二和尚摸不着头脑，不知他之所指。

原来他调来卫生部任副部长后，部党组给他一个任务，让他带领一小组去医科院组建新领导班子，因顾方舟院长已将年逾六十而拟换届。当时的任务是首先在院内物色接班人，其次在北京市，最后扩大到全国范围，工作组进驻后发现院内无合适的人选，就转而面向北京市，结果就相中了我，并已向部领导汇报，获得首肯，后因“六四”事件被耽误而未再进行，所以说，要是没有“六四”我将被调去医科院，今天也不会在汕头了。我听罢大笑说，这更证明我的看法正确了，外科医师就是官运欠通。我告诉他，数年前医科院肿瘤医院李冰院长也曾告诉我，我差一点被调去该院任院长。原来吴恒兴院长逝世后，该院一直盼能物色一名合适的临床医师任该院院长。初时拟去天津肿瘤医院，从金老的五虎将中商调，后因考虑也均年龄偏大而作罢，转而拟将我调去，已获得医科院党委冯书记的同意，后因冯书记离任而作罢。通过这席谈话，我感到与曹泽毅性情相投，终成好友。

1988年初北医曲绵域校长也年逾六十而面临换届，当时颇兴提名投票酝酿的做法。前已述及作为一名外科医师，我深知自己的弱点，政治上不成熟，心直口快，且口无遮拦，经常得罪人而又未自觉；再说我热爱外科专业，在医院工作一辈子是我最理想的归宿，所以我不但无意于北医校长之位，且极具戒心。因此当初次听到在被推选的四位候选人中，居然我也榜上有名时颇为惶恐，几度想找校领导谈话，请将我从候选人中删除，但也颇虑自作多情。因不久就又传闻只留下我与吴秉铨两名候选人了。尽管听说民意测验我的得分颇高，但从未有任何领导与我接触过。相反，在某次会议上我亲自听某领导说已与吴交谈过，他对北医今后的发展很有思路，我听后心中暗喜。因我与吴也相熟，心是一位头脑清晰，思路敏捷，且对工作有责任性，极具事业心的人。他领衔的北医病理教研组搞得有声有色，在他治理下居国内同行领先的地位，他又是北医的嫡系，上下左右关系均熟，相信他是一位理想的校长，较我强太多了，我为自己能摆脱此一困扰而庆幸，只是希望今后在吴的领导下能改善肿瘤所与北医的关系，他也表示盼今后能加强联系及相互支持。未几，来北医负责此工作的一位卫生部张姓司长找我谈话，告称我也是候选人之一，我当即向他表示本人不合适也不愿意担任此工作，不过此时我很坦然，因为已知是陪选性质，不会有实质性结果。不过，为了更保险，我还是去拜访了陈敏章部长，请他帮忙从上报给中组部的名单中将我删去，他同意了我的请求，至此才算完全踏实。后知外面曾误传我当北医校长候选人是陈部长的提名，其实恰恰相反，他完全支持我不当校长的请求，但支持琳琳去中国儿童发展中心当主任，并也曾暗示我去医科院肿瘤医院之事，这是后话。

原以为事情至此已告结束，不料至5月份琳琳手术后不久，北医组织部来电，谓中组部要在北医与我约谈，我借琳琳病重为由拒绝了。直至5月末，我尚未回家，还在院中整日陪伴琳琳。北医组织部马部长来电批评我，说中组部几次约谈均遭我拒绝，现琳琳病情已稍稳定，再次通知你明晨九时去中组部，务必要去，不然太不礼貌，组织性太差了。无奈，我只能如约前往，一交谈发现对方对北医的情况甚为了解，且讲话颇具权威性，中心意思是要求我服从工作需要，听从组织安排之类的，使我大吃一惊。我就立即数说我的缺点及不足，力荐吴秉铨教授。谈了将近两个小时，我感到他并未考虑我的意见，颇为着急，我想唯一的办法就是让他觉得我个人考虑甚多，是一个不合适的人选，从而放弃我。于是我说对中央的人事制度有看法，他也颇感意外，谈了半天，怎么会迸出一个对人事制度的看法。我强调了在基层工作可以不脱产，60岁下任后仍可从事业务工作，参加专家门诊，还有提成补助等；而到学校当校长6年后下任，业务全荒废了，无所事事，生活也会受影响等。我本想让他讨厌我个人私心太多，岂料他反而夸我实事求是。真搞得我啼笑皆非，原还想说，我还同情学生运动呢（因那时已有学生闹事的）。但总因涉及政治未敢出口。忐忑不安地怏怏然而归。

其后约2～3个月时间未再有任何音讯，我暗喜大概那番谈话起了作用，不再考虑我了。某周三下午至北医出席干部会议，会后党委书记找我说，你可能已知道了，你是校长候选人之一。当时，我颇感意外，为何时隔数月才正式通知我，而且告诉我时颇有些因迟告我而有表歉意之感，回来后向琳琳谈及此事，彼此都感不解，可是也约略的估计到我大概还未摆脱此事。果然是晚人民医院杜如昱院长来电，开玩笑地说："老徐，何时到城外上班？"原来他已从中组部得到消息，最后还是我被选上了。知此确切消息后赶紧给北京市组织部华漱芳部长去电话，她是琳琳幼年时同学，请她能否与中组部情商，因琳琳病重，我不能赴北医挑此重担。由于她与琳琳是好友，也知她患了重症，愿意相助，但感到如要争取升官她可以美言相助，但我想避官她感到有些为难，因她总不能恶言中伤，唯一的办法是去求北京市高教委出面说话。周末我终于找到了北京市高教委的苏波书记，她听了我的情况，也表示同情，并说最后的任命由中组部、市高教委及卫生部三方协商而定，现中组部已与市高教委谈妥，一致同意由我出任，只待下周一征得卫生部同意就定局了，经我再三求情，她同意与中组部商谈能否暂不任命，让曲绵域校长继续留任一年，待一年后视情况再定。当时我亦喜亦忧，喜的是终于可暂搁置一年，忧的是看来大家都认为琳琳的病情不乐观。后因次年"六四"事件而终于作罢。

数年后，正值北京肿瘤医院的新址基建即将竣工，苦于缺乏资金购置设备之际，某日医科院巴德年院长前来访我，拟商调董志伟教授去医科院肿瘤医院任院长。我颇感意外，因老董一直是我所的主要骨干，且是主管科研的副所长，在他找我之前的那年春节，我还曾与老董一起去王德炳校长家拜年，并提出我已将年逾六十，拟请老董接我之位，当时他也未表异议。所以我以工作需要为由，请他谅解，恕难从命。后双方又闲聊谈及彼此两院面临的不同困境，如能合并倒是一件幸事等。最后，他请我考虑他的商调要求，握手言别。

不久，他又来访我，提出他加强全国肿瘤工作的设想，一是成立全国肿瘤防治领导小组，由卫生部部长任组长，他与我两人分别任副组长，我兼任全国肿瘤防办主任；二是在京的两个肿瘤医院合并成立国家癌中心，由我出任中心主任；三是中国抗癌协会与中华医学会肿瘤学会合并，也由我当理事长。并谓我们俩均是想干一番事业的男子汉，应好好联手干一番事业。我颇有自知之明，管好自己的“三分田”，还有些自信，要挑如此重担，的确无此大志，再说此等大事岂能由我们俩人私下商定？我至今仍怀疑他的设想是否经陈敏章部长授意，因陈部长曾在多次闲谈中透露医科院肿瘤医院在“文革”及李冰院长卸任后，有群龙无首之感，颇有意让我去该院工作，而我一直只当未理解他的意思而未表态。对巴院长如此的诚邀，我在惶恐之余，只能告之我已年届六十，如年轻10岁，或许有此勇气，现已非创业之年。另外，医院及学会的合并涉及不同的管理体制，实际操作实属不易。其实我感兴趣的是两个医院如能结成联盟，各有不同的侧重，专业及人员作相应的调整或许有助于各自更好的发展，此一设想我曾征求过本所个别干部的意见，关于两个医院建立紧密的联系，巴院长也无异议。主要的分歧是他要求我的办公室将设在医科院肿瘤医院，而我强调应仍留在我所，由于这次交谈仅限于双方交流意见而已，所以并未达成任何协议。

数日后他又传达了卫生部的意见，据告卫生部已同意他的意见，唯一的要求是要将我的档案转至卫生部，这就意味着我被调离北医及北京肿瘤研究所，这是我所不愿的。因为北京肿瘤医院还未建成，正面临一大堆需认真加以解决的难题，由于经费受限，设备无着落，职工宿舍还尚无望，我岂能弃与我共同艰苦奋斗多年的同仁于不顾，而自己走马上任！我的事业在北京肿瘤医院，于是决定留下与大家一起完成未竟的事业。

后从卫生部传来的消息，说我要价太高。其实，我从未开过价，而允诺给我的条件确实很高，超过我的想象甚多，苦于我这个阿斗无福消受，尚盼各界能谅鉴。

28

一次错误的决策

我生平对大小事做过多次决策，也犯过不少错误，让我耿耿于怀，难以忘掉的却不多。然对20世纪80年代初未能听从市卫生局意见迁院之事，却让我后悔至今。

北京市肿瘤防治研究所自1976年正式成立后，适遇国内“文革”结束，百废待兴的年代，因此发展迅速，事业开展也颇顺利，人员也早已突破150人编制的大关，而且有随事业发展而日益增多之势。这种难以遏制的增长之势亦喜亦忧，有如成长期的小孩终嫌衣、鞋太小一样，空间实在太紧张，业务工作受到很大限制。如超声检查室仅有一间小屋，其大小与现今的超声登记室相仿。要放两张检查床、4～5个工作人员，已是水泄不通，还要开展创新性的超声引导下腹腔肿物穿刺等新技术，拥挤之状况可想而知。其他科室情况也类似。尤其临床仅100张病床，远远不能满足医疗及科研工作的需要。基础研究随着仪器设备的增添，电力又不胜负荷，真是捉襟见肘，整天为此发愁。因此所内要求扩大空间、改善工作条件的呼声甚高。

其次，肿瘤所实际上是一依附于北大医院的一个半独立机构，不但不少辅助科室，如放射、化验、供应室、住院处等都有赖于北大医院，而且几乎全部后勤，如食堂、水、电、环卫、安全等也都仰仗北大医院。随着肿瘤所的发展，转嫁给医院的负荷也日益加重，尤其是医院本身的事业也有待发展，因此两单位间的矛盾日益加深，摩擦不断发生，单位间的感情也受很大影响，双方均认为自身是受损方，这种结构性矛盾是难以通过协商调解而得到解决的。

在此背景下，很自然地就产生了觅地重建的想法。当时，由钱信忠部长主持的卫生部也有各省、市均应建立一肿瘤防治院的要求。因此，我的想法获得北京市卫生局的支持，同意上报北京市计委，争取立项。我则利用北京市人民代表的身份，到处呼吁癌症的危害以及建立肿瘤医院的重要性，尤其是每年一次的人代大会，更是大造舆论，争取多方支持的好时机，不论写提案或是作发言，甚至与市长对话等总是围绕此一主题，到处游说，动员人大代表在我的有关建立肿瘤医院的提案上签字。由于我的医生背景，大家颇欲与我交友，尤其对癌症的危害也均有感受，因此很容易地就能征集到数十位人大代表的支持。终于在1979年将建北京肿瘤医院的计划列上了北京市计委每年一次交由人代会审查的大本。当然在肿瘤所建成才三年就又列入拟建立一肿瘤医院的北京市发展计划，有一很重要的背景是北京市颇欲肿瘤所脱离北医独归卫生局麾下，其中一项重要的举措就是设法让肿瘤所脱离北医的领地，成为一真正独立机构，觅地新建，院所合一，无疑是一上策。

由于市计委已将新建肿瘤医院的计划列上了大本，意味着可以开始进入筹建的程序，首先当然是征地。觅地何处？结论是肯定的，北京已有了一所归属于医科院的肿瘤医院，位于城东，我们当然得背其道为之，选择城西的某地，以致现今有“东肿瘤”及“西肿瘤”之分。由于时任市规划局局长的周永源先生与我相熟，我曾为他亲妹妹治愈初疑已有肝转移的结肠癌，因此得到了他的大力支持。虽然不及五十年代时彭真市长亲自带领诸福棠医师坐着吉普车到处去为北京儿童医院选址时那样的热情，但周局长也亲自帮我在地图上选址并告诉我今后的规划发展。初时我们选择民族学院的南侧，该处交通便利，临近紫竹院，环境也不错，后因中央民委也拟征此地，转而选择现今北京电视台南侧，该处在西三环路西侧，交通方便，而且其后方是规划中的国家行政学院，环境安静，很适合医院的选址。但卫生局王康九局长因考虑距海淀区妇产医院太近而未能接纳，改而选在现今的位置。二十余年前该处是一片农田，所谓恩济庄是皇上赐给太监们的坟地，因不少太监是贫苦人家的小孩，自幼送至宫内，与家人很少联系，故去后就葬于此处。当时四周的建筑也不多，三环路、阜成路等均尚未修建，因此不但与现时相差甚多，即使与上述两处相比也差之颇远。从那时的规划图也想象不出现今的繁荣，但由于卫生局考虑全市的医院布局，当然得服从，遗憾的是卫生局忘了周围有这么多的部队医院了。地点既然已定，就涉及面积大小了。根据当时的国家规定，北京市只能批准1千万以下投资的基建，超出此投资额的基建项目须由国家计委审批。而鉴于医科院肿瘤医院的基建正在进行中，国家计委不可能同时在北京市新建两个肿瘤医院，所以北京市肿瘤医院只能限于300张病床，投资额为997万，以符合不超过1千万的规定。由于只有300张病床，因此征地面积大受限制，我原拟征地120亩，从医院的现址再向南延伸，直至河边。当时还设想沿河边可建宿舍，作为生活区，甚至可自备游艇，沿河北上可直至颐和园，充满了对美好前景的憧憬。

但由于按每张床位用地计算，300张床位的医院只能征地70余亩，其中还包括政府日后修建阜成路的代征地，所以当时征用土地的北缘直至现今的阜成路中线，而医院南侧至河边的40余亩土地，市规划局则同意作为肿瘤医院的预留地予以保留。以备二期工程之需，因当时的设想只要医院正式开始施工，就再打报告提出研究所搬迁及医院扩充床位的要求，就很易将此40余亩的预留地征下，市规划局也同意此意见。让人想不到的是待我1984年出国进修一年归来，被告知该预留地被房屋开发公司占用了。我当时甚为不悦，因所内竟无人将此情况提前告我，否则完全可以通过规划局周永源局长，保住此为肿瘤医院日后发展而预留的40余亩土地的。我深悔不该此时出国，因我深知丢失了这块土地对肿瘤医院今后的发展会带来无可比拟的影响。何况当时征地费用每亩仅数千元，安排4个劳动力而已。真是机不可失，时不再来。要是保住了此40余亩地，肿瘤医院又是何等情景！

但是在30年前刚开始实行改革开放政策，北京市政府不论经济实力、基建力量等远不如今，尤其经“文革”浩劫，各行各业均急需振兴。而北京市只有每年完成基建300万平方米的实力，各项涉外的工程例如新建使馆以及有关国计民生等需要确保的重点项目又较多，因此连续多年只是列上计划而已，并未具体实施。由于这种项目实在太多，以致正像群众中所流传的一样，“计划计划，墙上挂挂，嘴上夸夸”，仅是一画饼充饥的诱饵。

1985年，正当我们还在无奈地多方活动争取市计委能将北京肿瘤医院从预备项目列入正式的基建计划之际，突然某日市卫生局王康九局长急召我与高兴书记去卫生局。到达后才知市卫生局领导经研究后，已决定拟将市肿瘤研究所搬迁至北郊市结核病院（即现安贞医院），将该院改造成肿瘤医院，让我们即去该院了解情况，一周后两个单位的党委先合并，明确由肿瘤研究所为主共同研究将结核病院改造成肿瘤医院事宜。我们次日即驱车前往位于北三环（当然那时尚未修建）的市结核病院。该院占地100亩，宽敞的病房，环境不错的庭园，尚有一幢5000平方米已竣工，正待分配的宿舍楼，颇为诱人。由于当时该院周围是农村，不知何故医院与农民正在闹纠纷，因此农民隔着围墙把粪便扔入医院的院内，满地均是，甚为狼狈。后又了解该院有两位年事已高、颇得众望的留法医学专家已上书市领导，强调结核病防治不能被削弱，坚持反对取消市结核病院由肿瘤所将其吞并的决定，获得该院绝大多数职工的支持。进一步参观该院后发现，该院职工超过肿瘤所一倍有余，且高年医技人员较多，但由于该院有些类似休养院性质，因此人员业务素质及设备均

1984年5月徐光炜赴美国国立癌症研究所（NCI）做访问学者

较差，技术也较落后。因此，回所后大家顾虑颇多，认为肿瘤所以小吃大，势必消化不良，将一专门从事结核病防治的专科医院改造成肿瘤专业的专科医院，困难实在太多，尤其在该院职工抵制的情况下，将会陷入无休止的内部矛盾中。试想，在颇讲究辈分、年资的医疗系统，一名高年资的医师何以适应较他年轻甚多的医师成为他的业务领导？不但须进行业务改造，继续教育等有关业务技术问题，更涉及职称评定、职位晋升等与个人利益有密切关系的一些结构性矛盾。当时肿瘤所的主要矛盾是空间不足而影响工作，但大家积极向上、人员间甚为团结，是一种发展过程中的矛盾，气氛是积极的。颇担心一旦合并，从领导到群众、各科室均会陷入人际矛盾而难以自拔，何况一旦脱离北医势必成为北京市的一独立事业单位，甚难再与北医建立紧密的联系，对肿瘤所的人才培养、科研水平的提高以及各级人员间的协作、交流、共同开展科研工作均极不利。另外，当时市政府主管文卫口基建的钟加录处长已答应我们三年内一定将市肿瘤医院的基建列入正式施工的项目内。那么，我们再咬牙等待三年吧。于是就以该院不欢迎并抵制我们前往为由，婉拒了卫生局让我们合并结核病院的好意。

我们决定不去市结核病院后不及一月。某天，突接吴英恺教授来电，问我是否决定不去结核病院了。在得到肯定的答复后，就告诉我，“你不去，那我就去了”。重复了两遍。未几，消息传来，吴院长不但将他原在朝阳医院的心血管专业迁了过去，而且通过他的建议，将原北郊市结核病院人员迁至黑山扈与小汤山结核病院合并了，我听后不禁拍手叫绝，到底姜还是老的辣。既保留了原北郊结核病院专业医师的专业工作，避免了削弱结核病防治工作的批评，又使一新的安贞医院在无各种矛盾的情况下得以顺利地发展。试想，如肿瘤医院也按照此模式搬至北郊，那将较现今的北京肿瘤医院提前10年建立，那又将是一番怎样的情景？使我后悔不已，处理这些较复杂的问题，还是缺乏经验及谋略。同时，也使我深刻地体会到在日常工作中常会遇到各种矛盾及困难，如何使矛盾向有利于我方转化，使不利因素变为有利因素，这实在是一门高超的领导艺术。吴老就是借助结核病院专业人员不愿放弃原专业，而卫生局领导又虑承担削弱结核病防治工作之责，而顺水推舟地将该院连锅端至小汤山，既排除了筹建安贞医院时可能遇到的阻力，也使某些不愿搬迁至小汤山的结核病院职工无言以对，真是一示范性的实例。

29

共创抗癌协会

此事还得先从中华医学会肿瘤学会说起。“文革”后期，各种学会已逐渐恢复活动，肿瘤学会也不例外，由于学会已长期处于停滞状态，尤其经历“文化大革命”人事变动较大，首先就需调整组织机构，层层进行改选。先由全国各省的地方学会按分配的名额推选委员，然后推选常务委员，再由常务委员选举主任委员。由于“文革”前我并非委员，这是第一次参加，前两轮很顺利地选出了15名常务委员，但当常务委员选主任委员时就出现了戏剧性的故事。原来那天会议广东的李振权常务委员缺席，所以选举就在14名常委中进行，每人1票，选举结果是7:7，我与张友会教授的得票数相等，休息后再次重选，结果还是一样。在不得已的情况下，经总会秘书长裁定，按选常委时得票的多寡决定，结果因我得票较多而当选。使我颇为不解的是，当时北京市肿瘤防治研究所成立不久，在肿瘤战线上我只是一名默默无闻的新兵，常委中不乏德高望重的前辈名人，且医科院系统在常委中几近一半，何以我能当选？后经了解才知，按不成文法，主委应在总会所在的北京的委员中产生，而外藩们似对当时执牛耳的医科院肿瘤医院有不满情绪，以致将选票集中在非医科院所属又在北京工作的我了。我就这样在毫无思想准备的情况下，意外地当上了主委，哪知从此就打开了我为学会服务的生涯，前后在肿瘤学会当主委或副主委历时二十余年。

“文化大革命”结束后，国家实行了开放政策，各行各业纷纷面向世界，肿瘤界也不例外。当时的领导认为“文革”期间成立的肿瘤防治办公室及各协作组显得有些“土”，既然学会等已都恢复，就拟宣布解散各协作组，但遭到肿瘤界同道们较为广泛的反对。普遍认为我们国家一穷二白，人力财力均有限，唯有组织起来，才能集中有限的人力及物力做些有利于肿瘤防治研究的工作。各协作组几年来做了不少有益的工作，各专业人士颇留恋彼此相聚，协作搞科研的经历，希望协作组取消后，这种以某一常见肿瘤为主协作攻关研究的方式能保持下来。于是张明和等几位有识之士纷纷前来找我，希望将这些协作组以专业研究会的名义转移到肿瘤学会的麾下。我当然愿意为此效力，经多方接触后，了解到中国科协对学会管理有一套较成熟的规定，一般按三级管理法实施：中华医学会为一级学会，肿瘤学会则为二级学会，如将各协作组转移至肿瘤学会名下，则只能是第三级学组，学组按规定不能独立对外进行学术交流，这是大家所不愿接受的，因为国外已有不少的各常见肿瘤命名的学会及研究会，国内同道颇欲与此等学术机构建立一定的联系，开展彼此间的交流。

因此，当20世纪80年代初某夏，在北戴河召开乳腺癌的审稿会议时，当时与会者有金家瑞、张明和、张天泽、张嘉庆、刘谦等人，大家又颇感遗憾的谈起此事。突然有人提问，中华医学会结核病学会与中国防痨协会是什么关系，大家不知所以的瞠目以对，后才醒悟过来，原来是提醒大家，要仿效此法。因中国防痨协会是直属科协领导的一级学会，不同于隶属于中华医学会的结核病学会，后者是与肿瘤学会相似的二级学会。大家恍然大悟，要保住各常见肿瘤的全国性协作组，唯一可行

中华肿瘤学会第二届委员会

之道就是另外成立一类似中国防痨协会似的中国抗癌协会，于是决定发起成立直属于中国科协的中国抗癌协会。

按科协的有关规定，肿瘤专业是完全有条件成立一级学会的。并且，也了解到主管审批的领导是原湖北省省委书记，当时已调任中央的王任重书记，而张明和院长是他的保健医。于是经张院长的努力，终于较快的拿到了王任重书记的批件，中国抗癌协会正式开始筹建，因此张院长应是中国抗癌协会的第一功臣。

当时大家认为第一任抗癌协会理事长非德高望重的金老莫属，但遭金显宅教授拒绝，并说了一番颇让人信服的谈话，要求抗癌协会一定要最大限度地团结广大的从事肿瘤事业的同仁，而且要尊重对肿瘤事业有贡献的老专家，所以他极力推荐医科院肿瘤医院的吴恒兴院长任理事长，广西医科大学的叶复荪校长作副理事长，而他自己则作名誉理事长。大家尊重了他的意见，他并且还表示为了更好地团结国内同道，建议今后理事长也尽量考虑外地的专家，天津作为协会的发源地，可多做些具体工作。

中国抗癌协会终于在1985年在天津正式成立，遗憾的是我因赴美学习而未能参与此盛会。会后告我也被选为副理事长之一，因考虑我是肿瘤学会的主任委员，又

中国抗癌协会成立筹备委员会成员
（徐光炜时在美国未能参加）

中国抗癌协会工作会议

曾参加全国肿瘤领导小组的工作，所以让我分工主管学术会务部的工作。而各种常见肿瘤的全国协作组得以保留，成为中国抗癌协会下属的二级学会，改名为“XXX癌专题研究委员会”，可以各自独立对外进行学术交流，参与各国际学术团体，为我国肿瘤界打开国门走向世界创造了条件。

由于金老自美国Sloan-Kettering Memorial Hospital返国后即成为我国肿瘤事业的主要开拓者，在20世纪50年代初即组织全国肿瘤医师进修班，广收学员，遍布各地，各省市肿瘤专业的骨干人才几乎大半出自此进修班，其中不少当时已成为肿瘤医院的院长或科主任，如李挺宜（浙江）、张明和（湖北）、李振权（广东）、刘谦（吉林）、李同度（安徽）等不但已是国内建院较早的省肿瘤医院院长，而且也均是该省的肿瘤学科的学术带头人，因此抗癌协会成立不久，以原来的天津进修班及全国协作组为基础，得到国内同道的广泛支持，在短时间内集中了大部分从事临床工作的肿瘤专业人才，大家志同道合，人心所向，团结协作的气氛甚浓，成为国内少有的一个具有草根特色的学会，这种民主、团结的作风也成为以后抗癌协会得以发展的一大精神支柱。

第一届抗癌协会届满之前，出现了领导危机，协会主要领导吴桓兴理事长及叶复苏副理事长相继前后患病，金家瑞秘书长更患了肝癌，继而不治。金老曾设法拟将山西省肿瘤医院院长、原卫生厅副厅长李光恒教授调至天津主持工作，李教授也克服不少个人困难，较长时期旅居天津主持协会工作，为抗癌协会的基础建设做了不少有益的工作，但因种种原因，李光恒教授调津事宜未能顺利解决，他也不宜长期旅居天津，而第一届抗癌协会又面临换届，金老其时也患病住院，但是他始终对抗癌协会颇为关心。某次，我去他病榻旁问好，寒暄后他突然提出个要求，希望我能接任抗癌协会理事长工作，我大吃一惊，极力推荐张天泽教授出任此位，我本人不但才疏学浅，又较年轻，不能服众，何况我正全力以赴的在忙着北京肿瘤医院的筹建之事，实在无更多精力顾及其他。金老默然，我也很不忍心有负老人之所托，就向他表示，在北京肿瘤医院建成后，如大家还信任我，我愿将工作重点转移到抗癌协会，他才稍有笑意。此后我就极力劝说天泽教授接此重任，也积极动员真心实意关心协会工作的张明和及李光恒两位去金老处游说，让他同意此建议，以稳定天津为主的领导班子，我则保证尽心尽力地做好副手之一的职责。最终金老终于同意了此建议，张天泽教授被推举为第二届抗癌协会的理事长，同时也为中华医学会肿瘤学会的副主任委员，我则仍任副理事长及肿瘤学会的主任委员。所以，长期来抗癌协会及肿瘤学会的主要领导成员实际上是一个班子，互有兼任，这样保证了我国肿瘤界一直较团结的局面。直至后来由郝希山校长替代张天泽教授后，一直保持两个学会的主要领导相互兼任，以协调工作，维持肿瘤学术界的统一及团结。

在第三届换届选举时，虽又有人提出由我接任，我仍以北京肿瘤医院基建尚未完成，我仍任院长为由，而由张天泽教授连任，直至第四届换届时才正式被选为理事长。由于北京肿瘤医院刚建成，须处理的行政杂事颇多，又有自己的业务工作，所以对协会工作投入的精力并不多，主要的工作都由徐志刚秘书长操办。徐曾是北京市肿瘤防治研究所负责科研工作的副所长，工作一贯勤勤恳恳、认真负责。当时接手协会工作时由京津两地联合办公，北京的办公室完全是白手起家，除医院提供办公室及另两名工作人员外，其他一切均由协会自力更生予以解决。徐志刚秘书长全力以赴的投入工作，不但积累了赖以生存的活动经费，改善了办公条件，而且开

2004年4月美国AACR执行主席来访

2005年9月UICC主席来访

2004年11月美国ASCO执行主席来访

展了一系列有助于协会发展的工作，二级学会也有了较大的发展，过去限于常见肿瘤，现逐步扩展到基础研究及各种新兴学科及其他肿瘤领域，协会出现了蓬勃发展的新气象，某些国内的企业单位如康莱特、太极等药业公司对协会的发展也给予很大的支持。这里值得一提的是两件事，一是根据上海等地的经验，发起并组织了在每年四月份的第三周举行的癌症宣传周，初时仅在国内有限的几个大城市举行，每年围绕一个主题，例如“控烟”、“科学治癌”等等，利用平面、立体媒体、讲演会、义诊等广泛宣传防癌抗癌知识。也曾向卫生部提出建议，争取将此周定为法定的全国抗癌周，以壮声势，并加强宣传的力度，但被告知卫生部无权作此决定而需由国务院定夺，只得作罢。但抗癌协会在各地抗癌协会的支持下仍每年坚持进行，至今已十余届，照办不误，现已成为卫生部也认可，并发文支持的全国性活动。有媒体采访我时曾问，为何选择四月份的第三周为抗癌周，是否出自世界卫生组织或是国际抗癌联盟的规定？我答曰：否。这是我们自已商量后定的，因为四月份的第三周全国从南到北天气均转暖而尚不热，适于搞户外活动之故。二是举办了第一届中国抗癌协会的学术年会。抗癌协会成立以来，由于接管了原全国的多个常见肿瘤协作组，因此学术活动相当活跃，但都是分散举办，纷纷要求能仿效国外的ASCO、ESMO等举办大型的多学科的肿瘤年会以期达到提供更多的信息量，提高会议效率，减少重复会议的浪费。于是在2000年于北京举行了第一届盛会，得到广泛的响应及支持，与会者达2500余人，开幕式在人民大会堂举行，是日70余辆大型旅游车组成的车队从会议驻地北郊的亚运村国际会议中心出发，至天安门前的人大会堂，浩浩荡荡，路人注目，颇为壮观。会议得到充分的肯定，遂决定每隔两年举办一次。如此大规模的学术活动在肿瘤界还是首次，为了筹备这次会议，徐志刚秘书长废寝忘食地投入工作，为会议的成功注入了大量的心血。

第五届抗癌协会理事长仍由我连任，协会经过几年的发展，已日渐壮大，二级学会已发展到30余个，深感协会再附设于某肿瘤医院已不能满足事业发展的需要及形势的要求。中国科协也要求各协会学习国外NGO的经验，发展成独立自主的协会。在此背景下，抗癌协会决定搬离北京肿瘤医院，在他处租用500平方米的办公楼，成立一完全独立的总会办事机构。至此，中国抗癌协会有了自己的“窝”，对外交流与企业协作等有了更大的活动空间，协会的影响也大增。美国癌症协会（ACS）主动要求加强与我们的协作，并在协会办公室内租用一办公区，以便协调开展工作；同时我们又与国外多个国际学术团体建立了关系，开展了协作。其次，为建立固定的经济支撑，以增强学会的能力，按科协有关厂会协作的规定，在科技服务部下成立了开发公司，协助企业开展了临床流行病学调查、临床病例研究等各项活动，以获取支持协会活动的经费，探索了自力更生发展学会的改革之路。另外，为了开展实质性的项目以扩大学会的影响，争取政府授权开展了“百万妇女乳腺普查工程”，对如何结合中国具体情况，开展乳腺癌普查工作进行了有益的探索，并取得了在自然人群中乳腺癌检出率达2.6‰，早期癌占56%的成绩。在“工程”的影响下，全国各地不少单位自发的组织了各种技术方案的乳腺普查工作，提高了妇女对防治乳腺癌的认识，推动了乳腺癌防治工作的开展。

与第六届理事长郝希山教授（2007年）

2003年访问美国癌症学会（ACS）总部并与ACS初步建立合作关系

30

康復会

癌症康复会

癌症康复会是在琳琳患病后，多次在玉渊潭公园与癌症患者举办群众咨询活动后决定创办的。琳琳当然是主角，是主导者，我则是一名尽心尽力的配角，争取到中国抗癌协会支持试办后，就名正言顺地在我家中正式成立。北京肿瘤医院为支持此项工作，捐赠一万元作为启动经费。初起时由海军某部的高文彬部长任会长，众多癌友盼到了中国抗癌协会同意支持此事，纷纷高兴地参加。

高文彬部长是位热心公益事业的老人。他曾患肺癌，在“文革”期间在海军总院诊治，经开胸后发现病情已晚，不能手术而关胸，但遗憾的是后因找不到病理诊断资料而引起不少争议。他在术后积极进行治疗的同时，不论暑寒、晴雨，天天坚

宋琳琳与癌友交换康复经验

抗癌乐园小组活动

持在玉渊潭公园晨练，当时以练郭林气功为主，连续多年而从不间断，他的健康状况也日益改善。癌症患者知情后，均纷纷前来请教，因此他就自然地成为该园参加晨练的癌症患者群体中的一颗明星。他又乐于助人，是一位热心肠，关心众人的长者，因此在这一群体中威信颇高。也曾有人就他的事迹写成小册子，广为宣传，所以他就逐渐成为癌症不可怕，癌症可治愈的现身说法的活教材。因此在康复会成立之初，很自然地被大家推选为众望所归的会长，琳琳则为副会长，还有练郭林功的余大元，空军的离休干部俞长德，以及我院康复科的主任张宗卫等。因此该组织在成立之初就有专业人员介入，并起较主要的作用。

当时虽说在北京搞试点，其实上海、天津等也均有自发性的群众组织，闻讯后纷纷前来联系，也要求共同参与，因此一时人气颇旺，很快就组织了起来。组织成立一时期后，如何开展活动就莫衷一是成为大家议论的重点，有一阶段甚至将推广郭林气功作为主要活动。经反复研究，决定搞一次京、津、沪三地抗癌明星的评选活动，不但能扩大癌症康复会的影响，而且更为重要的是宣传癌症不可怕，癌症可治的观点，以针对当时的癌症不可治的恐癌论，鼓舞广大癌症患者的抗癌意志。为了使三地能统一步调，我提出了评选抗癌明星的三大条件：首先是III期以上的中晚期癌症患者，有医院明确的诊断证明，且已无病存活五年以上；其次，在治病的过程中体现了与癌症作斗争的顽强意志及具体事迹；最后不但治愈癌症，而且回归社会，能从事有益于社会的活动。此三条标准获得评选组委会的一致同意，就按照

首届全国癌症康复者文艺汇演

此三条标准，在1993年开展此一评选活动，由京、津、沪三地分别征集报名者，并进行初选，最后将初选获通过的癌症康复者在北京进行终审。一时间各媒体也纷纷介入此工作，并广为宣传，最后评选出百余位抗癌明星，各报刊又分别介绍了他们的事迹。这一活动取得了很大的成功，以这么多患者的抗癌成功事例，有力地宣传了癌症不可怕，癌症可治的科学论点，批判了癌症不可治的悲观论调。在总结大会上，我根据这些癌症康复者的具体事例，总结了抗癌成功的三大要素：一是这些康复者都是经过科学合理的综合治疗，几乎无一例外，其中绝无一人由练气功或服用单方、偏方治愈的；其二，从癌症康复者的成功事例中发现，他们均有坚强的与癌症抗争的信心；最后，他们得到了家庭、单位及社会上的普遍关心及支持，无一患病后闹离婚等家庭矛盾的。当然，并不是说有了此三条件就一定能将癌症治愈，但至少是增强了治愈的可能性。由于这些抗癌成功的规律有众多的癌症康复者的具体事例为依据，因此有较强的说服力，从另一方面也纠正了某些单位或社会上对癌症病人在工作安排或福利待遇方面的偏见，有助于在社会上培植关心癌症患者、支持抗癌斗争的气氛。

由于此一活动的成功，在社会上也产生了很好的影响，各地癌症患者纷纷成立了相应的康复会，一时如雨后春笋般地得到快速发展。在康复会成立之初，常遭遇是否应介入此等活动的质疑，而现时听到的常是如何开展康复会活动的建议。中国抗癌协会不但早已同意正式成立癌症康复会，而且由协会的秘书长张宗卫教授亲自领导并主持此一工作，使癌症康复会的工作得到了很大的发展，而且跨出国门，得到了美国癌症协会的很大支持，举办了多次的国际性学习班，同时也与香港、台湾等地的相应机构建立了联系，定期举办各种交流活动，成为我国抗癌战线上一支不可忽视的力量，也是一具有中国特色的群体抗癌活动。目前全国已有会员8万余人，具有法人资格的分支机构也有60余个。此事对我的感触也颇深，感到凡事只要符合其客观发展规律，又是人民大众所需要的，一定能得道多助，得到发展，癌症康复会从成立到发展壮大充分说明了此一真理。

琳琳作为一名志愿者，在癌症康复会辛勤地服务了18年，直至年前在她坚持下退居二线。我作为她的助手及配角，亲自感到她对癌症康复会所作的贡献。每年春节的联欢会，几乎均是她的专利，均主要由她来操办，忙着请演员、安排节目，希望能给广大的癌症患者提供一温馨的充满人情味的节日聚会。另有两件事我觉得值得一提。

首先，她积极地与张宗卫大夫一起举办癌症康复学习班，在颇困难的条件下，已坚持了多年。我认为这是有助于癌症患者康复的早期干预活动，将刚结束癌症主

宋琳琳与同是癌症康复者的世界男高音歌唱家卡雷拉斯亲切交谈

癌症康复经验交流会

与抗癌明星共同迎接21世纪第一缕曙光

要治疗的患者集中在一起从心理到营养、锻炼、药物等等加以指导，这将会对癌症患者的康复有莫大的助益。

其次是向癌症患者提出了“我为社会作何贡献”的口号，我认为此不仅是一句简单的口号或要求，而是意味着更深层次的一种康复模式或目的，有较强的针对性及现实意义。前已述及社会或生活的小环境对癌症患者的关怀是应该的，是获取抗癌胜利的要素之一。但绝不能理解为癌症患者或康复者就有条件或权利向社会索取。不少癌症患者认为癌症是一终身性疾病，一旦得病就得长期休息、服药，就需要人们对其照顾。其实，这是癌症不可治的另一种翻版。我们应要求癌症患者治愈康复后回归社会，做一些力所能及的服务社会的工作。所以我认为这句话有其深远的含义。

总之，作为参与癌症康复会成立的个人，对此工作颇有感情，也有不少令人留恋之处。琳琳在病后放弃了她原来从事的儿科专业，而专门从事这一对她来说完全陌生的工作，始终无怨无悔。一月前，她与严仁英教授等共同创办的中华医学会围产学会成立二十周年，她是在20年前成立大会后数天发病住院的，在这次庆祝成立二十周年的大会上，给她发了个特殊贡献奖，以示表彰她创办此学会有功。她觉得有些惭愧，因多年来她为自己创办的该学会贡献不多，而相反为癌症康复会却花了不少精力。我听后不禁汗颜，因曾长期来作为中国抗癌协会法人的我，的确只是使用她，而未考虑其他。当然，她也并不计较。

31

跨国购医院的背后

从美国购买医院之事，经各种报刊、媒体宣传，又获得了国家奖状，一时沸沸扬扬，成为卫生界人们颇为关注的热点。某日，健康报一记者来访，欲了解幕后不为人知的新闻，初遭我拒绝，认为报社不可能发表，经不住该青年一再恳求，因从他的直觉能感到竞购医院之事恐不似一般的报道那么简单，似仅是举手之劳，认为不可能轻易就取得成功，一定另有一番艰辛。我不禁为他的这种强烈的职业精神所感动，于是向他讲述了一些鲜为人知之事。

北京肿瘤医院的筹建如从1979年北京市计委立项之时开始计算，至1995年建成，足足16年，而日寇侵华的抗日战争，历时够久的了，也仅及其半，其中艰辛可想而知，资金缺乏是久久不能建成的主因。因此当医院终将建成的九十年代初期，我就开始为基建完成后如何筹措购置设备的经费而发愁，因我深知此费用对建设一个一流的肿瘤医院而言，绝不会少于基建的投入。而鉴于我院体制有“两位婆婆”的原因，不论北京市或北医均不可能予以支持，原基建的经费也是在北京市立项后我先争取到国家计委的“戴帽”专项拨款的支持，北京市计委才同意拨余款的，因不然国家计委就要取消此专项拨款，为争取此基建经费的落实，几乎使出了我的浑身解数，动用了行医以来积累起来的社会资源及作为人大代表的方便之处，应用一切合理又合法的手段历时10余年，才逐步得到解决。但基建完成并非医院已建成，如再依靠国家投资完成设备购置难度将更大，因一建筑物建成是有形的政绩，而设备的投入就难以成为政府的政绩，所以势必另辟蹊径。争取国外的政府贷款，是一般医院添置设备解决资金不足之常途。时任国务委员的陈慕华副总理的丈夫曾患胃癌，是我的老病人，我的老同学又是国务院常务副秘书长何椿霖，通过他们两位的支持我已争取到英、法、加、芬兰等国的政府贷款，购置设备的款项应该已足够。但即使是政府贷款，也得支付利息，另外购买设备的选择余地也较小，只能购买贷款国的设备，利息虽然较低，但作为一刚建立的新医院也是一不菲的负担，至少职工的每月奖金就会受很大影响，这样就会影响对医院建设来讲非常重要的技术队伍的建设。考虑再三，反复推敲，最后认为在政府不承担归还国外贷款的情况下，将会使医院还未开张就陷入困境而不能自拔，于是只能横下一心，忍痛割爱，放弃好不容易才争取到的政府贷款而另谋出路。

唯一可行之道就是设法购买国外的二手医疗设备，使医院能以较低费用的设备投入而早日开张，尽力的维持低成本运转，避免负债，设法以盈余的资金再次更新设备，只有实施分阶段建设的方案，以保证职工仍能有奖金收入，这样才能巩固及发展我院的技术队伍，有利于医院的长远发展。方针既定，就首先找到一些专门从事为第三世界提供二手医疗设备的慈善机构，只要支付运费及相应的手续费即可，通过此途径争取到几个集装箱的病床为主的一些一般性医疗设备，其中除病床尚可用外，其他医疗设备均太破旧及落后，不适用于我们刚新建成的肿瘤医院，看来此路不通。但在此联系过程中，得到了一些其他信息，我所在海外的留学人员游伟程、安琦等知悉美国每年有各种原因破产的医院，举行拍卖，不但价格便宜，而且是医院动产的整体拍卖，均是在运行的设备，因此较适合我们的情况，并告知波士顿即有一医院要拍卖。后经实地考察，该医院位于黑人区，是一政府医院，设备甚为陈旧，不合我们的要求而放弃。其后安琪医师在网上调查了美国六大城市10年来医院破产后拍卖的情况，平均每年共有5个医院宣布破产，即这些城市每年有0.8个医院破产，其因是由于过去认为医院有如旅馆，300张床位左右规模的效益较好，所以兴建了一批病床300张左右的综合医院，其后发现实际情况并非如此，医院的发展是以专业化或大综合为趋势，小的综合医院颇难维持，因而破产。因此参加拍卖，购入一整套破产医院的设备是颇有机会的。果不然，时隔不久，游伟程大夫就从报上得悉，Leland医院破产拍卖的消息，该医院200余张床位，开设于离首都不远的一小城镇，是一条件较好的私立医院，近年来由于大批黑人涌入该小城，白人纷纷迁出，以致医院的服务对象锐减，而难以维持，于是经政府批准破产，登报拍卖。经实地考察，由于该院的服务对象是消费层次较高的市民，因此设备约八成新，保养维护也较好，医院的动产共有4000多种设备及家具等物品供整体拍卖，包括CT机、X光机、麻醉机等，全套化验室、放射科及手术室的设备，看了该院列出的清单，甚为满意，于是决定参与拍卖，写了投标55万美元的标书。

在参加此投标前尚有一插曲，前已述及决定放弃的国外贷款后，即使购买二手设备也需资金，可是肿瘤所是一全额补助单位，所有医疗收入均归北大医院，因此毫无资金储备，如何争取政府的支持，以解决购买二手设备的资金？某日，去市府汇报时，我提出将新盖成的医院大楼暂时出租作办公楼以筹措资金的建议，将此租楼所得再购置设备以达“曲线救国”之目的，此动议理所当然地受到领导的批评及否定。当征求有无其他良策时，我就提出至国外参与竞购破产医院的建议，得到领导的首肯，将市卫生局仅有的存于银行的1200万人民币（相当200万美金）作保证金，并出具公正证明，这样才启动了竞购医院的实际操作程序。

标书送出后约一个月，接到对方来函告称，自刊登拟拍卖该院的动产广告后，有多家美国公司对此感兴趣，并提出盼医院的不动产（房屋）也能参与拍卖，为此他们拟改为将整个医院拍卖，如我们有兴趣，可修改标书后再参加竞拍。我见后感到此事又无望，原因有二：首先我是众多竞购单位中唯一的境外单位，在美国无信誉可言；二是购买房产势必费用很高，而对我们又并无用处。在非常失望的情绪下

9人小组成员：左起韩树奎，王贻馨，张劲松
右起：吴静华、彭家栋，康永新

9人小组成员：左起第一位王国良，第三位黄健，第四位张力建

再次阅读原先的拍卖广告，白纸黑字明确的写明只拍卖不动产，如今他拟改变初衷，我们就有理由提出抗议，当时只是聊胜于无的无奈之举，并不寄以希望。岂料很快得到答复，我们抗议有效，政府的拍卖小组决定还按原议，动产及不动产分开处理。既然又有了希望，那就得设法中标，我们的优势是立即用于为患者服务，并非营利性的商业操作，劣势是信誉度无法与美国公司竞争。曾与卫生部及北京市政府联系，能否出具证明，医院急需这批设备，以能早日开业，但经商议后均认为此举不妥，已有200万银行存款的公证证明应该可以了。可是我终觉不踏实，曾考虑能否请美国驻京大使馆来已建成的新院参观，以证明我们所言不虚，又苦于无门路可循。适值此时，张力健大夫提出他能与大使馆的商务参赞联系，有可能会有所帮助。在当时病急乱投医的情况下，就将新院已建成的相片及乏资金购买设备的情况向该参赞作了介绍，盼他能相助。说实在的，当时对此也并不存有奢望，无非是尽人事而已。意想不到的是当我在新加坡参加会议时，突接国内来电，告称我们已中标，要即刻赴美办理相应的手续，并限期要将医院内的设备拆下搬走。听到此消息，正如天上掉下馅饼，喜出望外。次日即从新加坡返回，来不及等待随机丢失的行李，立即赶赴美国。后来在该医院的老院长处得知，在讨论中标单位时，大使馆商务参赞的信件还是起了决定性的作用，以致8人小组均同意我们中标。

待我高兴地抵达美国，不料又横生枝节，由于国内发生了有中国银行职员偷汇逃跑事件，因此，外汇的汇出从严，一般的商业活动暂禁外汇的汇出。亏得我有一乳腺癌患者的家属是一机部进出口总公司的负责人，知悉此情况后，表示愿意支

1995年9月18日新院落成典礼

持，将卫生局的购院借款汇至他在国内的公司，再由他告知在美国的分公司将购院的外汇先行垫付。我在感受好事多磨的同时，也深感“得道多助”此一哲理的无比正确。

在决定投标后，为了节省开支，及时能将设备运回国内，在所内准备了由康永新副所长带领的张力健、韩树奎、王贻馨、吴静华等9人工作小组，其中包括工程师、技师及医师等。根据该院列出的设备清单，由该小组分工负责，要求将这些设备拆下，装箱运京，并且在到达医院后要安装调试，保证能正常运转，所以准备了录像机、相机等，以备在拆卸过程加以记录，避免安装时出错。为了提高工作效率，调动大家积极性，采取每人1500美元／月生活费包干的方法，争取3个月内在规定时间完成此任务。当然现在看来此补助费不高，但在15年前大家也颇满意了。

因此，一旦中标，我先只身赴美。随后9人小组在购院的经费落实后，也随即到达。原拟到达后即可进住该院，每人一间带电视及卫生间的病房，在其厨房自炊，可节省不少费用。岂知因我们仅付了12万美元的定金，医院的产权不属于我们，因此无权进驻，只得请律师与他们履行了相应的法律手续，按规定缴款，双方签字画押，待整个的购买过程均完成后，才能进驻医院，开始拆迁。所以在找律师办理相应协议的同时，大队人马只能住旅馆等待，同时作相应的准备工作。经了解，如当地雇佣壮工，每小时20美元，一天按8小时计，但其中2小时应作为他的上下班途中的时间，同时还须另付交通费40美元，即每人一天工作6小时的费用为200美元。而拆卸某些X线机、无影灯等的设备须由有营业执照的技术工人才能操作，其费用则更高，较一般壮工要高2～3倍。所有的设备在拆下后均需先有单独的包装，然后再装入大些的木箱，最后才能装入集装箱待运。于是得先按各种设备零件的大小，购置各种型号的纸板包装箱，然后得运至木箱加工厂，按所须定制并装入各种木箱，最后才由拉集装箱的大卡车送至码头待运。亏得美国是一商品经济非常发达成熟的社会，各种规格的包装箱齐全，拆卸工具及运输设备均是一条龙服务。了解清楚后决定按原计划自己动手拆卸医院的全部装备。吊在房顶上的无形灯、X光机等均较重，是在升降车上放置桌、凳等，先将其托住，再慢慢拆下的，反正我所的9人小组花了不小的精力，才将这些设备拆下，为这次竞购及日后的安装成功，使新院能借这些设备开张运转立下了大功。

与Leland医院院长合影

在拆卸过程中还遇到一插曲，因为根据合同，在整个拆卸的过程中不能损毁建筑物，还得保持环境清洁，且在规定的3个月时间内将所有的动产全部搬离，不然就得赔偿$12万。当拆卸CT时犯了难，因为该设备当初安装时是先将设备放入，后再砌墙的，不拆墙就无法将此机器搬出，其他有些设备是固定在房顶或墙面上的，拆除时也难以避免损坏。后经双方律师协商，将原协议中的损伤（Damage）改成合理的损伤（Reasonable damage）是允许的，才解决了此矛盾。后来当我们新院开张，Leland医院的领导来院祝贺时，对我所的工作人员完全依靠自己的力量在短短的2个月内将全部设备搬运至北京，不但对该院未造成任何损坏，且打扫干净表示钦佩及感谢。当然，12万美元也按合同早就退回给我们。这次跨国购院得以成功，游伟程大夫起了关键性作用，因为Leland医院离他当时所在的Maryland不远，因此从开始提供信息、找律师、签协议，以至最后拆迁过程的具体环节，甚至9人小组的生活安排、机场接送等都得到他的大力支持。

一切就绪，共装运了28个40英尺的大集装箱，而且很快这些集装箱就被运抵天津塘沽港。满以为很快即能迎来医院，哪知又发生意外。一是卫生部的检疫部门要收取检疫费。我曾查阅过卫生部公布的规定，每一集装箱为800元人民币，收费不高，所以未予介意，不料当检疫部门到达码头检疫后，初时索要检疫费竟达40余万，经多次交涉最后降至24万，并下了最后通牒，限时交付。不得已情况下，找了陈敏章部长，诉说筹建医院及缺乏资金苦处，经他的干预，总算最后降至每一集装箱收费1000元，后我打电话给陈部长表示感谢时开玩笑说“部长一言值万金，省去我20余万”。

另一伤脑筋的是在我们的集装箱运抵前不久，国务院因该年税收不足，下令所有进口物资均须按律收税，即使赠送的物资也不例外，而且家具等生活用具均高收税达200%，这真是始料不及的晴天霹雳，因我们出国拆卸时尚无此通令。如按此规定收税将是一天文数字，且较国内买新的还贵。大家得知此信息后有如热锅上的蚂蚁，眼看设备已运回国内可是无法完税取货，着急之情可以想象。而且据悉此通令是朱镕基总理亲自批复，很难通融。突然忆及朱总理的秘书曾找我看过病，于是设法找到他，介绍了详情，请教良策，他带领我去拜访了海关总署的副署长，当我详述筹建肿瘤医院的艰难历程后，他深表同情，发表了两个意见，一是由他们写报告给朱总理，争取免税放行，不过由于此通令不但是朱总理亲批的，而且为时不久，估计难以同意免税；另一方案是与关税司商量酌情收税。后决定采取第二个方案，由他出面与关税司联系后，同意酌情尽可能少收，最后按所报的货品象征性的收税约60万。但遗憾的是即使这样低的税收，当时也颇难承担，于是只能再次与之情商，先付9万余元的余款，其余数十万元待医院开张有收益后再还清。当时那位领导瞧着我笑了，大概他已想到我打算赖账了。其实，我当时想先施一缓兵之计，待日后再设法申请免税。可是，以后由于工作较忙，就将此事给忘了，现在想来真有些愧疚。当然我这些内容健康报记者是无法发表的，很当然的给主编否掉了。

注：徐光炜院长“跨国购院”在当时曾引起不小的轰动，诸多媒体争相报道，社会上对此也是有褒有贬，最终事实证明这次“跨国购院”节省了大量的资金，并为医院及时开诊解了燃眉之急。徐光炜院长也因此于1995年初在人民大会堂举行的表彰“利用国外资源技术或知识在国内开展工作取得成效”的大会上被授予“展望奖”。由此我们也可以看到徐光炜院长是一位敢做敢为，并勇于承担责任的领导者。

32

全程无痛医院

这是在1995年北京肿瘤医院建成时我提出的建院理念。原因在经历了较长期在医疗一线从事业务及管理工作后，颇感现行的医院运行模式有改革的必要，一是要贯彻以人为本的主旨，二是要将疾病的预防及康复也纳入医院工作的范畴，因而有上述之见。

贯彻以人为本，相信有众多的支持者，但在实际工作中如何贯彻却颇不易，即所谓的“知易而行难”。试观目前一般医院的管理及运转模式，日益步入“物化管理”之途，病人进入医院有如被置入一传送带，从挂号开始，即开始传送，从诊视、取血、拍片、超声等等，按序进行，最后取药回家，结束传送的全程。每一转

新院开诊时林文漪副市长前来祝贺

输的环节，甚少彼此交谈，简单的问答也常限于各“传送站”的业务范围，即使交谈最多的门诊诊病，也仅每人平均7分钟，不然难以完成半日30例的门诊任务。试想在此有限的时间内，如何赢得患者的好评？真难！我认为门诊的工作内涵不应只局限于诊视疾病，还应包括医患间思想及感情的交流，甚至进行有针对性的医学知识的科普教育。现今7分钟的诊病时间，细致的询问病情及剖析都感困难，岂能再及其他，服务态度又如何能加以改善？这些均涉及颇为根本的医疗体制的改革。我曾设想减少床位，浓缩住院病床的服务内容，减少不必要的住院时间，提高床位周转，将在住院部节省的医护人员充实门诊，增加门诊服务内容。设想如将每位患者在门诊诊病的时间扩充至20分钟，相信服务态度一定改善，医疗质量也会相应提高，而医患纠纷也势必随之而降。

在全球肿瘤领域执牛耳的MD Anderson医院就是按此一模式运转的，全院仅500张病床，但收治的病例要较相似病床数的我院高8倍，其住院患者主要是需作手术的外科病人，放、化疗的住院病床甚少，即使外科也是术前的下午住院，术后稍恢复即出院，如乳腺癌术后住院3天的费用可由医疗保险支付，如继续住院则须自行负担。伤口拆线、化疗、放疗等尽量在门诊操作，不需住院者绝不住院，以充分节省医疗资源及人力。而在医院附近则开设不少专为患者服务的家庭式旅馆，不但收费较医院低廉，且又在住房内提供厨房及各种炊具，可以自炊，以方便客户，尤其是外地的患者。此一西方世界成功的经验，在我国则难以执行。缘因我国的医疗收费是执行不但与西方世界迥异,也不符合市场经济规律的所谓不计劳动成本的收费制度，且由国家统一定价，以致不但住院费远较住旅馆便宜，还制订了一套某些医疗费用住院可以报销，门诊就得自付等鼓励患者住院的措施。以致西方的成功经验我们无法学习，我的那些加强门诊、扩展门诊的功能、延长平均诊病时间的设想就难以实现。而在现行的政策范围内实施“全程”、“无痛”的改革设想当可推行。

所谓“全程”，是指疾病的预防、诊治及康复直至回归社会。癌症的可怕是在

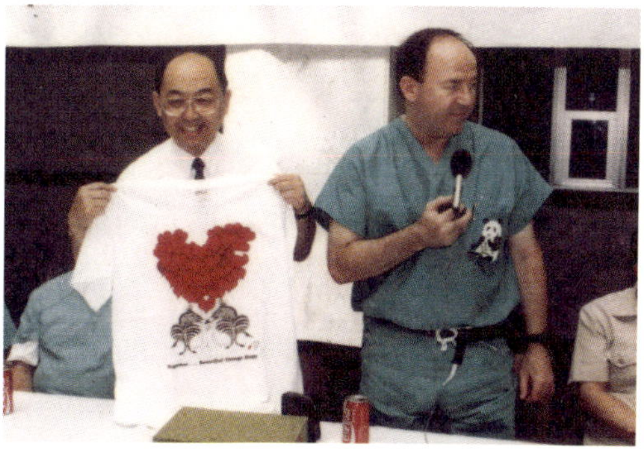
1995年新院建成时美国医院艺术基金会来院作画

1995年9月18日陈敏章部长参观新院康复科

于“多发”、“难治”、死亡率高，以致患者对癌症产生恐惧的心理。如将其变成“少发”、“易治”，岂非癌症得以控制。WHO早在80年代就提出三个“1/3”的控制癌症的战略思想，其主导思想是以预防为主，以控制癌症。这实际是总结了50年代以来三十余年的抗癌经验而得出的结论。因在20世纪人类健康的主要敌人是各种微生物引起的传染病，随着抗生素及各种针对不同微生物的化学药物的应用，以治疗为主的医学在控制及治疗各种传染病方面建立了卓功显效，使人类的健康得以保证，种族得以繁衍，预期寿命也有显著的提高。但事物总是在矛盾中不断发展，随之21世纪的来临，人类的疾病谱也有了变化，非传染性疾病已成为人类死亡的主因，其中尤以癌症为甚。初时人类仍仿效控制传染病行之有效的方法，仍试以治疗为主的医学模式。但经实践证明，虽然疗效有了提高，五年生存率有所增加，但癌症的发病及死亡率并未随之下降，反之有日益增加趋势，从而使人们不得不检讨及调整控制癌症的策略。强调以预防为主的三个“1/3”战略就应运而生。

既然控制癌症总战略有了改变，以防治癌症为已任的肿瘤专科医院，其任务是否也应随之而变？癌症的预防理应成为各种肿瘤专科医院的主要任务之一，即使现今社会上有众多的现症肿瘤患者须加以诊治，是各医院应勇于承担的职责，但也应看到癌症的预防，将愈益成为控制癌症的主流。美国自90年代以来，不论癌症的发病率或死亡率都呈持续下降的趋势，虽然在此期间癌症的治疗方法有很大改进，疗效也有相应的提高，但大家的共识，一致认为这是采取一、二级预防措施的结果。

有鉴于此，我认为肿瘤专科医院的运行模式也应随之而变，将癌症的预防纳入医院的业务工作，有计划地加以开展并在实践中不断扩大。为此，在北京肿瘤医院成立之初，即成立了肿瘤预防科。其实，此并非是我有先见之明，不少有识之士也早有同感。早年，周总理号召攻克癌症时，当时的全国肿瘤防治办公室李冰主任就要求大家抓“三早”——早发现、早诊断、早治疗。其后，卫生部钱信忠部长发文至全国要求各省建立肿瘤防治院。我所成立时市政府也命名为肿瘤防治研究所，都反映了大家的共识，也说明了预防工作的重要性，所差者只是未采取具体的组织措施加以落实。我只是明确了提高癌症的预防应是肿瘤医院的具体业务工作之一，且以成立科室加以组织落实而已。当然癌症的预防含义颇广，是全院的任务，不仅是指针对病因的一级预防，或早期发现加以诊断的二级预防，预防工作还应贯穿于诊治疾病的始终，一般肿瘤预防科是仅局限于肿瘤的筛查、早诊而已。

当然，全程还应包含癌症患者治疗后的康复。我对癌症康复的认识颇晚，在琳琳患病后，才意识到这一工作也应是医师的职责，医院的任务。由于琳琳手术颇大，术后又经较长期的化疗，产生了一系列的远期并发症，我从未如此长期又如此细致地随访治疗后的病人。琳琳在主要治疗结束后康复期发生的腹泻、高烧、骨折、脱齿等一系列的并发症，使我认识到医师的职责不仅是治愈主要疾病，还应随时预防及处理其后发生的一系列并发症，直至回归社会。尤其在琳琳病后，当我多次陪伴她去玉渊潭公园参加患者的现场咨询活动，亲身感受到患者的无助及迫切地需要帮助，更使我增强了应将患者的康复列入医院的业务工作，应改变只管患者的诊治工作，有如吃鱼只吃红烧中段，而应改为头尾俱全地吃全鱼，将癌症的预防及

新院开诊初期曾援助医院综合门诊的北大一院专家

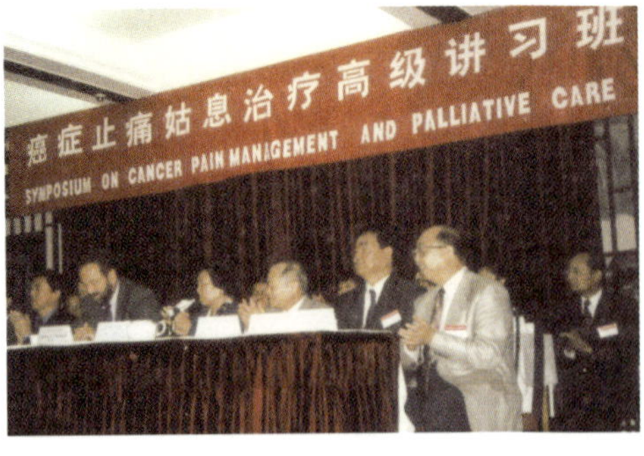

1998年由我院主办的癌症止痛姑息治疗高级讲习班

康复均视为肿瘤医院的己任。如每一肿瘤医院都能如是，则对我国的肿瘤防治事业，对广大的癌症患者岂非是莫大的福音。

人的行动源自认识，既然我有了上述认识就决定付之行动，不但支持琳琳成立了癌症康复会，还在院内建立了癌症康复科，开展了话疗咖啡屋，屋顶花园等一系列有助于癌症患者康复的园地。

当然在癌症的康复工作中，还包括了晚期癌症患者的处理。记得在某次北京市的医保工作会议上，有一名官员不指名地批评了医院对晚期癌症病人的治疗不当，认为国家有限的卫生资源不应用于已无治愈希望的晚期癌症患者，而应将此资源用于可治愈的抢救病人。我不同意此意见，在会上据理力争，我认为作为“病”确已无法治愈，企图用药治愈其病当属无望，但我们治疗的对象是患病的“人”，每一个人有要求无痛苦、庄严地走向死亡的权利。我们不能看着病人因不能进食而饿死，也不能眼见他被痛苦折磨而死，这是不人道的，应该明确我们治疗的是“人”，不应只见“病”而忽视人。在我漫长的从医生涯中，当然不乏见到濒死的患者。我深刻地认识到，人并不怕死，尤其是已经历了较长期疾病磨炼的癌症患者，早已有思想准备。人们怕的是在绝望中痛苦地死去，而这恰恰是我们的职责所在，应帮助这些患者解除痛苦。为此，在肿瘤医院建院之初就加强了对这类病人的止痛及姑息治疗，以尽可能解除其痛苦，提高其生活质量。所幸的是我的这一观点得到当时的内科主任刘淑俊教授的支持，她也勇挑重担，将姑息及止痛治疗作为她的专业方向，并因她卓有成效的工作，而被选为该学术团体的主委，使该工作在我院能有较好的发展。

诚然，对医院的发展方向及运作模式，不仅是一见仁见智，各人每有己见的课题，尤其还受政府政策的制约。但我认为，在提高医院诊治水平及医疗质量的同时，坚持以人为本的原则，重视癌症的预防及康复，始终应成为肿瘤专科医院不容忽视的行医之道，立院之本。

33

『安居』工程

长期来，“安居”始终是一围绕我脑海的大事，来京前在上海生活，家居较宽敞。来京后，居住条件有很大变化。儿子14岁前与我们同住一不到12平方米的居室，置一双人床和单人床后，所剩空间就不多了，仅有的一张双屉桌就被我占用，委屈了他们两位，看书、写作业只能在床上，其狼狈情景真是不堪回首。这种情况在五六十年代的北京并不罕见，记得直至八九十年代，北京市每年能完成的基建面积一直徘徊在300万平方米左右。所以居民住房困难就成为当时民生中的首要难题。北大医院长期来未修建宿舍，职工住房尤显紧张。林本耀医师自嘲一家三口住房27立方米（$9m^2$），一时传为带有苦涩的笑话。我在该院工作的十余年，虽也有机会享受分房，无奈粥少僧多，周围住房较我困难的大有人在，唯有主动退让而已。所以，当筹建肿瘤所时调入职工的基本条件是无住房要求的，但当落实30户外地进京指标时，情况就不同了，已不是住房困难，而是无房可住，甚至在外地调京要报居住地以便落户口时，竟因居无定处而无法填表。经多次到市科委争取，好不容易争取到3500平方米的宿舍面积及相应的资金。这里我首次体会到体制不顺带来的苦恼。北医是中央下放的单位，且正在酝酿中央要回收，在此期间各种资金的投入理所当然地会暂停或放缓。市卫生局又因争取北京市肿瘤防治研究所归入他的麾下未成而颇耿耿于怀。这事还得从肿瘤所大楼将盖成时，由白介夫副市长召开的一次有关肿瘤所领导体制座谈会说起。会议开始时由市计委的钟家禄处长宣读了一个文件，意思是北京市肿瘤防治研究所是北京市新建的一个具有独立法人资格的卫生系统事业单位，按照规定，应直接归属北京市卫生局领导。此语一出，当然引起以彭瑞聪书记为领导的北医与会者的不满。强调肿瘤所是在北医下放期间，在北大医院院内，以北医原肿瘤科为基础建立的，应是北医的一部分，北医如回归卫生部，也应随北医一起回归。双方相持不下，我初时不敢置喙，后得知白介夫副市长事先并不了解此文件，开会的原意就是听取双方意见，考虑一有利于肿瘤所发展的领导体制。我就提出双方共管的建议，因当时在京高校党的关系，均在北京高校党委，所以我提出肿瘤所党及人事关系还是隶属于北医，教学受北医领导，医疗及科研分别由北京市卫生局及科技局领导的意见。北医当然愿意肿瘤所的党委及组织人事关系还在北医党委领导下，而北京市也因北医党委原归属于北京市高校党委并不属于卫生部，所以也不能再提异议。因此双方原则上同意了我的建议，行政上仍是北京市的一个独立的事业单位，并明确为重点研究所，但采取委托的形式由北医代管，所以肿瘤所就有了两个“婆婆”。我原以为这样可调动双方积极性，都给支持，有利于肿瘤所的发展，但实践结果并非如此，因双方都有戒心，怕有朝一日被对方拿走，因而事与愿违。这次申请基建面积盖宿舍，第一次体会到作为儿媳周旋于两位婆婆间的难处。客观情况是不论北医或北京市卫生局自身的住房问题也很紧张。在解决下属单位的困难时常会有亲疏之分，就不足为奇了。在不得已的情况下，我只能求助于白介夫副市长，由于他的支持，总算争取到了这得来不易的3500平方米基建面积，解了燃眉之急，这就是现在的老八里庄宿舍，建所初期的骨干几乎均居住于此，虽然房屋较简陋，但在当时已足以引起不少人的羡慕了。

在计划经济时代的住房分配，很难尽人意，且人的欲望也难有止境，所以争取改善职工住房条件已成为主要的工作之一。未几，听说市科委各研究院、所将在师范大学对面征地盖宿舍，因肿瘤所并不直属市科委，待得到信息去联系时，他们联合建宿舍的计划已落实，正在设计图纸。再次求助于白介夫副市长，通过市计委追拨给肿瘤所3000平方米基建面积及相应资金。当然这期间花了不少时日，待拿到文件，科委的宿舍图纸已设计就绪，又再次得到市科委潘梁主任的支持，总算同意将我们的面积加建在他们的大楼中，当然，这样得修改图纸，重新审批等一系列手续，条件是50%房屋归市科委所有，由他们分给下属的各院、所以，平息大家对因肿瘤所加入而延迟施工的不满。我们虽舍不得那1500平方米的基建，但事出无奈，只得同意，因当时单位申请征地盖宿舍已非常困难，多半要由各系统联合申请。哪知图纸修改好再次审批时，因为追加了3000平方米，楼高增加了，遮挡了马路对面师范大学宿舍的阳光，因此要赔偿他们500平方米的基建面积。这样七扣八扣下来，就只有1250平方米了。不过，这也不无小补，反正由市政府出资，我们并不出力，搭车白捡了1250平方米的宿舍。

其后，市政府曾在北太平庄盖了一幢专家楼，分给个别有贡献的专家，我所的黄信孚、董志传及我也在此列，所内作了内部调整，两套奖励单元分别给刚回国的柯阳及吕有勇两位了。

随着国外归来学者的增加，以及改革开放后人们生活自温饱向小康型的改善，住房的要求也相应提高。原来的小户型住房已不能满足需要，尤其一些在国外生活、工作一阶段的业务骨干，希望回国后有一较为宽敞的居住环境当然可以理解。但当有一位聪明、能干、顾全大局、很有发展潜力的业务骨干，自国外回来后要求调离，对我说："我很喜欢肿瘤所的工作环境，但有单位能提供我4间一套的单元宿舍，比所长你住的要好多了，请您能同意放我调离。"我听后无言以对，使我对此问题陷入了深思。的确，这些业务骨干都已人到中年，上有老、下有小，工作担子又重，极需一较好的居住环境，而肿瘤所在相当一段时期内确实无力解决此一难题。而作为一名有才干的知识分子，除工作外，那时最关心的是"房子"及"儿子"，需要一间单独的书房，孩子也都将准备考大学，所以，也须一独立的空间，而传统的小两居确实太委屈了。如家中还有老人，就更困难了，所以我心里很矛盾。虽想挽留他继续在肿瘤所工作，而又为不能提供更好的条件而内疚，难以说出让他克服困难等等的话。因为我知道这种机会对他来说也是来之不易的，他讲的全是实话，只能忍痛割爱。

类似情况在该一阶段发生多起，情况基本相似，都是中年业务骨干，全是国外学成归来，其流向均是去卫生部所属的中央单位，或是部队各兵种的总院等生活条件均较好的单位，使我颇有恐慌感，因这种不公平的竞争只可能使人才“上”流。肿瘤所建所初期大量人才汇流而入的优势已在逐渐消失，住房问题已成为肿瘤所今后发展的“瓶颈”，如能提供较好的居住环境，就将为吸引海外归来的科技人员及京外的优秀人才创造条件，因肿瘤所地处首都，有此天时地利，不愁不能招贤纳才。因此使我暗下决心，一定在有生之年为肿瘤所职工较好地解决住房问题，盼能是卫生系统不论是市属或中央单位所属各单位中最好的。

回顾我的大半生是伴肿瘤所度过的，随肿瘤所的发展而喜，因肿瘤所的挫折而忧。遇到的困难及挑战不少，其中难度最大、花去精力最多的就是为此目标而奋斗，德炳校长，也据此不让我按年龄退休，要求我超期服务，以完成此关系到肿瘤所职工切身利益及今后发展紧密相关的职工宿舍建设。其实，这么多年来作为肿瘤所的负责人，我主抓的工作除队伍建设及学科发展外，更多的时间及精力是为肿瘤所的基建而奔波，几乎动用了长期来诊治病人及作为人大代表所累积的社会资源，其中尤以盖宿舍的难度为大，主要还是因为体制的关系。

“四人帮”打倒后，百废待兴，各单位纷纷兴建宿舍，以缓解多年来职工住房紧张的困境。卫生部颁布了支持各单位建宿舍的政策，可提供50%的资金，一时北医的各附属医院及校本部纷纷兴建宿舍，但肿瘤所并不在北医的编制名单内，以致此路不通。北京市卫生系统也联合各单位集资觅地盖宿舍、市政府给予一定补助。而肿瘤所由于我的一次决策错误，未听从卫生局领导的意见，搬离北大医院，去北三环的结核病院（现安贞医院），以致卫生局常将肿瘤所作编外对待，因此也被排挤在外了。看来要解决此难题只能依靠自己了。

好在原肿瘤医院设计时，就已考虑到尽量节约用地，将门诊楼与病房楼、辅助科室，甚至营养食堂均挤在一个楼座内，单身宿舍等后勤、行政及辅助用房也均安

北京肿瘤医院职工宿舍

排在一起，目的就是要节约出征地计划中并未包括的宿舍用地，可是由于新建北京肿瘤医院的计划任务书只是建一300张病床的医院，未包括生活用房，因此不但征地中无此部分基建面积，经费自然也无着落。

当时肿瘤所还是全额补助单位，医疗收入已归北大医院，自身无收入来源，而兴建医院原计划任务书仅300张病床，我们拟扩大病房，资金已有较大缺口，正在设法筹措，根本无余力顾及宿舍的投入，而兴建宿舍又形势所迫，亟待解决，否则新建医院的人才何以引入，陷入了两难的境地。

当初曾设想过贷款，但因根据以往经验，新院建成后一般须费时3年，才能做到收支平衡。因此建院之初，将是最困难的时期，不但将入不敷出，还要支付贷款的利息，势必使职工原本已不多的奖金受到影响，“无米如何引鸡”将会累及人才的引进。最后在不得已情况下，只能考虑引入资金合建宿舍了。

在众多的有意合建的伙伴中，最后选择了财力较雄厚的国家计委的下属单位。开始时设想建三座塔楼，由于将占过多的空地而被否定了。改成两座塔楼容积率又太低，最后将其连在一起改成板楼形式，但增加两侧翼，前面也略作处理。这样不但保持了较完整的院子，且容积率也高，形成目前的形式。遗憾的是当时因投资方嫌投入过大而未坚持建地下车库，以致造成现今的不便。由于合建单位要分去将近一半的宿舍，这样仍不能达到我追求的目标，再征地建宿舍已不可能了，但建生产用房还可以征地。当时肿瘤医院基建立项时不但未包括职工宿舍，也未包括研究所的实验楼，于是就以城内的研究所要搬迁为名，通过各种繁杂的手续及能动用的关系，终于市规划局同意在北郊回龙观附近原李自成铜像的东南角征地20亩作建肿瘤研究所之用。其实，当时征地的目的是为了增建宿舍，盖研究楼是借名征地而已，而宿舍建在北郊对职工上下班太不方便了，于是再设法忍痛减少征用的土地面积，将第二幢宿舍楼的楼址改在距医院较近的现今的位置了。当然还得再设法更换立项，将研究楼改成宿舍楼，其中的难处可以想象。为解决职工的“安居”，康永新及郑仲鹏两位负责基建的副院长及处长出力不少。由于第一幢楼的宿舍分配后是按国家规定的价格卖给职工的，所以也为第二幢楼的基建筹集了部分资金，使该幢楼不必再采取合建分房的方式，肿瘤医院就拥有相当数量的宿舍满足职工需要了。正高职的可分配到三室二厅或四室一厅，所龄5年以上的护士也可分配到二室一厅的二居室，是当时本市卫生系统职工中最好的了，颇令人羡慕，我也总算在无政府投资的困难条件下完成了此心愿而自慰，并在我离任时还留下了70套单元房以供接我位者可作引进人才之用。

万没想到的是这一煞费苦心的“安居”工程，却招来了众多的意见及不满，写信告状的有之，漫骂的有之，更有写恐吓信威胁的，这绝对是我始料不及的。

这件事使我感到人的欲望或追求确实是无止境的，分房的原则及规定是根据多数人的意见经调研后制定的，而每个人的具体情况又是很复杂的，供分配的住房不但面积有别，层次、朝向、布局等等也个个不同。因此各种可变因素实在太多，很难制订一能考虑各种因素在内又适应每个人情况的分配方案。而大家也知道这是最后一次福利分房，没有挤上这次末班车的固然有意见，即使分到住房的也存在相互攀比问题，且这种攀比常是选择认为对自己不公的到处宣扬。由于我是医院法人，领导虽有工作分工，但作为主要领导对这种涉及群众利益较大的工作，就很易成为众矢之的。

所以我由衷的拥护现今住房市场化的改革措施，使各基层单位的领导可以摆脱不少精力的消耗，以集中精力于本职工作。

另一值得一提的是有关“培训中心”的建设。在安居得到基本解决后，就希望假日或周末能有一供职工享用的休闲场所。初时曾有人介绍在南戴河黄金海岸处有一某机关的闲置楼房出让，售价虽不高，但该处每年仅2～3个月使用期，而其余时间仍须维护、供暖、看管等，颇不合算，后又有建议去怀柔山区置地建房，因考虑交通、环境等综合因素而犹豫未决。某日，友人谢又予邀我夫妇赴其新居做客，她是第一个登上南极的我国女科学家，与我老伴同是政协委员，交往颇密。周末如约前往其新居，原来是一位于海淀区水库边的农村别墅，四周稻谷飘香，屋后水波荡漾，环境颇美。周围已有10余户集居，均是清华、北大、航天大学的教授们盖的乡村别墅，其中为首的是原北京市委王姓副书记，俨然是一世外桃源，僻静小村。他们邀我俩去的目的是因在他们这一集体中，尚无医师，盼我们也能仿效他们，在旁置地盖房而居，以便一旦有谁患病，可以就近得到帮助。而且他们已从海淀区政府代我们缴了预付款1万元，购得宅基地两块，共壹亩地，办妥了手续。次日聚会还有数位文化界名人，如白淑湘、鲍蕙荞等。有的也表示有置地的愿望，并盼我们能将地让给他们，甚至接连来电催问。因为事起突然，事前我们并不知情，且价格便宜，半亩的宅基地2万元，盖平房五间花费5万元也足够，我们拿了购地证，未置可否而归。经考虑后，感到该处如再能增加些土地面积，修建一肿瘤医院的职工培训中心，则是一理想的场所。征得老伴同意，决定将地献出。于是偕郑仲鹏处长等与该村的领导洽商，几番磋商终于以较便宜价钱又将该村的大队部及其旁的原置放农具的废弃仓库一并租下，租期为30年。盖了三幢独立的两层高的楼房，共有标准住房21套，以及餐厅及多功能厅，原大队部用房则改造成厨房及文娱室了。

初意该处可供院内干部开会、办学习班及职工休闲之用，以节约开支。成立之初颇受职工欢迎，纷纷以科室为单位前往聚会、休闲，也有北医等兄弟单位来此开会的。当然，也有持异议的，认为盖独立的小洋楼供休闲之用，太超前了，遗憾的是后因管理者患病，乏人管理、经营而被闲置，此是始料所不及的。

34

七十岁创业

我的院长生涯虽经数度请辞，但德炳校长均因医院的宿舍尚未盖成，尚无合适接班人为由，未能获准。北京市卫生局又为了审核接班人的人选问题拖了数月，甚至金大鹏局长还建议我向王忠诚教授学习，辞去院长，保留所长之职，当然不敢允诺。王教授在宇内享誉著彰，对我国神经外科事业贡献甚大，我辈项背难及，岂能相比。再者，我又有在其位谋其政，不在其位就不再涉及的宿习，予以婉拒。直至2001年始同意离位，是年已六十又七，进入老年。

我是个闲不住又不安分的人，下岗后虽仍任中国抗癌协会理事长，但也即将面临换届选举，今后的工作、生活如何安排，颇有一番考虑。一是赴美与儿孙共叙天

1998年春节与孙女

徐光炜70寿辰

伦，欢度晚年。我仅一子，1986年赴美深造，在波士顿大学取得博士学位后，又在哈佛大学修博士后两年，后在某生物高科技公司工作，颇有所成，儿媳相处关系也尚不错，孙辈也盼能得到我们的照顾，我与老伴也均在海外学习或工作过，西方生活习俗尚能适应，但主要顾虑有三：首先随着年龄的增长，身体状况将逐渐不佳，患病就医是必然之事。现今医疗费用猛涨，一旦患了重病岂不给儿辈添麻烦。反之，我与老伴在国内均有医疗兰卡，且在医务界工作已逾半个世纪，在国内治病享受公费医疗，较之国外自有无可比拟的好处。其次，老年人除健康问题外，孤独是另一要点。国外花园洋房，生活环境虽较优越，但均是独户单居，见到邻居除说声“Hello”外，均有各自的生活，相互老死不相往来。即使购些日常生活用品，不会开汽车的我们，也还得待周末由儿、媳去超市采购，整天在家看电视，岂不闷死。何况诸亲好友多年积累的社会关系全在国内，岂能已到如此高龄再在国外重创天下，再建“生活圈子”。再者，现今的代沟是大家公认的事实，儿、媳们在国外已生活20年左右，甚至已超过在国内生活的时日，孙辈更生于斯，长于斯，受西方文化影响甚于东方文化。不论生活习惯或孩子的教育均存在差异，短期共处，相互尊

Collectible

重、谦让，可以维持很好的关系，一旦长期同处，天天生活在一起，难免会发生矛盾，久而久之影响关系，这又何苦？何况我仅此一位需养老送终的独子。最后的结论是每年可赴美探访儿孙，以三月为限，不宜久留，甚至只要身体许可，每年前往两次，或孙辈来华度暑假，切忌长期同住。所以赴美安度晚年的想法就给否定了。

第二个想法是不少友人提议与我合伙创办公司，或投资办私人医院，甚至有的还说你一辈子作奉献，退休了该为自己考虑了。并说对自身的资源不加以利用，也是一种浪费，而且这种资源是会随年龄的增长而消退的。我深信自己年事虽高，但尚未脑软化，要搞企业大概不至于赔钱。但钱终究是身外之物，小儿收入尚可，养儿、育女、抚养成人当不在话下，并不需我们的支持，我俩日常生活所需不多，只要留些养老钱，平时够赴美探亲及旅游之需即可。既然一辈子都已为社会主义作贡献了，何苦在已步入老年之际再破此例？于是将此第二种退休后可能采取的生活方式也给否定了。

最后，正当我在犹疑徘徊时，促使我下决心采取第三种方式的是2002年的“三八”妇女节。那天，欧美同学会邀请我老伴去作一报告，题目是“事业、家庭与理想”，待我知道该事时已是三月初，而且老伴已把此事应承了下来，我内心虽对她有些抱怨，认为这题目太大，听众又全是海外归来、学有所成的才女，答应得太轻率了。但同时也感到她由于经常善于做好自身的定位，确实在这三方面处理得不错，至少比这个不顾家的我要强多了，反正我的任务就是陪同她前往。

待九时前，到达在南河沿欧美同学会的会场，厅内已黑压压地坐满了200余人，我老伴述说了她丰富多彩的七彩人生，既留苏又赴美，既加入农工民主党，又成为中共党员，待她事业有成，正当向更高目标迈进时，突然癌症悄悄袭来，使她遭受了累及腹腔内五个脏器的肿瘤切除手术，术后又坚强地与病魔作斗争，克服化疗、多次骨折、长期腹泻、经常高烧等等带来的困难，终于得到了康复，继续回归社会，作为志愿工作者创办了癌症康复会，为癌症康复者义务奉献十余年等等，娓娓道来，不时被听众的掌声所打断，连我这个身临其境，知之甚详的老公也深受感动。一方面庆幸自己有这样一位令人赞许、羡慕的老伴而万分欣慰；另一方面也深感上苍对我不薄，我应有所回报。所以当老伴的报告结束，会议主席让我为大家说几句节日的祝贺时，我就有感而发地说了我今后的打算，作为“三八”妇女节向大家的献礼。

首先，我介绍了自己已是一个“下岗”老头的背景，接着说了前述的已放弃的两个考虑，最后决定在国内推动并组织妇女的乳腺癌普查工作，以控制乳腺癌对中国广大妇女的施虐。岂料我的发言获得了不亚于我老伴的掌声，且在会后不少与会者与我交换名片表示支持，到那时我才知道原来与会者中确是藏龙卧虎，有女市长协会、女企业界协会的秘书长、女子俱乐部的董事长等，她们的支持就更坚定了我的信心，感到我的这个继续为社会作无私奉献的选择还是对了。

当然，我作这样的决定也并非一时冲动，而确有一番思量。首先，作为一名外科医师，我行医至今已逾半世纪，在这漫长的行医生涯中，真正能被我手到病除、将癌症彻底根治而获痊愈的是少数；多数情况是解除痛苦，缓解症状一时；更多的情况是束手无策，仅能予以言语或精神上的安慰。深感唯有早期诊断才能使预后不好的难治之癌转化为预后较好的易治之病。尤其在与我朝夕相处的老伴患癌后，更使我感到唯有在健康的人群中找到临床前尚未发病的癌症，才是祖国医学所谓的“上工治未病”的良策。而在目前众多的癌症中，唯有女性的宫颈癌及乳腺癌可借现有的诊断技术进行普查而被早期发现。我国自1958年大跃进以来已对宫颈癌开展大范围的普查，建立了机构，积累了经验，使我国宫颈癌的死亡率已有明显的下降。只要持之以恒，应不难予以控制。而乳腺癌则方兴未艾。近年来发病率及死亡率急速上升，国外虽已有应用X线摄片普查，可降低死亡率的成功经验，但国人发病较年轻，乳腺既小又较致密，这些均是X线摄片检查的不利因素。因此宜抓住乳腺癌这个全球发病率及死亡率最高、对我国妇女危害也其大的肿瘤，作为一突破的平台。何况在二十余年前，我曾主持过乳腺癌普查的国家攻关课题，并得到了国家科技进步成果奖，昔日的同事虽也均已退休，但尚体健，且均有意于重操旧业，继续发挥余热，为我国的防癌事业作贡献。其时我又适任中国抗癌协会理事长，颇感作为全国性的最大抗癌民间机构，应开展一些具体的抗癌活动，不应停留在学术交流、科普宣传等这一层面。上述种种使我感到应努力作一次尝试，使余生活得更有意义，继续为我国的抗癌事业作奉献。因此，我接受了让我留任一届，继续承担中国抗癌协会理事长的要求，并决定以此为契机在壮大抗癌协会的同时，在全国发起并推动乳腺癌普查工作，于是开始了又一次艰苦的征程。事后，不少友人戏谑相称，因发起的三人均已年近七十，说这是七十岁创业。

35

好事多磨

其实，有关开展乳腺癌普查的动议是胡永昇及阚秀两位向我提出的，缘因昔日我们三人曾一起承担了该项国家攻关课题，获得成果后也考虑在国内推广，曾函告当时的卫生部陈敏章部长。他颇支持，由医政司主持召开过如何开展的研讨会。后因当时尚无疾病控制司，该工作又涉及医政、科技及妇幼三个司局，存在组织领导须协调的困难，而我等三人又均是各自科室负责人，行政、业务工作均较忙，无暇顾及而作罢。但此事终是耿耿于怀，一旦各自均从工作岗位上退下后，就又思及此事，所以当他俩前来找我谈及此动议时，就一拍即合。在彼此交换意见酝酿时，共同认为主要是通过专业培训，建立若干个标准化的乳腺癌普查点，在国内推动此

胡永昇教授在新疆定点医院现场指导

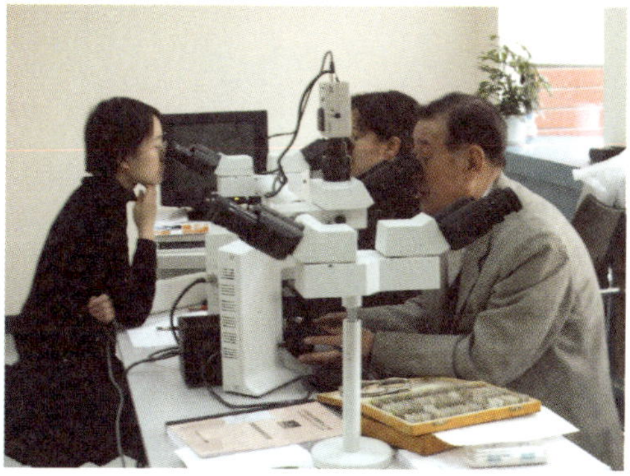

阚秀教授带领学员阅片

工作，并盼在开展普查工作过程中，逐渐积累资料，以总结出适合国人应用的较佳技术方案。所以我们将该工作定位为“工程”，而非课题或项目，以有别于科研课题。同时也认识到该“工程”是一颇为艰巨的长期任务，我辈也仅是一铺路人而已，摘果子者自有后来人。得到共识后，我们就满怀信心地投入了工作，岂知并不平坦，挫折、困难接踵而来。

1. SARS之害

筹资是第一难题，按照多年来的惯例，首次想到的是国家计委的支持，老胡借多年来在计委开展乳腺癌普查并取得很好成绩的关系，通过医务处与社会发展司及投资司取得了联系。2002年秋，一个偶然的机会，国家计委的原常务副主任房维中先生为他女儿看病，前来找我，当我感谢他过去对筹建北京肿瘤医院的支持时，他表示现虽已不在位，但对如乳腺癌普查这种有利于社会发展的公益性事业，他仍可一如既往地予以支持。经他的从中周旋，次日投资司的杨司长即给我来电，约我面谈，我偕老胡前往，他表示可以按我们的要求资助5000万，用于购置普查车，建立PACS系统及日常管理所需。但该款须经主管的卫生部下拨，因此须征得卫生部的支持。我们当日即去卫生部获得疾控司孔灵芝处长的全力支持。由她根据我们的建议向卫生部规财司打了报告。原以为很顺利就能获得拨款开展工作了，岂知后来为了该款项究竟是计委另拨的专款还是在拨给卫生部的总经费中戴帽下达争论不已。计委向我们明确表示是另拨专款，年内分两次下拨。而卫生部规财司总不放心，要求

三位教授与普查培训班学员

计委要有明确保证后才能将报告上呈。于是我与老胡就奔走于该两地间，历时半年余而仍不得其解。2003年初，我因参加国际会议赴美，后因国内SARS流行使我未能及时返国，待是年夏天返京再次前往国家发改委催拨经费时，被告知由于SARS的肆虐，该款项已被用于防治SARS。真是人算不如天算，这是始料不及的。

2．私方投资之弊

事情至此，本已可告一段落，但三个老头偏不死心，在胡、阚两位的怂恿下，我给当时主管卫生部的吴仪副总理写了封信，如她不予支持，此事就此作罢。岂料她很快批复给卫生部加以支持，卫生部各位领导也纷纷画圈同意，最后由疾控局下文授权由中国抗癌协会成立“百万妇女乳腺普查工程办公室”具体执行。原先我们只打算购置15辆普查车，普查15万人群，现一下扩大到100万妇女，且明确无经费支持，要求按市场经济规律引进投资方，探索如何在国家不投入的情况下开展慢病防治的新路子。当时对医疗卫生改革的思路较混乱，市场化的呼声较高，甚至出现了一批国家所有的医院卖给私人经营等情况。就在这样的社会背景下，引入了投资方，委托该公司依法从事市场运作，并约法三章，提供的诊断设备的质量应是一流的，价格应是市场价的70%～80%，且不能有回扣等不良商业行为。由他们提供完

2005年4月21日首批乳腺普查定点医院授牌仪式暨〝中国乳腺普查车〞启用剪彩仪式在人民大会堂举行

成“工程”的全部业务及管理经费，如专业培训、质量控制、信息收集以及建立会诊中心等，由专家组加以实施。“工程”于2005年4月正式在人民大会堂宣布成立，经媒体介绍后报名参加的单位甚众，一时竟达300余家。国外的相关单位也纷纷前来联系，希望能参加此“工程”。但这一公益性的乳腺癌普查工程与以盈利为目的的私人投资间存在着基本矛盾，工作不久，由于合作双方理念并不一致，因此时有分歧，且渐有失控之势。于是在合作一年多后，终于在2006年9月投资以亏本为由方退出“工程”。这一阶段的主要成绩是在全国建立了40个标准化的防治点，普查了12万妇女，查出早期癌比例较高的近千例乳腺癌，初步建立了各种标准、规范、技术方案及信息收集系统，为今后更大范围的开展工作积累了经验。但最主要的经验是公益性的普查工程不应由营利性的公司参与，否则必然会给工程带来不良的影响。

3. CR之争

普查技术方案的制订甚为重要，鉴于中国妇女乳腺癌的特点及时处21世纪新技术广泛涌现的今天，当然要选择敏感性较高、损害较小、价格合理又易于信息传递的技术。经与国内外有关专家多次商讨后，决定采用新的乳腺专用的CR技术。但任何一新技术的问世，均会带来旧的习惯势力的抵制，这原是不足为奇的，但一旦介入行政或政治因素就使事情复杂化了。

在此工程开始才数月，就有数位放射防护专家对工程采用CR技术提出质疑。遗憾的是他们未按学术争论的原则，据事实讲道理的加以讨论，而采取了向主管领导告状的方式，意谓由于采用了放射剂量高的CR技术，在正常人群中进行普查，不但不利于乳腺癌的预防，相反会诱致乳腺癌的发生，此“工程”乃是一害民之举。卫生部领导见此骇人听闻的告状信，当即让“工程”暂停，并就CR技术进行辩论，前后召开了两次专家论证会，最后由国内多位放射诊断专家列举事实说明了CR较传统的平片更为优越。国外也发表了相应资料，证明了CR技术的优点，风波才算勉强平息，但已被耽误了将近半年的时间。通过此事使我感到开展创新性工作之不易。其实，乳腺专用CR机仅是一有别于传统平片的新技术，还不能算作创新尚且遭此际遇，可见习惯势力之强大，以及涉及商业利益时反抗之强烈。另外，国内不同专业间的学术交流，新知识的更新也颇重要，不然很难进行沟通，也乏共同语言。再者，领导的民主及谨慎的作用也有助于避免作出错误的决策。

全国妇联主席顾秀莲等领导为〞中国乳腺普查车〞启动剪彩

创建乳腺癌基金，举办“抗癌乳癌大步走”活动
创立乳腺癌患者援助热线

顾秀莲乳腺普查车主席参观

4．终遭冷遇

“工程”虽历尽困难，但不少参与单位随着普查工作的开展，认识到“工程”制订的技术方案确有助于发现早期病例及学科建设，使各单位逐渐成为该地区的乳腺癌防治中心。经初步总结，乳腺癌在适龄自然人群中的首轮检出率达2.6‰，早诊率也达56%，如能争取政府资助，使妇女能持之以恒的参与，定可总结适于我国妇女的最佳乳腺普查方案，以造福广大妇女。

在2007年初，参加全国科技大会时巧遇前财政部金人庆部长，向其面陈衷情，盼能予以支持，获其首肯后，即按嘱以信件形式提出年拨款2000万以助“工程”的要求。数周后，突接卫生部疾控局及规财司来电，告称我给金部长的函已有回应，财政部的医疗卫生处姜宁处长周一来卫生部商谈拨款支持“工程”事，盼我参加。我当即如约前往，当时在座的尚有卫生部的朱洪彪、雷正龙处长及工程办的常贵生，洽谈颇欢。姜处长谓金部长对我的函颇重视，拟以中央政府地方转移支付的形式，嘱该处予以支持，要求与卫生部共同协商，由卫生部拟一报告上报。得此消息，甚感鼓舞，多次奔走于卫生部与财政部之间，盼此款项能及早落实。后因迟迟未见音讯，又与财政部主管卫生口的王军副部长联系，他也表示已决定拨款支持，只是款项多少还在商榷，拟仍维持在原议的2000万，盼不要再要求增加。我们也多次与疾控司商议修改文本，以保证工程的顺利进行。正当大家在昂首以待的焦虑等

2006年4月13日美国癌症协会专家考察定点医院

待中，突接卫生部疾控局改变初衷的通知，由于“工程”的原投资方遗留有尚未妥善处理的问题，引起颇多不满，而将该款项支持另新立的乳腺癌早诊早治项目，“工程”遭搁浅。正如人之所谓，倒洗澡水时将婴儿一起倒掉了。其实，在投资方退出工程时，有经法律程序的协议，一切遗留的商务问题均由该公司负责处理，而现该公司尚存在，且愿承担处理这些遗留问题的责任。闻此甚感意外的耗音，我只能瞠目以对，颇盼“工程”能与“早诊”项目相结合，疾控局也表示同意，并索要了40个“工程”建点单位的名单，但由于技术方案有异，似颇难结合。而各基层单位又纷纷来电相询其故，盼能继续完成原定六年的任务，何去何从，难以抉择。我还是相信，只要符合社会及大多数人民利益的事物，终究还是会成功的，且让我们拭目以待。

注：CR全称Computed Radiography。其技术是利用原有X—光设备，换上特殊的胶片暗合和“胶片”（即所谓IP板）和“胶片机”（即CR机），因此所有操作过程基本不变。其特点是将X线影像信息转化为数字影像信息。由于采用数字技术，有很宽的曝光宽容度，因而不但可允许照相中的技术误差，也可以根据临床需要进行各种图像后处理，为影像诊断中的细节观察、前后对比、定量分析提供技术支持。其图像更可以通过PACS传递至远处，以供会诊及质量控制之用。但这一新技术刚问世时受到非议，被误认会增加曝光而增强射线辐射的危害，现已知CR并不增强射线的危害，故此一新技术已被广泛接受应用于临床。

36

从医感悟

此文2003年发表于《中国医院杂志》

时光易逝，瞬间从医已逾47年。近半世纪的行医生涯，感触良多，惜悟之已晚，不然患者当更受益。嗟唏之余，录下数则，祈与读者诸君共勉。

求医与就医

“求医”与“就医”虽仅一字之差，但却反映了两种不同的观念，不同的态度，而当我将“求医”改写成“就医”时，却已经历了二十余年的从医生涯。

幼时家人颇多，时有病者，如自服小药治疗而未果，就须延医来舍间诊治。一般急病请西医，缓病找郎中。每当医生光临之际，虽尚未达夹道欢迎之程度，但尊重、热盼之情溢于言表。我外祖母事佛多年，每逢及此，常口中念念有词，称之为“救命菩萨”降临，沏茶敬烟，自不在话下，还常备有精美细点，唯恐招待不周，而不悉心诊治。当然，临别时还需奉上不菲的诊金。偶有患重病时，则更需去医院或诊所求治，届时就须家人在夜色尚浓之凌晨前去排队，提前挂号，以免患者去医院久等，甚或徒劳而返。当患者服汤药数剂而忽愈，或注射数针使热度尽退时，更是崇敬之心油然而起，深感医生之崇高及伟大，萌发了我从医之志。加之家中弟妹颇多，我居长子，父也有意我学医，以便日后有助于“代父”之职。随着年岁之消长，对救死扶伤的医师职业也有了更深的认识。虽然，是一要求献身而需付出甚多的职业，但社会回报也丰，是一受人们尊敬的“我不求人，人必求我”的工作。

我就是本着这种认识进入了当时上海的圣约翰大学医学院，踏上了从医之路的。当毕业后进入医院从事医疗工作缮写病历时，总是按惯例写上“患者因××症状来院求医”之词，从未感到“求医”两字有何不妥，总认为有病求医是天经地义之事。尤其当我刚从上海到北京工作时，听到病人称医师为“大夫”，初时颇感费解，还曾查过辞海，始知隋唐以后大夫为高级阶官之称号，清代高级文职均称大夫，由于宋代医官均别置大夫以下阶官。北方为历代帝皇封都之处，官味较浓，因此至今仍将医师沿称为“大夫”。

由此可见，医师在历史上就是高居于一般民众之上，受人尊敬之职业。自此，更是心安理得，遇病人来院治病时，照写“求医”不误。即使在十年浩劫期间，虽曾一度受冲击，取消行医权，但当一旦落实政策，恢复诊治病人时，仍是“求医”未变。虽说知识分子当时已夹紧尾巴“臭”了10年，但对当医师的自豪之情、优越之感未减当年，总认为是病人有求于医师，所以每当经治的患者因伴随患其他专业的疾病，而需烦请他人会诊时，我也常习惯地在会诊单上写上“……盼赐予高诊”等语。

在这种认识的影响下，“医”“患”之间也只是“求”与“赐”的关系，患者求助于我的是“病”，而我能援手相助的则是“良方”，所以每当“良方”拟就，理所当然地要求患者按“方”抓“药”，予以执行。一旦出现医、患意见不一时，便会感到自尊心受挫而不悦，以致常对患者的诉说或要求缺乏细听的耐心，甚或出现不烦之情，总感到“你知道什么！”、“又不是到饭馆点菜”，只是未说出口而已。

对这一虽经“文革”“教育”，而仍未被“改造”的传统观念的转变始于十余年前陪老伴参加癌症患者自发组织的康复活动中。当我脱掉白大衣，离开医院这个特殊环境，以患者家属的身份参加这个群体活动时，也可能出于同病相连的缘故吧，大家虽知我是医师，仍把我作为这个集体中的普通一员，颇愿与我无拘束地交谈，咨询一些诊疗工作中遇到的问题。尤其当我在公园的草地上，与大家一起席地而坐，举行了数次咨询活动后，更拉近了彼此间的距离，接触到一些患者平时在医院中难以向医生启齿的问题，诸如个人前途、家庭生活、人际关系……涉及面之广，实为我始料不及的，从中使我深切地体会到现代医学必须从以往的生物医学模式向社会—心理—生物医学模式转变。一切诊疗工作的对象不仅是“癌症”，而且是身患癌症的“病人”，要考虑患者的心理因素以及社会、家庭环境对患者诊治疾病所产生的影响，要仔细听取患者的倾诉，化消极因素为有利因素。

要实行这种转变，首要的是先得改变医患间的关系。在总结过去几次国内“抗癌明星”的评比活动中，不难发现这些“明星”们所以能取得抗癌胜利，其共同经验有三：一是科学的综合治疗；二是有与癌症作斗争的顽强意志；三是良好的周围环境，即家庭与社会的支持。其实，与癌症的斗争犹如一场现代化的立体战争，如果说医护人员是这场斗争中的主力队伍，那么癌症患者就是地方部队，而家庭、工作单位或社会则是后勤部队，当然还有从事科研、医疗设备、药物生产以及病因预防等工作的特种部队。因此，在这场人类与癌症的斗争中，医、患之间的关系应该是一个战壕中的战友，只是分工的不同，作为医生只是应用已掌握的医学知识更好地帮助患者战胜癌症而已。

回顾数十年从医的经历，作为一个外科大夫，真正能“手到病除”使患者能得以新生者是少数。多数情况下仅能给患者以帮助或减轻其痛苦，或改善其生活，或延长其生命，但仍回天乏术，无法改变其仍丧生于病魔的最终结局。实际上作为一名医生，每日必须要做的则是给病人以安慰及鼓励，倾听诉说，给予其一诉衷肠的机会，所谓医者仁也，这应是医生的基本职责。

曾见报载，在美国受伤的中国体操名将桑兰父母赶赴美国长岛探视爱女，当他们一见到美国的主要经治医师，就立即双双跪倒在地，泣不成声地乞求里奥内医生救救他们唯一的爱女桑兰，里奥内医生当时不知所措，当即回跪，并发誓尽其所能使桑兰康复。见到此一报道使我不禁又想起国内“求”医的传统观念。作为桑兰的父母救女心切，无可非难，倒是那位美国医生值得我们学习，他的“回跪”正说明他认为医生救人是他的本分，医生与患者是服务与被服务的关系，所以并没有高于患者的“被求”之优越感，只要认识到这一点，自然会将“求医”改为“就医”。

良药“可口”

忆1956年自上二医毕业之时，少年气盛，血气方刚，立志做一名有作为的外科医生，弃留母校之良机于不顾，立志北上，报效祖国。岂知才入北医即令去局部解剖教研组报到，缘因时值全盘“苏化”之际，该教研组系学习苏联的产物，用人颇急，而外科各教研组均已人满为患，早由北医的学长们捷足先登。这对我这个立志“操刀”之业以济世的初生牛犊无异于一盆冷水当头泼下。不平之余，据理力争，强调本人不但是毕业外科专业的三好优秀生，且是班长，对外科如何情有独钟，大有不干外科绝不罢休之势。在当时一切听从组织安排的时代，我这个浑小子真有些胆大妄为，总算有志者事竟成，几经周折，不但从基础部转至临床，又争取不搞麻醉而终于在外科工作，欢愉之情难于言表，为得以能不在尸体上“操刀”而应幸，可见对外科的情结之深。

其实入学之初，就颇心仪于外科医师的飒爽英姿，其后又被“手到病除”的外科高超技艺所折服，就萌发当一辈子外科医师之念。至毕业早已根深蒂固了。行医之初醉心于一些典型手术的操作，常为掌握某一手术技术而沾沾自喜，一旦某危重病人由于“手到病除”而痊愈出院，更是欢欣不已，深为能从事这一崇高的救死扶伤职业而自豪。尤其在我从医之初，正值基于Virchow理论基础上的各种癌症的扩大根治手术方兴未艾之际，甚至半身切除、半骨盆切除，再次剖腹探查术等也均被认为是为求根治的合理手术，所谓良药“苦口”利于病，只要认为是对治“病”有利的方法或手段，即使“苦药”也得逆来顺受，不但医生们乐此不疲，患者也颇少异议。

然而，随着时日之消长，临床实践经验日丰，逐渐认识到即使胃癌做全胃切除，乳癌作扩大根治等也并不能提高疗效，反而使手术死亡率或术后并发症有所增加，颇有得不偿失之感。因此，在考虑患者的“得”与“失”以决定治疗方针的整个医疗活动过程中，不但要考虑癌症这个具体的“病”，更应考虑的是患有癌症的“人”。一切诊疗工作的对象不仅是“癌症”，而是身患癌症的“病人”。要考虑各项诊疗工作对患者生活质量的影响。长时期以来，我对因各种治疗所带来的并发症的重视是很不够的，总认为是良药“苦”口，既要治疗就得付出一定的代价，认为只要不违背治疗原则，又按常规操作施行，即使发生并发症也心安理得，因此对如何预防并发症的发生或是有效的治疗各种并发症均注意不够。直至我老伴因癌症施行了胰、十二指肠+右半结肠切除术后，由于切除脏器较多，又丧失了幽门及回盲部，手术创伤较大，以致出现了一系列的术后近期及远期并发症。尤其是长期严重的腹泻、脂肪吸收不良，造成脱钙，以致骨折三次，满口牙齿先后横断脱落，甚至发生空肠盲襻综合征、中毒休克等。由于小儿远在海外，家中仅我与老伴相依为命，因此老伴是我术后观察最细致的患者，也深感一向被我认为“心安理得”的术后并发症对患者生活质量影响之巨，从而使我感到作为一名医师，既要根治癌症，又要兼顾患者的生活质量，不能以良药“苦”口自慰，而应以“良药可口”为终身追求的目标。

行笔至此，忆及我的两位良师益友张天泽教授、已故陈敏章部长患癌后的治疗情况。张老患膀胱癌有年，六年前发现胸椎及肋骨转移，以致截瘫。他天性开朗、豁达，发生转移后除作局部放疗外，坚持采用能保持较高生活质量的扶正、免疫及对症治疗，既未采用化疗也未服用中药，2月前我前往探视，床上仍置外文期刊，除下半身不能活动外，谈笑如常，很满足于自己能以81岁高龄进入21世纪作“跨世纪人才”而自慰，自谓“蠢蠢欲动”，颇欲做些力所能及的文字工作，但又颇虑过不了今年的84岁大关。我与敏章部长由于是老同学，故他病后曾多次与老伴一起前往探视。记得一次在他病后10个月左右，去他家探视时，他已非常孱弱，也甚为痛苦，在病榻旁除点头致意外，一言不发，只是静听我老伴以资鼓励的自身诉说，临别时握住我的手说“众人告我术后2周就能逐渐康复，其实我术后没一天好受过，还累这么多人陪着我，何苦！”听后，戚然。我知他病后得到家人、亲友及组织上的诸多关心，治疗甚为积极，条件当然也较好，周围竟献良方者不乏其人，难免有无所适从，顾此失彼，甚至治疗过头之嫌，终于术后年余撒手西归。张、陈两位老友虽然疾病不同，情况也各异，从两者病情的不同转归中，仍给人们不少启迪。甚至令我感到人们常说的“好死不如赖活”是否也有修正的必要。多年来，由于工作关系接触晚期癌症病人甚多，深感生、老、病、死是自然界的客观规律，绝大多数患者都有正确的认识，虽在初被诊断为癌症时，由于对精神打击甚大，有惧死之虑，患者已经历了各种诊治手段的考验，及深忧癌症复发或转移的折磨……但当疾病已发展至晚期，患者早已勘生死关，绝大多数患者已均能正确对待死亡。他们所虑的是将会在非常痛苦而绝望中结束自己的生命，因此并不愿意毫无生活质量可言的勉强维持生命，大多是因虑及活着的亲人们的感情才强求生存。我们不但应在疾病治疗的全过程始终重视生活质量，尤其当疾病已进展至治愈无望时，更应视生活质量尤甚于生命的延续，应在保证生活质量的前提下，尽可能地延长其生存期，而不应为了片面地追求延长其生存期而置生活质量于不顾。患者如只考虑患者自身，我很能理解他们会采取“赖活”不如“好死”的措施。所以，使我不能理解的反而是某些终末期患者的家属，虽明知患者病情已不可逆转，只要患者一息尚存，仍要求医师尽全力抢救，用各种贵重药物也在所不惜（当然大半是公费），甚至更有已丧失呼吸还做气管插管要求在人工维持呼吸的情况下继续抢救的，我相信如患者有灵一定会反对的。

当然，我并非主张对晚期癌症或终末期患者放弃治疗。记得若干年以前，在北京市召开的某次讨论医疗费用上涨的座谈会上，有一位当时负责公费医疗的领导，在批评某医院（可能是我院）治疗已不能治愈的晚期癌症消耗了大量的医疗资源，是莫大的浪费，应加以制止时，我曾据理力争，晚期癌症作为“病”可能已不能治愈，但作为患癌症的“病人”，当然应积极地予以治疗，减轻其痛苦，改善其生活质量，以求庄严地结束生命，这是人道主义的基本要求，也是人权的基本体现之一，可绝不能与“赖活”不如“好死”的观点混为一谈。

上工治未病

本人有幸，在大跃进年代，参加了卫生部在中医研究院举办的“第二届西医学习中医班”，全脱产学习祖国医学两年有余，受益匪浅。学习内经时，有“上工治未病”之说，当时不甚了了，仅感原来“预防为主”的卫生工作四大方针之一并非新中国的首创，而是源自历史悠久的祖国医学。虽感言之有理，但这只是卫生行政部门或从事防疫专业的同道们的工作。因此，作为一名临床外科医师，对此甚少关心， 仅限于参与除四害、讲究卫生而已。

直至1969年从事肿瘤专业工作之后，经常与癌症患者为伍，众多病友之求生欲望，与癌症作斗争的坚强精神，亲友们的由衷关怀之情，一旦治疗失败后对家庭及社会的诸多遗憾，这些具体事例，一桩桩、一件件的在我脑海中留下深刻的印象，在激励我坚定从事专业的信心之余，也让我逐渐感到“手术刀”的作用实在是有限的。尽管手术治疗是实体瘤的主要治愈手段，但真正能借此而治愈的仅是众多癌症患者中的极少数。癌症之所以危害严重，一是由于其“多发”，二是由于其“难治”。如能易“多发”为“少发”，变“难治”为“易治”，则癌症之害当可大为减轻。其实，世界卫生组织早在20世纪80年代就提出了控制癌症的三个“1／3”战略，即加强预防可使1／3癌症得以不发病，岂非少发；开展早诊普查又使1／3癌症得以发现于早期，众所周知早期癌症是易治之疾，岂非又变“难治”为“易治”。尤其我通过近30年来对乳癌及胃癌的早防早治的研究，更使我加深了对三个“1／3”战略方针的体会。北京市在1978年以前宫颈癌的发病率高于乳腺癌，为在女性中占首位的癌症。由于自1958年已开始的宫颈癌普查已取得明显的效果，20年来不但死亡率已有明显下降（1958年较1978年高8倍），而且由于各种相关的宫颈疾病得到治疗，使发病率也有所下降，以致已被逐渐上升的乳腺癌所取代，而于1978年以后已屈居第二位。以后乳癌以每年近2%的幅度上升，两者差距逐渐拉大。以我们以往从事乳腺癌早诊及筛查研究的经验，普查检出的乳癌中，I期的要占60%以上。众所周知，早期乳癌不但疗效好，且易治省钱，可节约卫生资源，而且乳腺癌的发病常与国家的经济发达水平正相关，异于宫颈癌的负相关。随着我国经济的发展，乳癌发病将大增，我国在过去已创造了虽是发展中国家，但宫颈癌死亡率较低的成绩。如今后有计划地开展乳腺癌普查将有可能即使我国经济起飞而乳腺癌死亡率并不随之上升的奇迹，这将是一利国利民的大事。而此工作的开展则有赖于从事肿瘤专业的临床大夫，而不可能是防疫站的工作人员。我们在山东胃癌高发区临朐县从事现场防治研究时，也发现距该县仅200里盛产大蒜的苍山县胃癌的发病率甚低，两县相差竟达八倍，如能证实多食大蒜确有预防胃癌发生的作用，岂非是又一利民的好事。至此，深感我们祖先“上工治未病”的英明、伟大。其实广义而言，举凡手术并发症的预防等，也均应属此范畴。这些不但不是与已无关的他人之事，而是应贯彻于自己从医生涯中的又一必须遵循的准则。

有鉴于上述认识，深感不但“独木难成林”，且“治未病”也有异于“治已病”，是一专业性的群众工作，是一须提高认识及改变观念才能开展的全民性工作。于是我便视健康教育为己任，积极参与各种媒体的科普宣教，其后又发现航空班机上是写科普文章的绝佳场合，既安静又无干扰。因此，不时因有所感而发，经常利用外出公干之际，于旅途写些短文。后又感癌症的演变常有一较漫长的癌前阶段，往往长达十余年，但何以人们现今已熟知积极治疗高血压或高脂血症，以预防冠心病及脑卒中，而颇少为了预防癌症而来医院就治某一慢性疾患的。感到有必要将癌症作一较为系统全面的介绍，于是又组织撰写了百余万字的癌症科普系列图书，以期对癌症的预防有所助益。

近年来，我国肺癌的发病率急剧上升，自20世纪90年代以后肺癌已超越胃癌、肝癌成为我国危害最甚的癌症，且上升趋势有增无减。而消息传来，美国的肺癌自90年代以来，却出现下降的趋势，不论发病率或死亡率均已稳步持续下降十余年，即使女性肺癌稍有上升，也掩盖不了总体明显下降的事实。美国的经验值得借鉴，主要是自70年代以来大力宣传戒烟，在公共场所禁止吸烟历时20年的结果。我国吸烟水平落后于美国约40年，美国于1910年及1950年男性平均抽烟分别达日1支及10支的水平；而我国则分别于1950年及1990年才达此消耗量，由于吸烟致癌的后续效应，在今后的20~30年之内我国无疑将成为全球的肺癌大国。美国是在经过20年大力开展吸烟有害健康的教育，且采取一系列行政措施，才使肺癌发病率开始下降。最近，我仅5岁的小孙女自美返京探亲，某日携她去某餐馆就餐，邻桌有多人抽烟，我小孙女捏着鼻子径自趋至该桌前，一声不语地指着墙上贴的禁烟标志。众多就餐者均皆发出会心的微笑，而四名抽烟的青年也立即将烟熄灭。见此，我在深悔未带相机摄下此一绝佳的宣传资料外，也颇有感触，如果我们“吸烟有害”的健康教育也能做到如是的妇孺皆知，则我国控制肺癌有望也。

37

从政有感

我虽不是国家公务员，但作为单位的法人，一名双肩挑的干部，从事兼职的行政管理工作有年，且常是第一把手的身份，多年来也颇有感受。70年代初刚负责肿瘤所工作时，对繁杂的行政工作及频繁的会议颇为反感，时有牢骚，几度拟辞官不干。某日，主管科研的白介夫副市长曾问我，不少业务干部均不愿担任行政工作，何故？到底哪些事情让你们感到困扰？我答曰：就我而言有二。一是所内的任何职工，可以在任何时间找你谈任何问题，谈到任何时候。单位有如一大家庭，法人有如一家长，举凡夫妻吵架、孩子上学、生活困难、人事矛盾等等，这些个人的琐事，在当事人可就是一件大事，因此就得找你倾诉，请你为其做主。就他（她）而

文山会海，不堪重负

言，一年才找你一次，可谓不多，但就你而言，一天就得接待这种谈话一次以上，能不烦心？！某年农历初一，住同一宿舍楼的某女职工，因其夫生活作风有失检点，清晨就哭着来我家，一直哭了一上午，直至中午她尚未尽兴，不思离去，你又奈何。其二是听某些领导作报告，有时官话连篇，言之无物；有时文不对题，无的放矢；更有瞎指挥、胡批评的，让你听后无所适从，但还得含笑鼓掌，以示尊重，岂非浪费时间。

这些均是从政初期的感受，随着时日的消长，阅历的增加及磨炼的增多，这些初时的感受已能泰然处之，不为所动了。而在其后数十年的从政生涯，真正使我困扰的事有三：一谓某些领导善变，总是有理。因我国多年来在“以阶级斗争为纲”的思想主导下各项政治运动层出不穷，左、右倾思想的影响，此消彼长无时不在，基层工作干部在各种学习班上的口头禅是“跟不上形势的发展”，忙于“转弯子”和“站队”。改革开放以后在“摸着石头过河”的思想指导下，对社会主义市场经济的认识也须不断深化，而一些行政部门又常难唯“上”是从，以免犯“错”，以致各项具体的措施常随不同时期及领导人的变化而有所不同。而每次措施上的变化总，有充分的理由让你执行。因此如何适应此种变化，就成为一真正的难点。二曰人性叵测，驾驭乏术。幼时受家教及儒学影响颇深，相信人性本善之说，待人接物均以诚信为本，但随着阅历的增加，使我逐渐倾向人性本恶之见，这不仅是因为人是生物，而生物是以求生及愆种为其本能，而现今社会贪官的“贪”及“色”

两顽疾之所以难以根除，其因乃是人的本能恶性发展又缺乏遏制的结果。试看脑软化的老人，由于大脑失控，因此其“贪”或“自私”的本性也就表演无遗，当然其时“色”已无能为力。国人所谓之“共患难易，同富贵难”，创业时的好兄弟，发迹以后成冤家，反目后自成一家进而成为竞争对手的比比皆是，无非是“贪”字作怪，个人利益作祟而已。在现实生活中也不乏诸事皆顺其意，仅因某事未遂其愿，自认有损其个人，而反目相向的也时有所遇。其次，人是有两面性的，此并非指有意的伪装，而是人性的表现常受某些特定环境或条件的影响。而人对事物的认识又常存在片面性，因此当你身居高位时，见到或听到的常是表浅之像，甚至不乏阿谀奉承之语，以致在现实生活中对某人的评价常会产生领导与群众截然相反的结果，而且往往群众的评价更为客观。在以往以阶级斗争为纲的年代，曾有阶级烙印之说，认为有助于对人本性的认识，所谓“老子英雄儿好汉”、“耗子儿子会打洞”等，在“文革”期间曾嚣张一时，造成了不少冤假错案，而遭人唾弃。在现实生活中，家庭潜移默化的影响，确对人本性的影响颇巨，常可从其父母或子女的表现反映其人的本貌，鲜见子女品行不佳而其父母为上品者。反之，也然。因此，不失为知人之一途。当然人也会有变化的，随着地位的改变，权力的增大，制约因素的减少，自控能力的弱化，其本性中丑恶的一面会日渐膨胀，正因为如此，所以如何“知人善用”始终是在日常工作中经常遇到的一难题。其三是脏水泼身，其势难防。所谓“脏水”乃系造谣滋事、恶意中伤之类。只要某人有一定地位，可能会引人注意，就易遭人嫉妒，招来非议，所谓“枪打出头鸟”就是此意。

上述三种多年来的困扰，颇难在短期内能予以解决，针对这些客观存在的难题，唯有自我调解予以解脱，以免陷入困境而不能自拔。

“以不变应万变”是我在“文革”以来应付变化莫测形势及多变政策的颇为深刻的体会。此“不变”并非顽固不化，坚持已见，而是实事求是从实际情况出发，坚持对社会、对群众有利的原则。“文革”初期外科“三家村”遭群众揭发批判，我坚持实事求是，是我的错就勇于承担，绝不推给他人，也不为求已之早日解放，而对他人作不实的揭发批判，或无限地上纲。当时虽受到较大的压力，但其后因为我的实事求是成为北大医院第一个被解放三结合的基层干部。事后有关的当事人对我非常感激，认为我没有讲一句过头的话，我俩的友谊也更为加深。不但在历次政治运动中坚持实事求是的原则，既不随风转舵，也不随大流抱大腿。即使在筹建肿瘤院、所，明确专业、发展学科、培养人才等业务工作中，也坚持实事求是，从本院、本所的实际出发，不受从左或右而来的政策干预或上级单位不同意见的影响。如建所初期时的干部外语学习，坚持胃癌为重点学科的发展方向，建立胃癌高发现场的研究，群众性普查工作的开展以及设立中医病房等，尽管在不同时期受不同政治形势的影响，也会对业务建设带来干扰，但正因为坚持了实事求是从本所的实际情况出发，坚持了对社会对人民有利的原则，使院所的业务建设得以较快的顺利发展。

“对自身要有信心”。在漫长的从政过程中会遭遇不少困难、挫折及压力，尤其当经历群众性的政治运动，有时会对自身产生怀疑，此时对自身的信心甚为重要。即使在台上下跪遭批判，下放劳动作卫生员，与周围群众隔离，无人敢与我交谈接触，也每餐进食半斤如故，睡眠、食欲未受影响。每日中午与我同桌进餐的“反动学术权威”王叔咸教授见状相询，我答之“不作亏心事，何以食不甘”。三家村成员之一的黄莛庭大夫与我同被贬为卫生员，在地下室休息时，也对今后前途担忧，我告之“要有信心，你、我仍将是固我”。这些均缘于对自身有信心之故，在政治运动中如是，在日常工作中也不例外。我认为对任何事物的正确判断甚为重要，是任何事业或工作成功与否的基础，唯有基于正确判断才能下定决心，持之以恒，又能注意抓住机遇，才有成功的可能。而正确的判断不仅是在于充分的调研、掌握丰富的信息、资料，而更重要的是自身对此等咨询的主客观分析，这又与个人的综合素质有关。试以筹建肿瘤院所为例，三十余年前的肿瘤专业远非如今之人均趋之的热点，而是非议颇多，不但诊断乏术，治疗缺法，而且死亡率甚高。“癌症是不治之症”已成为社会之共识。“文革”时各医院曾按无产阶级司令部的要求，均成立的肿瘤科，但未几，这些肿瘤科绝大部分均被誉为“第二太平间”。更有人认为“肿瘤专业”是“荣誉的坟墓”。缘于难度太大。因此众人均竞相避之，甚少有自愿从事此专业者。当时的北医领导也执意反对，认为只要建立一加强的肿瘤科，与基础部建立协作关系，开展科研即可。诚然，就我个人而言，不但节省精力，且作为一加强的肿瘤科主任，业务上的收益可能会更大。但鉴于数年来工作中的体会，认识到肿瘤的发病趋势是方兴未艾，北京有成立两个中心的发展空间，符合社会及人民的需要，应在筹建之初就按一独立的实体机构加以建设发展，而且坚信自己的判断是正确的，符合事物客观发展的规律，因而我们的肿瘤科不但在众多的下马声中坚持了下来，而且一枝独秀地经长期地努力，克服种种困难，终于得到了发展，取得成功。使我深深感到“建立信心，贵在坚持”对创建一开拓性工作的重要性。

“相信大多数”。经过“文化大革命”锻炼的我们这一代，所谓的50年代知识分子，似乎在“夹着尾巴做人”的传统思想教育下，已惯于将自己置于革命的对象之列，挨批判、受委屈已成家常便饭，大家之所以能逆来顺受的主要原因是相信大多数，相信最后的“纠偏”落实政策。试观历次群众运动，无一不是如此，即使在非政治运动的日常工作中也是如此。现今社会民风虽然日衰，居心险恶者有之，专牟私利者有之，无事生非者有之，但还应坚信好人居绝大多数，还应相信中华民族数千年来传统文化的传承，还应相信政府正在努力采取措施增强社会的诚信。总之，要对社会、政府及群众具有信心。这样你才会有勇气去承担一些具有风险的开拓性工作，要不然人人见危思安，只是被动的做些无风险的指令性工作，人云亦云，按章办事，给什么条件做什么事，扼杀自身的创造性及能动力，则社会难以进步。因此相信大多数对增强自身的工作信心及勇气甚为重要。数年前跨国购院之事对我教育颇大。当我兴高采烈，克服众多困难，终于跨洋过海购得国外医院归来，岂料有人向市纪委举报，告称我花了国家的钱买回了大批无用的破烂货，且将艾滋病病毒带回，同时又收取大量回扣的好处。当卫生局朱宗涵局长来告知我此事，并让我配合市纪委检查。历时10个月的细致调查，最后结论是这次跨国购回的总资产约值6000万元，相当于增值10倍，据此最后受到国务院的表扬，在人民大会堂领取了展望奖。使我也更坚信了相信大多数的理念。另一让我颇为感动的是在我离开院长岗位6年后的庆祝建所30年的院庆会上，当我受邀作完即席发言后，全场员工起立长时间的鼓掌，不禁使我热泪盈眶，将我下岗后听到的对我过去工作的一些非议一下均丢之脑后。我不禁欲振臂高呼“群众万岁”，深感值得为这样的群众受苦、受累、受委屈。

“宽以待人”。我自幼喜阅武侠小说，颇为其中的侠义人士所感动，工作后已无看小说的暇时，但每逢出差，常随身带上一本以备在旅途中的“误点”作消磨时间之用，非常欣赏武林高手从“心中有剑，手中无剑”发展到“手中无剑，心中也无剑”的高超境界。我认为此实际上是化敌为友的境界，也是处世为人之道，是应争取的目标。当然在现实生活中，并非是战场，并无众多敌人，但宽以待人，诚信处事，则是处世做事必须坚持的原则。初时我自认从不整人或在背后算计人，认为自己无害人之心，而颇自满。近年来，在我离开院长岗位后，能听到、看到或感到在做院长时难以觉察或感受到的一些问题，深感宽以待人含义较之我原先自认已做得不错的更广，其中颇为重要的是要善于换位思考，要设身处地的替对方着想，这样会化解不少矛盾，达到沟通的目的，促进和谐社会的建立。另外更为重要的是平等待人，每个人都有被人尊重的权利，我认为这是所谓人权的非常重要的组成部分，不管对方的身份、地位，在与你交往时，你必须懂得尊重他，仔细倾听对方的意见，由于每人所处地位不同，看问题的角度或思考的方法各异，这样或许会对某些事物的处理，不但合理而且更合情。总之，社会上各种事物无一不与人有关，凡人均既理性又有感性，切忌管理工作的“物化”。只有宽以待人又严于律己，才能争取到更多人的支持，才有利于事业的发展。

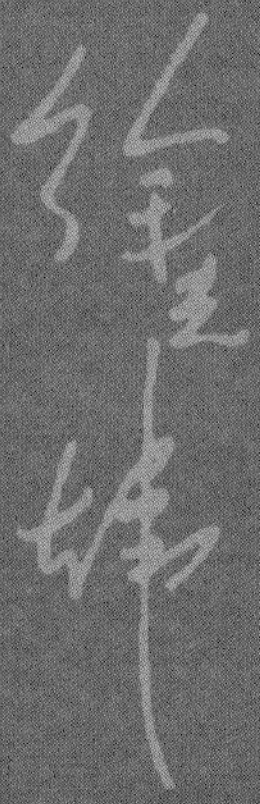
绛帖

海内存知己　天涯若比邻

38

半世纪的师生情

林言箴教授为著名的普外专家，上海瑞金医院外科主任，也从事胃癌的研究。2003年上海瑞金医院为林言箴教授出版论文集，邀徐光炜教授为其撰文以示祝贺。

我识言箴教授已有半个世纪，初识时我乃是一名年轻的学生，从原圣约翰大学医学院经院系调整至上二医就学。当时讲授外科的有多名青年教师，其中的林言箴及叶椿秀两位更因风度翩翩、言谈不俗且学识渊博而深受学生的推崇，被戏称为“奶油小生”，甚至某些有志于外科的同学更仿其言行举止，有似现今的“追星族”，可见当时受宠情景。

及至1955年我被分配至广慈医院（现今的瑞金医院）实习，当时的实习医师与现今稍有不同，不但人数相对较少，且享受生活津贴，又按各自今后的不同专业分班进行有重点的实习，重点为外科专业的实习医师，几乎就成为医院外科的一名成员，一年实习期的大部分时间均在外科度过。由于我是外科大班班长，与上级医师交往就更密切。傅培彬教授是当时的大外科主任，是位学识渊博、外科手技精湛的忠厚长者，但不善于中文，且威严慑人，令人有望而却步之感。而傅老的得意弟子言箴教授则言谈生风，乐于提携后进，又性喜运动，不但勤奋好学，且聪颖过人，是当时外科的后起之秀，颇投青年人之脾胃，也更由于我对他的崇敬，因此为延续近半个世纪的师生之谊奠定了基础。毕业后，由于我个人的原因，有负母校留我之愿，北上赴京，使我每每引以为憾的是失去了与言箴教授共事的机会，且因“文革”等原因，中断联系达十余年之久，但不时从报刊杂志上可见到言箴教授的建树，首创动脉移植、首例肝移植成功等等，知他仍在外科领域孜孜不倦地耕耘着。直至1969年我专职从事肿瘤外科工作后，拟开展肝移植治疗肝癌，又再次与他取得联系，他仍是一如既往地诲人不倦，讲述了他对肝移植的经验及见解，使我受益匪浅。其后，我又重点从事胃癌的防治研究，共同的兴趣将我们更紧密地联系在一起。由于傅老当年对胃癌也颇感兴趣，曾就其淋巴转移及复发问题，进行过专门的研究，认为作扩大根治的全胃切除术是提高胃癌疗效的途径，长期来瑞金医院外科遵循此一胃癌治疗方针。记得在一次全国胃癌学术会议上，言箴教授见到我院施行胃次全切除的D_2根治术，五年生存率反较瑞金医院的为佳时，就找我详细地进行了交流，数年后再次见面时他告我已修正了胃癌手术方案，并经实践证实了进展期胃癌无需均作全胃切除扩大根治术。这仅是他治学严谨之一例。以后我们又共同申请并承担了胃癌的国家攻关课题，业务上的交往就更多了，他重视理论与实践结合，对新生事物甚为敏感，作为一名临床外科工作者对基础学科的进展也非常关心，致力于开展与临床工作紧密结合的实验研究工作，对工作始终富有充沛的热情，并不因年岁之增长而稍减。他是我终身学习的楷模，愿他健康长寿。

39

贺寿

老骥伏枥，耿耿为民

——贺张明和80高寿

张明和教授为我国著名肿瘤专家，曾创建湖北省肿瘤医院并任院长，后又共同创建中国抗癌协会。2000年，值张明和教授80寿辰暨从医五十二周年之际，徐光炜教授特撰文以表祝贺。

我识明和于73年秋，时值“文化大革命”后期批林批孔高潮之际，《中华肿瘤杂志》在泰安召开复刊后的第一次编委会，肿瘤界的同仁相聚一起，大家既喜亦忧，均言不由衷，心照不宣，颇有劫后重生，前途渺茫之感。为了适应当时高举批判大旗，破旧立新之势，会议以赴曲阜现场批林批孔始，三日后则以全体与会编委“敢登攀”共登泰山之巅观日出而结束。可见会议组织者的煞费苦心，也幸亏老人

与张明和教授参观孙中山先生纪念陵

家新诗“敢登攀”发表不久。这次编委会既突出了“无产阶级”政治，大破大立，破除了对防治肿瘤无所作为的观点，又树立了勇于攻克肿瘤的“敢登攀”精神，同时也满足了广大与会者虽然口中不说，但已心仪甚久的一览祖国大好河山的愿望。

就在那次“敢登攀”的活动中，明和院长的那股勇往直前，不畏困难，敢于登攀的精神给我留下深刻的首次印象。是日晨七时许大队人马从寓所出发，已属知天命之年的他，居然一马当先，脱颖而出，中午刚过已抵峰顶，独占鳌头，使还未达不惑之年的我，虽紧跟其后，尚落后一小时有余而自感汗颜。在以后的多次交往中，使我逐渐加深了对他的认识，共同的追求使他成为我的挚友良师。他为人忠厚，热心助人、待人以诚，对事业甚为执著，不论创建湖北省肿瘤医院抑或共创中国抗癌协会，他均以当年登泰山的精神，不怕险阻，为我国的抗癌事业作出了贡献。尤为可贵的是他胸怀坦荡，不计个人名利，一心为公的品质更为我辈之楷模。近阅湖北省肿瘤医院志，虽然我辈均知他是该院的创始人，而且迄今仍是该院的标志性人物，但在历任院领导的相片中，他并未以开创者自居，而将自身溶入于众多的历届领导成员中，这正是这种品格的体现。多年来，我一直以当年登泰山的情境，紧随其后，而深感获益匪浅。

40

为张天泽教授论文集作序

张天泽教授为我国著名肿瘤专家，曾担任中国抗癌协会第三、四届理事长、天津市肿瘤医院院长。1997年4月，张天泽教授出版了《张天泽教授论文集》，徐光炜教授应邀为此集作序。

为这本论文集写序，颇有受宠若惊之感。缘于天泽之与我，良师更甚于益友，故虽受命有时，而惶惶然难以下笔。

我识天泽于“文化大革命”之中期，刚从事肿瘤专业为时不久的我，乃年轻的后进之辈，对我国肿瘤事业的开拓者——金显宅教授的高足，位居“五虎将”之首的天泽教授，神交已久，听到不少诸如力排众议、成功地为年逾九十的马寅初教授

与吴孟超、张天泽教授共进晚餐

做直肠癌手术等事。在我心目中俨然是“庞然大物”，及至见面，却给人谦谦君子之感，良好的第一印象，开辟了我们友谊的长河。道同则谋合，其后一起从事胃癌的防治研究，创办中国抗癌协会，共同主持中华肿瘤学会，又合作主编了《常见恶性肿瘤诊治规范》及“肿瘤学”等。历时二十余载的诸多交往，增强了友谊，加深了认识，对天泽教授孜孜不倦、献身于肿瘤事业的精神，饱览群书、浩瀚渊博的学识，一丝不苟、严谨治学的作风，求才如渴、诲人不倦的态度，刚直不阿、疾恶如仇的性格，诙谐风趣、言辞锋利的谈吐，均给我留下深刻的印象。这本论文集乃天泽教授一生献身于肿瘤事业的缩影，涉猎甚广，建树颇多，从中不难看出天泽教授对我国肿瘤事业的贡献，它的出版无疑将有助于推动我国肿瘤事业的发展。

41

从美国买回一个医院

《市场报》艾笑【1995年11月11日】

坐落在西郊定慧寺的北京市肿瘤研究所新院正式启用了，这座占地4万平方米的奶油色12层建筑里，装备的是全套美国现代肿瘤临床诊断和医疗设备，这是人们始料不及的。

进入70年代，我国肿瘤发病形势日趋严峻，死因排位已跃居前茅。全国每5个因病死亡的人中，就有1个是死于癌症的。为让更多的民众享受到较好的预防和治疗，周恩来总理批示，将长期蜗居在市中心、毫无发展余地的北京肿瘤医院扩大搬迁至西郊，与位于北京东郊的中国医科院肿瘤医院遥相均布对局。人们高兴地制定完成了方案设计；建筑投资7500万元、设备投资8000万元。但是，由于资金难以凑足，实施这一项目的速度犹如爬行。

在尽力压缩投资又要不打折扣地完成大事的筹划中，院长、著名肿瘤专家徐光炜决定购买国外医院设备。

90年代初，徐光炜有60多位学生在美国工作、交流和学习。调研的任务就落在这些海外赤子身上。这些人花费大量精力、时间，自掏腰包地调查了近10年来，美国芝加哥、洛杉矶等6大城市破产医院的信息，都及时反馈回国。

1993年4月，徐光炜得到华盛顿附近有家私立教会医院破产拍卖的信息。正在美国国立癌研究院做访问学者的流行病室主任游伟程教授，立刻受命前往考察。游教授了解到，这家叫里兰德的、专为有钱人设立的教会医院颇有声望，破产原因是周围居民成分改变，大量黑人迁入、白人搬走使医院收入锐减而造成的。游教授将医院全部动产列单打回北京，并认为“目前里兰德的现代化管理手段和条件、设备数量、档次、种类都是现在国内医院所不能比拟的。”同时，游教授还传递了一个坏消息，已有10家有实力的美国公司决定参加拍卖投标。

徐光炜在得到北京市计委和卫生局的支持后，利用自己“著名医师”的身份走了一次“后门”。他找到美国驻华使馆商务参赞，据理阐明自己是一家非营利性的社会事业单位，买回设备直接服务民众，而且医院正值经济困难时刻。美国商务参赞给里兰德医院所在的马里兰州政府打过去的推荐信起了不少作用。1993年8月15日，估价800万美元的里兰德医院全部动产（包括仓库里的新设备），徐光炜以55万美元中标。当年的12月中旬，28个100立方米的加高超大集装箱，平稳整齐地排列到北京市肿瘤研究所新院楼旁的广场上。那里面装着大到核磁共振、CT诊断机，小至桌椅板凳、剪刀钳子，手术室、放射科、实验室、ICU……全搬来了。这是副院长康永新率领的本院8位工程师和医师们，用两个月的精细劳作拆装封运来的。

里兰德放射科屋顶挂的4件铅制伸缩吊架，每个重4000多公斤，包装公司提出要另花8600美元拆卸费。这9个人只花了150美元租辆叉车，一夜就完活了；5台大型X光机拆到最后，还是要必须要拆墙才能出门，拆5座门需要5000至3万美元，9个人研究了几夜，终于巧妙地不破门搬出了设备，使美国人高度赞扬中国人的聪明才智和刻苦精神。

凡是见到他们买回的这家“美国医院”的人，都认为应当给徐光炜和他的同事们请功。

42

癌——徐光炜永远的对手

《北京青年报》郭小景【1999年4月13日】

北京肿瘤医院院长、中国抗癌协会理事长徐光炜教授，刚开始将肿瘤作为攻克对象是在1969年。当时国家在天津召开第一届癌症工作会议，周总理提出向癌症作斗争。一晃30年过去，年界65岁的徐教授对付癌症的手段已经达到第三种境界：医院内治疗与医院外预防和康复并举，成为北京抗癌事业的奠基人。

在接受记者采访时，徐教授用人生的三个阶段概括了自己奋斗的历程：

第一个10年：学术成就显著。在北大医院外科基础上组建肿瘤科，后演变为市抗癌防治所，确定两个主攻方向——胃癌、乳腺癌。个人首创胃癌临床病理分期，被全国推广并进入教科书。同时将胃癌手术方法进行改进和规范，使疗效大为提高，并在全国推广。

第二个10年：促进全国学术交流。各省肿瘤界知名人士自发组建中国抗癌协会，徐光炜作为副理事长开始从更宏观角度考虑肿瘤防治工作。倡导并主编《常见肿瘤诊治规范》系列教科书并附示教手术录像带，带动全国诊治水平提高，得到卫生部肯定。

第三个10年：致力科普，创建癌症康复事业。撰写大量科普文章，组建北京癌症康复会，组织京津沪百名抗癌明星评选，组织评选抗癌好家庭，率领专家扳倒以还阳草欺骗病人的王仙姑，组织创办《癌症康复》杂志，提出医生要从治疗病转变到治疗人。北京的癌症患者在专家们指导下综合治疗，互相鼓励，使生存率和生活质量得到很大提高。

谈到第三阶段，致力于科普的徐教授体会格外深刻。他说，1988年我爱人宋琳琳患结肠癌，术后康复过程中使我了解到许多在医院内很少考虑的事。我每次陪爱人到公园活动，病人马上就围上来打听我爱人吃什么药，后来我就要求他们把问题集中起来一并解答。于是每周日我就推自行车自带饮料、板凳到草坪上给好几百人解答。每次，面前总摆放着许多录音机。至今徐教授仍记得第一个问题：徐大夫，我们得癌已经很痛苦了，能否告诉我们怎样才能不再受江湖骗子的蒙骗。我当时就痛下决心要写科普文章普及知识，并把他们组织起来，成立康复会，在医生的指导下共同抗癌。

实际上这个想法当初在中国抗癌协会理事会上提出时遭到大多数人反对，理由是：1.医生教研平时够忙的；2.社会所谓各式气功治疗太复杂，担心进了泥坑拔不出来。由于徐光炜据理力争，同行们考虑到徐的老伴身患癌症就说："老兄实在要坚持，就在北京试点得了。"由于条件有限，北京康复会在徐教授与宋琳琳的家里宣告成立。徐教授利用出差在飞机上撰写了生动翔实的科普文章，组织了癌症病人各项集体活动，极大地增强了北京癌症病人的信心。

为提高全民防癌意识，徐教授大胆提出倡议：每年4月的第三个星期搞成全国肿瘤防治宣传周。从1994年第一次推出大型义诊和讲座，到第三届"吸烟与癌症"、第四届"饮食与癌症"主题的确立，肿瘤防治科普活动越做越成熟。今年还要推出"癌症康复工程"，救助真正特困癌症患者。他说："癌症病人并不怕死，因为人毕竟有一死，怕的是在痛苦中死去。只有建立慈善病房，提供医疗优待，才能使他们在人生的最后时刻能庄严而安详地结束生命。”他还希望能够建立一个癌症康复中心，使广大患者拥有一个固定场所，定期讲课、活动、聚会，共同与癌魔抗争到底。

不了的事业不了的情

中国消费者报 刘学美

【2000—05—28】

癌症，迄今为止仍是难以攻克的世界性难题，癌症患者比其他任何病症患者从精神上到肉体上所承受的痛苦都大，他们最需要安慰和帮助。北京医科大学临床肿瘤学院及北京肿瘤医院院长徐光炜教授多年来一直奋斗在抗癌一线。与徐教授交谈，你会时时感受到一个权威医学工作者对科学的严肃认真、对患者高度的责任心以及对他所钟爱的事业的执著追求。

作为肿瘤专科医院，徐院长首先要求医生们要有广泛的医学知识，不仅对肿瘤的诊断、治疗业务非常熟练，各科之间的业务也要互相熟悉，比如外科的医生也要熟知放、化疗专业，反之也如此，这是与其他综合医院的区别之一。再有，对于难治的肿瘤，个体化治疗非常重要，因此，医生对各种治疗手段要有全面了解。

最值得称道的是，徐教授提出的“全程医疗服务”为肿瘤的防治找到了一条最佳的路子。一般综合医院都是你患什么病我给你治什么病，至于前期怎么预防、后期如何康复就无能为力了。医界将这种治疗手段戏称为“红烧中段”，头尾不管。而肿瘤医院不同，要体现对肿瘤预防、治疗、康复的全过程，就是“红烧全鱼”，头尾全要。因此北京肿瘤医院专门设有预防科、康复科。像早期的调查、宣传、预测工作都不可少，如母亲得过什么癌，她的孩子得这种癌的几率有多大等。徐教授说，我们就是尽我们所能，把这些工作承担起来，采取措施，怎么让高危人群不得癌，并到正常人中去普查，找出患癌因素，使之防患于未然。这前期工作的重要性怎能低估?

后期康复工作更是繁重。徐院长说，同是开刀，在普通医院，只看手术水平，而肿瘤医院不同，医生不仅手术水平要高，对肿瘤的生物学要了解深刻，后期更要进行心理治疗。肿瘤患者精神压力大，多是面临精神崩溃的边缘，而这种心态对身体的康复非常不利。于是肿瘤患者的后期康复工作显得尤为重要，可以说是件没完没了的工作。

徐光炜教授从事医疗、科研工作四十多年，积累了丰富的经验，致力于胃癌及乳癌的防治研究，为国家“七五”、“八五”、九五”期间两领域攻关课题的主要负责人之一，曾获国家二、三等科技进步奖各 1 项及部市、局级科技奖11项。早年在国内建立了统一的“胃癌临床病理分期标准”，曾被广泛接受而成为当时全国统一的标准；其后，又提出了“网膜囊外剥离”的胃癌根治手术方法，在国内二十余城市推广。近年来，又在国际上率先成功地完成了“胃癌放射免疫导向手术的研究”，该研究将有助于较大幅度提高胃癌手术疗效。根据国情，研究出适合我国实际的“中国妇女乳腺X线分型”以明确高发人群；同时建立了乳癌普查的实施技术，被卫生部授权在国内推广。多年来，在国内外医学刊物上发表学术论文130余篇，主编肿瘤专著 6 部，其中《肿瘤学》一书荣获全国优秀科技图书二等奖，《胃癌》一书荣获卫生部科技进步三等奖。由徐教授担任主译的美国权威性专著“Cllinical Oncology”的中文版已于1999年出版。

随着传统的生物－医学模式向生物－心理－社会医学模式的转变，徐光炜教授深感肿瘤专业是这一转变的重要领域。在他的倡导和组织下成立了中国抗癌协会癌症康复会，推动了国内的癌症康复工作。徐教授还提出肿瘤专科医院除从事肿瘤专业诊疗工作外，还应走向社会积极开展肿瘤的预防及康复业务。目前，北京肿瘤医院已率先向社会提供“全程”服务的模式，建立了预防科及康复科，开展相应业务。此项工作受到广大医界同仁及癌症患者的一致拥护，推动了控制癌痛的工作。

在繁忙的工作之余，徐教授还积极撰写科普文章、主编有关肿瘤的科普丛书，并担任《癌症康复》杂志的主编，为广大肿瘤患者及家属普及癌症预防康复知识，受到广泛赞誉。1993年被评为全国优秀医学科普工作者，并被授予1983－1992年卫生部优秀卫生科普工作者一等奖。

附录

徐光炜简历

1934年10月	生于上海市，祖籍浙江省鄞县
1939年10月－1945年8月	就读于上海市威海卫路民国小学
1945年9月－1951年8月	就读于上海市市立育才中学
1951年9月－1952年8月	就读于上海圣约翰大学医学院
1952年9月－1956年8月	就读于上海第二医学院医疗系
1956年10月	大学毕业分配至北京医学院第一医院（北大一院）工作
1956年10月－1958年8月	在北大医院外科教研组工作，任住院医师
1958年9月－1961年2月	脱产参加卫生部第二届西医学习中医班，在中医研究院的国内名中医的指导下，系统地学习中医基本理论一年及实习半年，后至上海中医学院附属曙光医院进修实习半年。
1961年3月－1962年3月	学习结束后回北大医院外科工作，负责中西结合的研究工作，并承担部分中医教学任务；成立了中西结合的科研病房，任科研组长，重点研究中医治疗急腹症及软组织感染，任病房医师组长。承担北医学生及在职职工的部分中医教学工作，任北医中医教研组副主任。
1962年3月－1962年9月	北大医院外科，任总住院医
1962年10月－1969年10月	1962年下半年因调整医教研工作，取消科研病房，回普外工作。任住院总医师、代理主治医师、副指导员、指导员。1968年后，从事普外工作的同时还担任针麻科研小组的组长。
1969年10月－1976年4月	北大医院外科、肿瘤科，任代理主治医师；担任外科副主任、肿瘤外科主任
1976年4月	在北大医院肿瘤科的基础上，成立了北京市肿瘤防治研究所，担任研究所外科主任，肿瘤所领导小组副组长、副所长、所长
1977年10月	晋升为副研究员

1984年10月－1985年10月	作为访问学者赴美国Sloan-Kettering癌症中心及美国国立癌症研究所学习
1985年 7 月	晋升为主任医师，教授
1985年10月	晋升为研究员

院（所）长任职经历：

1969年	全国肿瘤工作会议以后，负责组建肿瘤科，并任肿瘤科主任及全市肿瘤协作组组长。
1973年	负责在北大医院肿瘤科基础上筹建肿瘤研究所
1976－1978年	肿瘤所领导小组副组长及全国胃癌协作组负责人
1979－1983年	北京市肿瘤防治研究所副所长
1983－2001年	北京市肿瘤防治研究所所长
1992年11月	北京市肿瘤防治研究所增加命名为“北京医科大学临床肿瘤学院”，任院（所）长
1995年9月	院（所）临床部分迁址至医院新址，增加命名为“北京肿瘤医院”，任院（所）长
2001年7月	任北京大学临床肿瘤学院、北京肿瘤医院（北京市肿瘤防治研究所）名誉院（所）长

徐光炜学术团体任职及获奖项目

1. 国内主要学术团体任职

中国科学技术协会第六、七届全国委员会委员	2001年6月至今
卫生部科学委员会专题委员会委员	1983年9月－1987年10月
中国癌症研究基金会副主席	1994年－2002年
中华医学会第二十一、二十二届理事会常务理事	1999年4月－
中华医学会第二十二届理事会组织工作委员会委员	1999年4月－
中华医学会第二十二届理事会医学科学技术普及工作委员会委员	1999年4月－
中华医学会肿瘤学分会第三、四届委员会主任委员	1985年－1995年
中华医学会肿瘤学分会第五届委员会副主任委员	1995年9月－2000年10月
中华医学会肿瘤学分会第六届委员会主任委员	2000年10月－2004年11月
中华医学会科普工作委员会第二届委员会常委	1983年5月－1987年6月
中国抗癌协会第一、二、三副理事长	1985年10月－1997年4月
中国抗癌协会第四、五届理事长	1997年4月－2007年10月
中国抗癌协会名誉理事长	2007年10月至今
全国胃癌协作组组长	1980－1985年
中国抗癌协会胃癌专业委员会主任委员（第3～6届）	1985－2004年
中国抗癌协会胃癌专业委员会第七届名誉主任委员	2004年11月至今
中国抗癌协会乳腺癌专业委员会副主任委员（第1～3届）	1985－2000年
中国抗癌协会乳腺癌专业委员会名誉主任委员	2000年9月

2. 国际主要学术团体任职

Asian and Pacific Federation of Organizations for Cancer Research and control (APFOCC)	Council member	July 1997

WHO Collaborating Center for Gastric Cancer	Committee member	1980－2000
International Affairs Committee of American Society of Clinical Oncology (ASCO-IAC)	Committee member	2003－2007
International Gastric Cancer Association (IGCA)	Council member	1995－2000
International Union Against Cancer (UICC)	Life member of the UICC Roll of Honour	July 2001
Mount Sinai Medical Group and Companies	Honorary Consultant and Advisor	Aug 1996

3. 个人获得主要奖励

“相约健康社区行”活动优秀专家奖	卫生部	2006年12月
2001年度中国共产党优秀党员	中共北京大学临床肿瘤学院委员会	2002年7月
全国优秀科技工作者	中国科学技术协会	2001年5月
全国五好文明家庭	“全国五好文明家庭”创建活动协调小组	2001年9月
五好家庭	卫生部	2000年
全国优秀科普工作者	中华医学会、健康报	1993年12月
1983－1992年卫生部优秀卫生科普工作者一等奖	卫生部	
抗癌好家庭	北京市抗癌明星暨抗癌好家庭评选活动组委会	1994年8月
国家突出贡献专家	中华人民共和国国务院	1991年10月
北京市有突出贡献专家	北京市人民政府	1988年12月
全国科学大会先进工作者	全国科学大会	1978年
社会主义建设先进工作者	北医党委	1962年
1956年度优等生	上海第二医学院	1956年8月

4．担任主要社会工作

北京市第六至十一届人民代表大会代表	1975－1997年11月
北京市第九届人大常委会文化卫生体育委员会委员	1988年1月
北京市西城区第九、十届人民代表大会代表	1987年4月－1995年3月

5．获得科技成果奖项（第一完成人）

胃癌高发现场研究和提高胃癌疗效的研究	国家科技进步奖二等奖	1999年12月
胃癌放射免疫导向手术的研究	北京市科学技术进步奖二等奖	1994年3月
提高胃癌手术疗效的研究	北京市卫生局1991年度科技成果推广应用二等奖	1992年5月
近红外线乳腺扫描分型定量诊断技术（ILS分型定量）	北京市卫生局科技成果奖一等奖	1992年5月
乳癌二级预防及其最优化方案的研究	北京市科学技术进步奖二等奖	1991年3月
乳腺X线实质分型及其发生乳癌的危险性	北京市科学技术进步奖三等奖	1990年3月
SMS.871型胃癌普查车的研制	北京市卫生局科技成果一等奖	1988年6月
建立乳癌高速高效普查系列实施技术	国家科学技术进步奖三等奖	1985年
乳癌普查系统的建立与研制X－C型肿瘤特检车	北京市科学技术成果二等奖	1985年3月
提高胃癌手术疗效的研究	北京市科学技术成果三等奖	1983年2月
乳腺癌高危险人群的研究	北京市科学技术成果三等奖	1982年

胃癌临床病理分期标准	北京市科委科学技术成果奖三等奖	1980年2月

6．学术及科普作品获奖

《相约健康社区行巡讲精粹》丛书——肿瘤可防可治	国家科学技术进步奖二等奖	2005年11月
《肿瘤学》（张天泽，徐光炜主编）	第八届全国优秀科技图书奖	1997年6月
《胃癌》（专著）	卫生部科学进步三等奖	1996年12月
《治癌三忌》（科普文章）	1992年全国卫生报刊优秀科普作品二等奖	1993年10月
《乳腺自查，真凶难逃》（科普文章）	《健康报》第二届一洲杯全国卫生好新闻、好科普一等奖	1992年4月

7．主编学术专著

《临床诊疗指南肿瘤分册》	人民卫生出版社	2005年
《肿瘤学》（第一、二版）	天津科技出版社	1996年，2005年
《临床肿瘤学》（译）	辽宁教育出版社	1999年
《新编常见恶性肿瘤肿瘤诊治规范》	中国协和医科大学出版社	1999年11月
《中国常见恶性肿瘤诊治规范》	北京医科大学、中国协和医科大学联合出版社	1991年6月
《胃癌》	人民卫生出版社	1987年1月
《癌的诊断与治疗》（编译）	知识出版社	1985年10月

8．主编科普书籍

《关爱乳房》	北京大学医学出版社	2006年

《肿瘤可防可治》	人民卫生出版社	2003年（第1版）
		2006年（第2版）
《中国抗癌协会科普系列丛书》（共10册）	人民卫生出版社	2005年
《肿瘤病问答》	科学普及出版社	1981年
《肿瘤》（讲究卫生小丛书）	北京出版社	1975年

9．发表学术论文

在国内外学术刊物上发表学术论文200余篇（题目从略）。